Mona Chollet, nacida en Suiza pero una de las periodistas más agudas de Francia, es ensayista y jefa de edición de *Le Monde Diplomatique*, así como autora de *Beauté fatale* y *En casa*. *Brujas*, su tercer libro, ha vendido 40.000 ejemplares en Francia.

También puedes seguir a Mona Chollet en sus redes sociales:

www.la-meridienne.info
 @monachollet
@_monachollet

Papel certificado por el Forest Stewardship Council®

Título original: *Sorcières*

Primera edición en B de Bolsillo: febrero de 2026

© 2018, Éditions La Découverte, París, Francia
© 2019, 2026, Penguin Random House Grupo Editorial, S. A. U.
Travessera de Gràcia, 47-49. 08021 Barcelona
© 2019, Gemma Moral Bartolomé, por la traducción
Diseño de la cubierta: Penguin Random House Grupo Editorial / Laura Jubert
Imagen de la cubierta: © Isabel Loureiro

Printed in Spain – Impreso en España

ISBN: 979-13-87652-66-1
Depósito legal: B-21.446-2025

Compuesto en Infillibres, S. L.
Impreso en Black Print CPI Ibérica
Sant Andreu de la Barca (Barcelona)

BB 5 2 6 6 1

Brujas
¿Estigma o la fuerza invencible de las mujeres?

MONA CHOLLET

Traducción de Gemma Moral Bartolomé

No es necesario afiliarse a WITCH.

Si eres una mujer y osas asomarte a tu propio interior, ya eres una bruja.

Manifiesto de WITCH
(Women's International Terrorist Conspiracy from Hell,
[Diabólica conspiración terrorista internacional de las mujeres]),
Nueva York, 1968

LAS HEREDERAS.
INTRODUCCIÓN

Por supuesto está la bruja de la *Blancanieves* de Walt Disney, con sus cabellos grises de estopa bajo una capucha negra, su nariz ganchuda adornada con una verruga, su estúpido rictus tras el que se asoma un único diente en la mandíbula inferior, y sus pobladas cejas sobre unos ojos desorbitados que acentúan aún más su expresión maléfica. Pero la bruja que realmente marcó mi infancia no fue ella, sino Aleteo Brisalinda.

Aleteo aparece en *Los hijos del vidriero*, una novela juvenil de la escritora sueca Maria Gripe (1923-2007),[1] que se desarrolla en un país nórdico imaginario. Vive en una casa situada en lo alto de una colina, al abrigo de un manzano cuya silueta, visible desde lejos, se recorta sobre el cielo. El lugar es hermoso y apacible, pero los habitantes de la aldea vecina evitan acercarse, ya que en otro tiempo colgaba allí una horca. Por la noche, se percibe un tenue resplandor en la ventana, junto a la que teje la anciana mientras conversa con su cuervo, *Solon*, bizco desde que había perdido un ojo al asomarse al Pozo de la Sabiduría. Más aún que los poderes mágicos de la bruja, me impresionó el aura que emanaba, hecha de una profunda calma, de misterio, de clarividencia.

Me fascinaba el modo en que se describía su aspecto. «Salía siempre envuelta en una amplia capa de color azul oscuro, cuyo cuello, agitado por el viento, "aleteaba" en torno a su cabeza», de ahí el apelativo de «Aleteo». «También iba tocada con un extraño sombrero. El flexible borde estaba salpicado de flores que caían desde un casquete de color violeta adornado con mariposas.» Los que se cruzaban en su camino se quedaban impresionados por el brillo de sus ojos azules, que «cambiaban continuamente y ejercían un auténtico poder sobre la gente». Bien pudiera ser que la imagen de Aleteo Brisalinda me preparara para apreciar, más adelante, cuando me interesé por la moda, las imponentes creaciones de Yohji Yamamoto, sus ropas amplias, sus inmensos sombreros, una especie de refugios de tela, en las antípodas del modelo estético dominante, según el cual las jóvenes deben dejar al descubierto la mayor cantidad posible de piel y de formas.[2] Guardada en mi memoria como un talismán, una sombra benevolente, Aleteo me había dejado el recuerdo de lo que podía ser una mujer «de armas tomar».

Me gustaba también la vida retirada que llevaba, y su relación con la comunidad, distante y comprometida a la vez. La colina donde se alza su casa, escribe Maria Gripe, parece proteger la aldea «como si estuviera acurrucada bajo su ala». La bruja teje alfombras extraordinarias: «Sentada frente a su telar, meditaba mientras trabajaba. Sus reflexiones incumbían a los habitantes de la aldea y sus vidas respectivas. Tanto y tan bien que un día de buena mañana descubrió que, sin darse cuenta, sabía de antemano lo que les ocurriría. Inclinada sobre su labor, leía su futuro en el dibujo que, de manera absolutamente natural, surgía de sus dedos». Su presencia en las calles, por escasa y fugaz que fuera, era una señal de esperanza para quienes la veían pasar: debe la segunda parte de su nombre —nadie conoce su nombre auténtico— al hecho de que no se muestre jamás durante el invierno, y que su reaparición anuncie con toda seguridad la llegada inminente de la primavera, aunque ese día el termómetro marque aún «treinta grados bajo cero».

Incluso las brujas inquietantes, la de *Hansel y Gretel* o la bruja de la calle Mouffetard,[3] o la baba yaga de los cuentos rusos, agazapada en su isba, su casa de troncos encaramada sobre patas de gallina, me han suscitado siempre más emoción que aversión. Eran un acicate para la imaginación, proporcionaban escalofríos de un delicioso pavor, daban la sensación de aventura, abrían las puertas a otro mundo. Durante el recreo en la escuela primaria, mis compañeras y yo acosábamos a la que había elegido vivir al otro lado de los arbustos del patio, obligadas a actuar por nuestra cuenta ante la flema incomprensible de nuestros maestros. La amenaza coqueteaba con la promesa. Sentíamos de pronto que todo era posible, y quizá también que la belleza inofensiva y la bondad pizpireta no eran el único destino femenino posible. Sin ese vértigo, a la infancia le habría faltado aliciente. Pero, con Aleteo Brisalinda, la bruja se convirtió definitivamente para mí en un personaje positivo. Ella era la que tenía la última palabra, la que hacía morder el polvo a los malvados. Ella ofrecía el goce de la revancha sobre un adversario que te había subestimado; un poco como Fantômette,[4] pero por la fuerza de su espíritu, más que por su talento gimnástico, lo que me parecía maravilloso, porque detestaba los deportes. A través de ella me vino la idea de que ser una mujer podía implicar un poder suplementario, mientras que hasta entonces una impresión difusa me sugería que era más bien lo contrario. Después, allá donde la encuentre, la palabra «bruja» magnetiza mi atención, como si anunciara siempre una fuerza que podría ser mía. Hay algo en torno a esa palabra que bulle de energía. Te remite a un saber telúrico, a una fuerza vital, a una experiencia acumulada que el saber oficial desprecia o reprime. Me gusta también la idea de un arte que se perfecciona sin interrupción a lo largo de toda la vida, al que te consagras y al que se protege de todo, o casi, aunque solo sea por la pasión con que se practica. La bruja encarna a la mujer liberada de todas las dominaciones, de todas las limitaciones; es un ideal hacia el que tender, ella muestra el camino.

«Una víctima de los Modernos y no de los Antiguos»

He necesitado un período de tiempo asombrosamente largo para medir el malentendido que ha provocado el exceso de fantasía y la imaginería de la heroína con superpoderes asociados a las brujas en las creaciones culturales que me rodeaban. Para comprender que, antes de convertirse en un estímulo para la imaginación o un título honorífico, la palabra «bruja» había sido la peor de las marcas de infamia, la imputación mentirosa que había supuesto la tortura y la muerte de decenas de miles de mujeres. En la conciencia colectiva, las persecuciones de brujas que se produjeron en Europa, principalmente en los siglos XVI y XVII, ocupan un lugar extraño. Los procesos por brujería se fundamentaban en acusaciones extravagantes —el vuelo nocturno para acudir al aquelarre, el pacto y la copulación con el Diablo— que parecen haberlas arrastrado hacia la esfera de la irrealidad, arrancándolas de su arraigo histórico. A nuestros ojos, al descubrirla ahora, la primera representación conocida de una mujer volando sobre una escoba en el margen del manuscrito de Martin Le Franc *Le Champion des dames* (1441-1442) tiene una apariencia ligera y graciosa; parece surgida de una película de Tim Burton, de los créditos de la serie *Embrujada*, o de una decoración de Halloween. Y sin embargo, en el momento en que aparece, hacia 1440, anuncia siglos de sufrimiento. Evocando la invención del aquelarre, el historiador Guy Bechtel constata: «Este gran poema ideológico ha matado mucho».[5] En cuanto a las torturas sexuales, su realidad parece haberse diluido dentro de la imaginería sádica y las turbias emociones que suscita.

En 2016, el Museo Saint-Jean de Brujas consagró una exposición a las brujas de Brueghel, del maestro flamenco, el primer pintor en abordar este tema. Sobre un panel figuraban los nombres de decenas de mujeres de la villa, quemadas por brujas en la plaza pública. «Muchos habitantes de

Brujas llevaban aún esos apellidos e ignoraban, antes de visitar la exposición, que quizá habían tenido una antepasada acusada de brujería», comentó el director del museo.[6] Lo dijo sonriendo, como si el hecho de contar en el árbol genealógico con una inocente masacrada por culpa de alegaciones delirantes fuera una pequeña anécdota simpática para contar a los amigos. Y cabe preguntarse: ¿de qué otros crímenes en masa, incluso antiguos, es posible hablar así, con una sonrisa en los labios?

Exterminando a veces a familias enteras, haciendo que reinara el terror, reprimiendo sin piedad ciertos comportamientos y ciertas prácticas consideradas a partir de entonces como intolerables, las persecuciones de brujas contribuyeron a moldear el mundo de hoy. Si no se hubieran producido, seguramente viviríamos en sociedades muy diferentes. Nos dicen mucho sobre las elecciones que se hicieron, sobre los caminos a los que se dio prioridad y los que fueron condenados. Sin embargo, nos negamos a afrontarlo. Incluso cuando aceptamos la realidad de ese episodio de la historia, hallamos medios para mantenerlo a distancia. Así, cometemos a menudo el error de situarlo en la Edad Media, descrita como una época atrasada y oscurantista, con la que ya no tenemos nada que ver, cuando las grandes persecuciones se produjeron en el Renacimiento; empezaron hacia el 1400 y se extendieron sobre todo a partir de 1560. Se hicieron ejecuciones incluso a finales del siglo XVIII, como la de Anna Göldi, decapitada en Glaris, Suiza, en 1782. La bruja, escribe Guy Bechtel, «fue una víctima de los Modernos y no de los Antiguos».[7]

De igual manera, las persecuciones se atribuyen con frecuencia a un fanatismo religioso encarnado por crueles inquisidores. Sin embargo, la Inquisición, preocupada ante todo por los herejes, persiguió muy poco a las brujas; una aplastante mayoría de las condenas las dictaron tribunales civiles. En cuestiones de brujería, los jueces laicos resultaron ser «más crueles y más fanáticos que Roma».[8] De hecho, la distinción no tiene más que un sentido muy relativo en un mundo donde no existía la posibilidad de vivir al margen de la creencia religiosa. Ni siquiera las escasas voces que se elevaron en contra de las persecuciones, como la del médico Johann Wier que, en 1563, denunció un «baño de sangre de inocentes», pusieron en duda la existencia del Diablo. En cuanto a los protestantes, a pesar de su imagen más racional, persiguieron a las brujas con el mismo ardor que los católicos. El retorno a una lectura literal de la Biblia predicado por la Reforma no favorecía la clemencia, al contrario. En Ginebra, con Calvino, se ejecutó a treinta y cinco «brujas» apelando a dos líneas del Éxodo que dicen: «No permitirás que viva la hechicera». El clima de intolerancia de la época, la orgía de sangre de las guerras de religión —tres mil protestantes asesinados en París en la matanza de San Bartolomé en 1572—, alimentaron la brutalidad de los dos bandos con respecto a ellas.

A decir verdad, precisamente porque las persecuciones de brujas nos hablan de nuestro mundo, tenemos excelentes razones para no afrontarlas. Arriesgarse a hacerlo es enfrentarse al rostro más desesperante de la humanidad. Las persecuciones ilustran para empezar el empecinamiento de las sociedades en encontrar regularmente un chivo expiatorio para todos su males, y en encerrarse en una espiral de irracionalidad inaccesible a toda argumentación sensata, hasta que la acumulación de discursos de odio y una hostilidad obsesiva justifican pasar a la violencia física, percibida como una legítima defensa del cuerpo social. Las persecuciones ilustran, retomando las palabras de Françoise d'Eaubonne, la capacidad humana para «desencadenar una masacre por un razonamiento digno de un enajenado».[9] La demonización de las mujeres calificadas de brujas tuvo por cierto mucho en común con el antisemitismo. Antiguamente el aquelarre se conocía como «sabbat», y se hablaba de la «sinagoga» de las brujas, que eran sospechosas de conspirar, como los judíos, para destruir la cristiandad, y las representaban, como a ellos, con la nariz ganchuda. En 1618, un secretario judicial que se aburre durante una ejecución cerca de Colmar dibuja a la acusada en el margen del acta: la representa con un tocado tradicional judío, «con abalorios, rodeado de estrellas de David».[10]

Como sucede a menudo, la designación del chivo expiatorio, lejos de deberse al grosero populacho, procedía de más arriba, de las clases cultivadas. El nacimiento del mito de la bruja coincide más o menos, en 1454, con el de la imprenta, que desempeñó un papel esencial. Bechtel habla de una «operación mediática» que «utiliza todos los vectores de información de la época»: «los libros para quienes leían, los sermones para los demás, grandes cantidades de representaciones para todos». Obra de dos inquisidores, el alsaciano Henri Institoris (o Heinrich Krämer) y el suizo de Basilea Jakob Sprenger, *El martillo de las brujas* (*Malleus maleficarum*), publicado en 1487, puede compararse con *Mein Kampf* de Adolf Hitler. Reeditado una quincena de veces, se distribuyeron treinta mil ejemplares por toda Europa durante las grandes persecuciones: «Durante aquella época de fuego, los jueces lo utilizaban en todos los procesos. Planteaban las preguntas del *Malleus* y oían las respuestas del *Malleus*».[11] Una razón para echar por tierra nuestra visión un pelín idealizada sobre los primeros usos de la imprenta... Acreditando la idea de una amenaza inminente que exige el empleo de medios excepcionales, *El martillo de las brujas* sostiene una alucinación colectiva. Su éxito hace nacer otras vocaciones de demonólogos, que alimentan un auténtico filón editorial. Los autores de esas obras, tales como el filósofo francés Jean Bodin (1530-1596), que aparecen en ellas como locos furiosos, son por otra parte eruditos y hombres de gran prestigio, subraya Bechtel: «Qué contraste con la credulidad, la brutalidad de la que todos hicieron gala en sus escritos demonológicos».

Eliminar a las mujeres que destacan

Esos relatos te dejan helado, y más aún cuando se es mujer. Cierto, numerosos hombres fueron ejecutados por brujería, pero la misoginia estuvo en la raíz de las persecuciones. «Las brujas son poca cosa», afirma el *Malleus maleficarum*. Sus autores consideran que, si no existiera la «malicia» de las mujeres, «incluso sin tener en cuenta a las brujas, el mundo se libraría de innumerables peligros». Débiles de cuerpo y de espíritu, motivadas por un insaciable deseo de lujo, se las supone presas fáciles para el Diablo. En los procesos, representaron de media el 80 por ciento de los acusados y el 85 por ciento de los condenados.[12] También estaban más desamparadas frente a la maquinaria judicial: en Francia, los hombres constituían el 20 por ciento de los acusados, pero se encontraban en un 50 por ciento de las apelaciones al Parlamento. Siendo que antiguamente los tribunales rechazaban su testimonio, las europeas no accedieron a la condición de sujetos de pleno derecho a los ojos de la Ley más que para ser acusadas en masa de brujería.[13] La campaña llevada a cabo entre 1587 y 1593 en veintidós aldeas de los alrededores de Tréveris, en Alemania —lugar de aparición y epicentro, junto con Suiza, de las persecuciones de brujas—, fue tan feroz que, en dos de ellas, no dejó más que una mujer con vida; en total, se quemó a 368. Linajes femeninos enteros fueron eliminados: los cargos contra Magdelaine Denas, quemada en Cambrésis en 1670 a la edad de setenta y siete años, no estaban muy claros, pero ya habían ejecutado a su tía, su madre y su hija, y se creía que la brujería era hereditaria.[14]

Las acusaciones eludieron durante mucho tiempo a las clases altas y, cuando por fin acabaron alcanzándolas, los procesos se anularon rápidamente. En otro tiempo, los enemigos políticos de algunos personajes importantes denunciaban a veces a sus esposas o hijas por brujas, porque era más fácil que arremeter contra ellos; pero la gran mayoría de víctimas pertenecían a las clases populares. Se encontraban en manos de instituciones enteramente masculinas: interrogadores, sacerdotes o pastores, torturadores, guardas, jueces, verdugos. Podemos imaginar su pánico y su angustia, más aún teniendo en cuenta que por lo general afrontaban esa prueba en una soledad total. Los hombres de su familia raras veces las defendían, cuando no se unían a los acusadores. En algunos, la contención se explicaba por el miedo, puesto que la mayor parte de los hombres a los que se acusaba lo eran en tanto que allegados de «brujas». Otros aprovechaban el clima de suspicacia generalizada «para librarse de esposas o de amantes molestas, o para impedir la venganza de aquellas a las que habían seducido o violado», relata Silvia Federici, para quien «esos años de terror y de propaganda sembraron las semillas de una profunda alienación psicológica de los hombres con respecto a las mujeres».[15]

Algunas acusadas eran a la vez hechiceras y sanadoras; una mezcla desconcertante a nuestros ojos, pero que era obvia en aquella época. Ellas lanzaban o levantaban sortilegios, proporcionaban filtros y pociones, pero también curaban a heridos y enfermos, o ayudaban a las mujeres a parir. Representaban el único recurso que le quedaba al pueblo y siempre habían sido miembros respetados de la comunidad, hasta que se asociaron sus actividades a artimañas diabólicas. Sin embargo, en general, cualquier mujer que destacara podía suscitar la vocación de cazador de brujas. Replicar a un vecino, alzar la voz, tener un carácter fuerte o una sexualidad un poco demasiado libre, ser un estorbo de una manera cualquiera bastaba para ponerte en peligro. Con una lógica familiar para las mujeres de todas las épocas, tanto un comportamiento como su contrario podían volverse en su contra: era sospechoso faltar a misa demasiadas veces, pero también era sospechoso no faltar nunca; era sospechoso reunirse regularmente con las amigas, pero también llevar una vida demasiado solitaria...[16] La prueba del baño lo resume bien. Se echaba a la mujer al agua: si se hundía, era inocente; si flotaba, era una bruja y por tanto debía ser ejecutada. Igualmente, nos encontramos a menudo con el mecanismo de «negarse a dar limosna»: los ricos que despreciaban la mano tendida de una mendiga y que, luego, caían enfermos o padecían un infortunio cualquiera, se apresuraban a acusarla de haberles lanzado una maldición, traspasando así hacia ella un oscuro sentimiento de culpabilidad. En otros casos, nos encontramos con la lógica del chivo expiatorio en su forma más pura: «¿Unos navíos atraviesan por dificultades en el mar? En Bélgica, prenden a Digna Robert, la queman, la muestran públicamente atada a una rueda (1565). ¿Un molino cerca de Burdeos no funciona? Se afirma que Jeanne Noals, conocida como Gache, lo ha "atarugado" (1619)».[17] Qué importa que se tratara de mujeres absolutamente inofensivas: sus conciudadanos estaban convencidos de que poseían el poder de hacer daño sin límites. En *La tempestad* de Shakespeare (1611) se dice del esclavo Calibán que su madre «era una poderosa bruja», y François Guizot precisa a ese respecto en su traducción de 1864: «En todas las antiguas acusaciones de brujería en Inglaterra, nos encontramos constantemente con el epíteto *strong* ("fuerte", "poderosa") asociado a la palabra *witch* ("bruja") como calificativo especial y aumentativo. Los tribunales se vieron obligados a decidir, en contra de la opinión popular, que la palabra *strong* no añadía nada a la acusación».

Tener cuerpo de mujer podía bastar para convertirte en sospechosa. Tras el arresto, se desnudaba a las acusadas, las rasuraban y las entregaban a un «picador», que buscaba minuciosamente la marca del Diablo, tanto en la superficie como en el interior del cuerpo, hundiendo en él sus agujas. Cualquier mancha, cicatriz o irregularidad podía servir como prueba, y es comprensible que las mujeres ancianas fueran confundidas en masa. Se suponía que esa marca permanecía insensible al dolor; ahora bien, muchas prisioneras estaban tan conmocionadas por el modo en que se violentaba su pudor —por aquella violación a secas—, que, medio desmayadas, no reaccionaban a los pinchazos. En Escocia, los «picadores» pasaban incluso por las aldeas y las villas ofreciéndose para desenmascarar a las brujas que se ocultaban entre sus habitantes. En 1649, la villa inglesa de Newcastle upon Tyne contrató a uno de ellos, prometiéndole veinte chelines por condenada. Llevaron a treinta mujeres al ayuntamiento y allí las desnudaron. A la mayoría de ellas —cómo no— las declararon culpables.[18]

«Igual que cuando leo el periódico, he aprendido mucho más de lo que hubiera deseado sobre la crueldad humana», confiesa Anne L. Barstow en la introducción a su estudio sobre la caza de brujas en Europa.[19] Y, en efecto, el relato de las torturas es insoportable: el cuerpo desarticulado por la garrucha, quemado en asientos de metal al rojo vivo, los huesos de las piernas rotos por los borceguíes. Los demonólogos recomiendan no dejarse conmover por las lágrimas, atribuidas a un ardid diabólico y forzosamente fingidas. Los cazadores de brujas se muestran a la vez obsesionados y aterrados ante la sexualidad femenina. Los interrogadores preguntaban a las acusadas una y otra vez «cómo era el pene del Diablo». *El martillo de las brujas* afirma que tienen el poder de hacer desaparecer el sexo masculino y que conservan colecciones enteras en frascos o en nidos de pájaros, donde se retuercen desesperadamente (sin embargo, no se han encontrado jamás). Por su forma fálica, la escoba que montaban las brujas, además de ser un símbolo doméstico invertido, demuestra su libertad sexual. El aquelarre se ve como el lugar de una sexualidad desenfrenada, fuera de control. Los torturadores gozan de la dominación absoluta que ejercen sobre las prisioneras; pueden dar rienda suelta a su voyerismo y a su sadismo sexual. A ello se añaden las violaciones a manos de los guardias: cuando se encuentra a una detenida estrangulada en su calabozo, se dice que el Diablo ha venido a reclamar a su sierva. Muchas de las condenadas ni siquiera pueden mantenerse en pie en el momento de la ejecución. Pero, aunque se sientan aliviadas por acabar de una vez, les queda enfrentarse con una muerte atroz. El demonólogo Henry Boguet relata el fin de Clauda Jamguillaume, que encuentra tres veces la fuerza necesaria para escapar de la hoguera. El verdugo no había respetado su promesa de estrangularla antes de que la alcanzaran las llamas. Así le obliga a cumplir con su palabra; la tercera vez, la deja inconsciente de un golpe, y muere sin recobrar el conocimiento.[20]

Una historia negada o convertida en irreal

A partir de todo lo anterior, es fácil deducir que las persecuciones de brujas fueron una guerra contra las mujeres. Y sin embargo... La especialista en procesos de brujería de Nueva Inglaterra, Carol F. Karlsen, deplora que «se haya ignorado, banalizado o cuestionado indirectamente el planteamiento basado en el género» en las numerosas publicaciones, especializadas o generalistas, a las que dio pie el tricentenario del caso de las brujas de Salem en 1992.[21] Anne L. Barstow juzga «tan extraordinario como los acontecimientos en sí», la obstinación de los historiadores en negar que las persecuciones de brujas fueron una «explosión de misoginia».[22] Cita las asombrosas distorsiones a las que han de recurrir a veces sus colegas masculinos —o femeninos— para contradecir las conclusiones que se desprenden de sus propias investigaciones. El propio Guy Bechtel ilustra este punto cuando, tras haber detallado la «demonización de la mujer» que precedió a las persecuciones de brujas, pregunta: «¿Quiere esto decir que el antifeminismo explica las hogueras?», y responde, tajante: «Por supuesto que no». Para apoyar esta conclusión, invoca argumentos más bien débiles: para empezar, «también quemaban a los hombres» y, a continuación, «el antifeminismo —que se desarrolló a finales del siglo XIII— data de una época muy anterior a la de las hogueras». Ahora bien, aunque algunos hombres cayeran por las denuncias de mujeres «poseídas», como en los célebres casos de Loudun y de Louviers, la gran mayoría no fueron acusados de brujería, como hemos dicho ya, sino por su relación con las mujeres, o solo de manera secundaria, añadiendo ese crimen a otros cargos. En cuanto al hecho de que el antifeminismo viniera de lejos, podríamos ver al contrario una confirmación del decisivo papel que desempeñó. Siglos de odio y oscurantismo parecen haber culminado con este estallido de violencia, nacido del miedo que suscitaba el lugar cada vez más importante que ocupaban las mujeres de entonces en el espacio social.[23]

Jean Delumeau ve en el *De planctu ecclesiae* de Álvaro Pelayo, redactado hacia 1330 a petición de Juan XXII, el «principal documento de hostilidad clerical hacia la mujer», una «llamada a la guerra santa contra la aliada del Diablo», y el precursor del *Malleus maleficarum*. El franciscano español afirma en él que las mujeres «bajo una apariencia de humildad, ocultan un temperamento orgulloso e incorregible, en lo que se parecen a los judíos».[24] Desde el fin de la Edad Media, afirma Bechtel, «incluso las obras más laicas están marcadas por la misoginia».[25] A ese respecto, los padres de la Iglesia y sus sucesores prolongaban además las tradiciones griega y romana. Antes de que Eva comiera del fruto prohibido, Pandora, en la mitología griega, había abierto la caja que contenía todos los males de la humanidad. Fue mucho lo que el cristianismo emergente tomó prestado del estoicismo, enemigo de los placeres y por tanto de las mujeres. «No ha habido grupo en el mundo que haya sido insultado más duramente ni durante tanto tiempo», afirma Bechtel. A tenor de semejante narrativa, cabe pensar que esa retórica inevitablemente acabaría por producir un día u otro una forma de pasar a la acción a gran escala. En 1593, un pastor alemán un poco más pacífico que los demás se alarma por esos «pequeños folletos que divulgan por todas partes injurias contra las mujeres» y cuya lectura «sirve de pasatiempo a los ociosos»; «y el hombre del pueblo, a fuerza de oír y de leer esas cosas, se exaspera contra las mujeres, y cuando se entera de que una de ellas ha sido condenada a morir en la hoguera, exclama: "¡Bien hecho!"».

«Histéricas», «pobres mujeres»: Anne L. Barstow subraya igualmente la condescendencia que demuestran muchos historiadores con respecto a las víctimas de la caza de brujas. Colette Arnould encuentra la misma actitud en Voltaire, que escribía a propósito de la brujería: «Solo la acción de la filosofía ha curado de esta abominable quimera y ha enseñado a los hombres que no es necesario quemar a los imbéciles». Ahora bien, objeta ella, «los imbéciles habían sido los jueces en primer lugar, y se habían esmerado tanto que esa imbecilidad se había vuelto contagiosa».[26] Encontramos asimismo el reflejo de culpar a las víctimas: estudiando las persecuciones en el sur de Alemania, el eminente profesor estadounidense Erik Midelfort observa que las mujeres «parecían provocar una intensa misoginia en aquella época» y aconseja estudiar «por qué ese grupo se colocaba en situación de chivo expiatorio».[27] Carol F. Karlsen critica el retrato ofrecido a menudo de las acusadas en Nueva Inglaterra que, al evocar su «mal carácter» o su «personalidad desviada», abraza el punto de vista de los acusadores. Ve en ello una manifestación de la «tendencia profundamente enraizada en nuestra sociedad de considerar a las mujeres responsables de la violencia que se les inflige».[28] Quizá ese desprecio y esos prejuicios significan simplemente que, aunque no las aprueben, aunque perciban su horror, los que hacen de las persecuciones de brujas objeto de estudio histórico siguen siendo, a pesar de todo, igual que Voltaire, un producto del mundo que perseguía a las brujas. Quizá deberíamos deducir que el trabajo necesario para exponer el modo en que ese episodio transformó las sociedades europeas apenas ha dado sus primeros pasos.

El balance en vidas humanas sigue siendo muy controvertido, y seguramente no se determinará jamás con certeza. En la década de los setenta, se hablaba de un millón de víctimas, incluso muchas más. Hoy en día, se dice que fueron entre cincuenta mil y cien mil.[29] No se incluyen en este recuento las que fueron linchadas, ni las que se suicidaron o murieron en prisión, fuera a consecuencia de las torturas o por culpa de las sórdidas condiciones de su encarcelamiento. Otras, sin perder la vida, fueron desterradas, o vieron arruinada su reputación y la de sus familias. Pero todas las mujeres, incluso las que nunca fueron acusadas, sufrieron los efectos de la caza de brujas. La pública puesta en escena de los suplicios, poderoso instrumento de terror y de disciplina colectiva, las conminaba a mostrarse discretas, dóciles, sumisas, a no molestar. Además, debieron de adquirir de un modo u otro la convicción de que encarnaban el mal; debieron de convencerse de su culpabilidad y de su perversidad innatas.

Fue el fin de la subcultura femenina vivaz y solidaria de la Edad Media, constata Anne L. Barstow. Para ella, el ascenso del individualismo —en el sentido de replegarse sobre sí mismo y concentrarse únicamente en los intereses propios— en el transcurso del período subsiguiente, debe ser atribuido, en el caso de las mujeres principalmente al miedo.[30] Había muchos motivos para sentirse inclinadas a mantener un perfil discreto, y de ello dan fe varios casos. En 1679, en Marchiennes, Péronne Goguillon escapó por los pelos de una tentativa de violación a manos de cuatro soldados ebrios que, para dejarla en paz, le arrancaron la promesa de entregarles dinero. Al denunciarlos, su marido atrajo la atención sobre la mala reputación anterior de su mujer: la quemaron por bruja.[31] Igualmente, en el caso de Anna Göldi, su biógrafo, el periodista suizo Walter Hauser, encontró el rastro de una queja por acoso sexual que ella había presentado contra el médico para el que trabajaba como criada. Para defenderse, el médico la acusó entonces de brujería.[32]

De *El mago de Oz* a Starhawk

Al adueñarse de la historia de las mujeres acusadas de brujería, las feministas occidentales han perpetuado su subversión —fuera o no deliberada—, a la vez que han reclamado para sí, como un desafío, el terrorífico poder que les otorgaban los jueces. «Somos las nietas de las brujas que no lograsteis quemar», dice un famoso eslogan; o en Italia, en la década de los setenta: «¡Temblad, temblad, las brujas han vuelto!» (*Tremate, tremate, le streghe son tornate!*). También han reclamado justicia, luchando contra el tratamiento ligero y edulcorado de esta historia. En 1985, la villa alemana de Gelnhausen transformó en atracción turística la «Torre de las brujas», la construcción donde, en otro tiempo, emparedaban vivas a las acusadas de brujería. La mañana de la apertura al público, unas manifestantes vestidas de blanco desfilaron en torno al edificio, mostrando pancartas en las que figuraban los nombres de las víctimas.[33] En ocasiones, estos esfuerzos de sensibilización, sea cual sea su origen, han dado sus frutos: en 2008, el cantón de Glaris rehabilitó oficialmente a Anna Göldi, gracias a la obstinación de su biógrafo, y le consagró un museo.[34] Friburgo, Colonia y Nieuwpoort (en Bélgica), siguieron su estela. Noruega inauguró en 2013 el monumento conmemorativo de Steilneset, fruto de una colaboración entre el arquitecto Peter Zumthor y la artista Louise Bourgeois, que rinde homenaje, en el lugar mismo en que fueron quemadas, a las 91 personas ejecutadas en la comarca septentrional de Finnmark.[35]

La primera feminista en desenterrar la historia de las brujas y en reclamar ese título para sí misma fue la estadounidense Matilda Joslyn Gage (1826-1898), que defendía el derecho al voto de las mujeres, pero también los derechos de los nativos americanos y la abolición de la esclavitud; fue condenada por ayudar a escapar a esclavos fugitivos. En *Woman, Church and State*, en 1893, abordó una lectura feminista de la caza de brujas: «Cuando, en lugar de "brujas", decidimos leer "mujeres", comprendemos mejor las atrocidades cometidas por la Iglesia contra esa porción de la humanidad».[36] Ella inspiró el personaje de Glinda en *El mago de Oz*, escrito por Lyman Frank Baum, que era su yerno. Al adaptar la novela al cine en 1939, Victor Fleming dio origen a la primera «bruja buena» de la cultura popular.[37]

Más tarde, en 1968, el día de Halloween en Nueva York, surgió el Women's International Terrorist Conspiracy from Hell [Diabólica conspiración terrorista internacional de las mujeres], o WITCH, cuyos miembros desfilaron por Wall Street bailando la zarabanda, con las manos enlazadas, vestidas con capas negras, pasando por delante de la Bolsa. «Con los ojos cerrados, la cabeza baja, las mujeres entonaron un cántico bereber (sagrado para las brujas argelinas) y proclamaron el hundimiento inminente de diversas acciones. Unas horas más tarde, el mercado cerró con un descenso de un punto y medio, y al día siguiente, cayó cinco puntos», relataba unos años más tarde una de ellas, Robin Morgan.[38] Subrayaba, no obstante, su ignorancia total, a la sazón, sobre la historia de las brujas: «En la Bolsa, pedimos una entrevista con Satán, nuestro superior, un paso en falso por el que ahora, con la distancia, me siento consternada: fue la Iglesia católica la que inventó a Satán y que después acusó a las brujas de satanistas. Nosotras mordimos el anzuelo patriarcal en este asunto, como en tantos otros. Fuimos estúpidas. Pero unas estúpidas con estilo».[39] Es cierto: las fotos del acontecimiento lo demuestran. En Francia, el feminismo de la segunda oleada supuso la creación de la revista *Sorcières*, publicada en París entre 1976 y 1981 dirigida por Xavière Gauthier, y en la que colaboraron Hélène Cixous, Marguerite Duras, Luce Irigaray, Julia Kristeva, Nancy Houston, y también Annie Leclerc.[40] Debemos mencionar asimismo la hermosísima canción de Anne Sylvestre, que, además de sus canciones infantiles, es autora de un importante repertorio feminista: *Une sorcière comme les autres*, escrita en 1975.[41]

En 1979 se publicó en Estados Unidos *The Spiral Dance*, el

primer libro de Starhawk. Iba a convertirse en una obra de referencia sobre el culto neopagano de la diosa. No obstante, el nombre de la bruja californiana —nacida como Miriam Simos en 1951— no llegó a oídos europeos hasta 1999, a raíz de la destacada participación de Starhawk y sus amigas en las manifestaciones contra la reunión de la Organización Mundial de Comercio en Seattle, que supusieron el nacimiento de la antiglobalización. En 2003, el editor Philippe Pignarre y la filósofa Isabelle Stengers publicaron la primera traducción francesa de uno de sus libros: *Femmes, magie et politique*, que data de 1982.[42] Al señalar en una lista de debate el artículo que yo le había dedicado, recuerdo haber desencadenado el furioso sarcasmo de otro abonado, autor de novelas policíacas, que no tuvo palabras suficientemente duras para expresar el abatimiento en que se había hundido la idea de «brujería neopagana». Una quincena de años más tarde, su opinión seguramente no habrá cambiado, pero la referencia ha perdido gran parte de su incongruencia. Hoy en día las brujas están en todas partes. En Estados Unidos, forman parte del movimiento Black Lives Matter (Las vidas de los negros importan), contra los asesinatos racistas cometidos por la policía, lanzan sortilegios a Donald Trump, protestan contra los supremacistas blancos o contra los que cuestionan el derecho al aborto. En Portland (Oregón) y otros lugares, algunos grupos han resucitado el WITCH. En Francia, en 2015, Isabelle Cambourakis bautizó como «Sorcières» la colección feminista que creó en el seno de la editorial familiar. Comenzó por publicar de nuevo *Femmes, magie et politique*, que ha encontrado mucho más eco que la primera vez,[43] sobre todo teniendo en cuenta que acaba de publicarse la traducción francesa de *Caliban et la sorcière* de Silvia Federici. Y durante las manifestaciones de septiembre de 2017 contra la reforma laboral, apareció en París y Toulouse un grupo WITCH feminista y anarquista que desfiló con sombreros puntiagudos y la pancarta: «*Macron au chaudron*» (Macron al caldero).

También los misóginos se muestran, como antaño, obsesionados con la figura de la bruja. «El feminismo anima a las mujeres a abandonar a sus maridos, a matar a sus hijos, a practicar la brujería, a destruir el capitalismo y a convertirse en lesbianas», criticaba ya en 1992 el televangelista estadounidense Pat Robertson en un discurso que se ha hecho famoso (y que en muchas suscitó esta reacción: «¿Dónde hay que apuntarse?»). Durante la campaña presidencial de 2016 en Estados Unidos, el odio manifestado contra Hillary Clinton superó con mucho las críticas, incluso las más virulentas, que legítimamente se le podían dirigir. Se asoció a la candidata demócrata con el «Mal» y se la comparó profusamente con una bruja, es decir, la atacaron como mujer más que como dirigente política. Tras su derrota, algunos desenterraron en YouTube la canción que celebra la muerte de la malvada Bruja del Este en *El mago de Oz: Ding dong, the Witch is Dead* («Ding dong, la bruja ha muerto»), una cantinela que había resurgido ya con ocasión del fallecimiento de Margaret Thatcher en 2013. La referencia no la esgrimieron solo los electores de Donald Trump, sino también algunos partidarios del rival de Hillary Clinton en las primarias. En la página oficial de Bernie Sanders, uno de ellos anunció una colecta de fondos bajo el epígrafe *Bern the Witch* (un juego de palabras con *Burn the Witch*, «Quema a la bruja», con «Bern» como «Bernie» en lugar de *burn*); un anuncio que el equipo de campaña del senador de Vermont retiró en cuanto se le advirtió.[44] Entre la serie de bromas lamentables sobre el tema, el editorialista conservador Rush Limbaugh espetó: «*She's a witch with a capital B*» («Es una bruja con una P mayúscula»). Ignoraba sin duda que en el siglo XVII un protagonista de los sucesos de Salem, en Massachusetts, había explotado ya esta consonancia al llamar *bitch witch* («puta bruja») a una de las acusadoras, su criada Sarah Churchill.[45] Como reacción, durante las primarias demócratas aparecieron insignias de «Las brujas con Hillary» o «Las arpías con Hillary».[46]

En los últimos años, se ha producido un cambio notable

en el modo en que las feministas francesas se acercan a la figura de la bruja. En su presentación de *Femmes, magie et politique*, en 2003, los editores escribieron: «En Francia, los que se dedican a la política han adquirido la costumbre de desconfiar de todo lo que se relaciona con la espiritualidad, que se han apresurado a tachar de extrema derecha. Magia y política no casan bien, y si las mujeres deciden llamarse brujas, es desembarazándose de lo que ellas consideran supersticiones y creencias antiguas, reteniendo tan solo la persecución de la que fueron víctimas por parte de los poderes patriarcales». Esta conclusión no es ya tan certera hoy en día. En Francia, como en Estados Unidos, jóvenes feministas, pero también hombres gais y transexuales, reivindican tranquilamente recurrir a la magia. Entre el verano de 2017 y la primavera de 2018, la periodista y novelista Jack Parker publicó *Witch, Please*, «la newsletter de las brujas modernas», que contó con varios miles de suscriptores. En este boletín, difundió fotos de su altar y sus libros de hechizos personales, entrevistas a otras brujas, así como consejos para hacer rituales relacionados con la posición de los astros y las fases de la luna.

Estas nuevas adeptas no siguen ninguna liturgia común: «La brujería, siendo una práctica, no precisa acompañarse de un culto religioso, pero puede combinarse con él perfectamente —explica Mæl, una bruja francesa—. No existe una incompatibilidad fundamental. También se encuentran brujas en las grandes religiones monoteístas (cristianas, musulmanas, judías), brujas ateas, brujas agnósticas, además de brujas de religiones paganas y neopaganas (politeístas, wiccanas, helenistas, etc.)».[47] Starhawk —que se inscribe por su parte dentro del amplísimo espectro de la wicca, la religión neopagana— propone también la invención de rituales en función de las necesidades. Explica, por ejemplo, cómo nació el ritual con el que sus amigas y ella celebran el solsticio de invierno, encendiendo una gran fogata en la playa y sumergiéndose luego entre las olas, alzados los brazos, con cánticos y gritos de júbilo: «Durante uno de los primeros solsticios que celebramos, fuimos a la playa a ver la puesta de sol antes de nuestro ritual de la noche. Una mujer dijo: «¡Quitémonos la ropa y lancémonos al agua! ¡A ver quién se atreve!». Recuerdo haberle respondido: "Estás loca", pero lo hicimos igualmente. Al cabo de unos años, se nos ocurrió encender fuego, más que nada para evitar la hipotermia, y así nació una tradición. (Haz una cosa una vez y será una experiencia. Hazla dos veces y será una tradición).»[48]

La visitante del crepúsculo

¿Cómo explicar esta insólita moda? Quienes practican la brujería, hombres y mujeres, han crecido con *Harry Potter*, pero también con las series *Embrujadas* —en la que las heroínas son tres hermanas brujas— y *Buffy cazavampiros* —donde Willow, en un principio tímida y apocada alumna de instituto, se convierte en una poderosa bruja—, lo que puede haber tenido su influencia. La magia aparece paradójicamente como un recurso muy pragmático, un arrebato vital, una manera de arraigarse en el mundo y en la vida en una época en la que todo parece aliarse para volverte más débil y más precario. En su boletín del 16 de julio de 2017, Jack Parker rehusaba decidir entre «efecto placebo o auténtica magia ancestral»: «Lo importante es que funciona y que nos hace bien, ¿no? [...] Estamos siempre buscando el sentido de la vida, de nuestra existencia, y por qué y cómo y a dónde voy y quién soy y en qué me voy a convertir, así que, si podemos aferrarnos a un par o tres de cosas que nos confortan y que tenemos la impresión de dominar por el camino, ¿por qué tirar piedras sobre tu propio tejado?». Sin haber practicado la magia en sentido literal, encuentro aquí algo que he defendido en otra parte,[49] abogando por el tiempo para uno mismo, el retiro regular del mundo, el abandono confiado a los poderes de la imaginación y de la fantasía. Con su insistencia en la mentalidad positiva y sus invitaciones a «descubrir la diosa interior», la moda de la brujería forma también todo un subgénero dentro del vasto filón del desarrollo personal. Una fina línea separa ese desarrollo personal —fuertemente entremezclado con espiritualidad— del feminismo y el *empoderamiento* político, que implican la crítica de los sistemas de opresión; pero, sobre esa línea, ocurren cosas realmente dignas de interés.

Quizá también la catástrofe ecológica, cada vez más visible, ha reducido el prestigio y el poder de intimidación de la sociedad tecnológica, haciendo que desaparezcan las inhibiciones para declararse bruja. Cuando un sistema de comprensión del mundo que se presenta a sí mismo como absolutamente racional conduce a destruir el medio vital de la humanidad, uno puede acabar cuestionando lo que por costumbre se clasifica en las categorías de racional e irracional. De hecho, la visión mecanicista del mundo pone en evidencia una concepción de la ciencia ya caduca. Los descubrimientos más recientes, en lugar de desterrarlas al dominio de lo estrambótico y del charlatanismo, convergen con las intuiciones de las brujas. «La física moderna —escribe Starhawk— ya no habla de átomos separados y aislados de una materia muerta, sino de olas de flujo de energías, de probabilidades, de fenómenos que cambian cuando los observas; reconoce lo que los chamanes y las brujas han sabido siempre: que la energía y la materia no son dos fuerzas separadas, sino formas diferentes de la misma cosa».[50] Asistimos, como entonces, a un refuerzo de todas las formas de dominación, simbolizado por la elección a la presidencia del país más poderoso del mundo de un multimillonario que profesa una misoginia y un racismo desacomplejados, de manera que la magia surge de nuevo como el arma de los oprimidos. La bruja aparece con el crepúsculo, cuando todo parece perdido. Ella es la que logra encontrar restos de esperanza en el corazón desesperado. «Cuando emprendamos un nuevo camino, todos los poderes de la vida, de la fertilidad y de la regeneración se multiplicarán a nuestro alrededor.

Y cuando nos aliemos con esos poderes, serán posibles los milagros», escribía Starhawk en 2005, en un relato de los días que había pasado en Nueva Orleans para prestar ayuda a los supervivientes del huracán Katrina.[51]

El enfrentamiento entre los defensores de los derechos de las mujeres o de las minorías sexuales y los que apoyan ideologías reaccionarias se exacerba. El 6 de septiembre de 2017, en Louisville, Kentucky, el grupo local de WITCH se manifestaba al grito de: «Los fanáticos religiosos americanos crucifican los derechos de las mujeres desde 1600».[52] El resultado es un espíritu de los tiempos hecho de una curiosa mezcla de sofisticación tecnológica y de arcaísmo opresivo, que ha sabido captar la serie *El cuento de la criada*, adaptación de la novela homónima de Margaret Atwood. Así, en febrero de 2017, un grupo de brujas —a las que se unió la cantante Lana Del Rey— se dieron cita a los pies de la Torre Trump en Nueva York a fin de provocar la destitución del presidente. Los organizadores pidieron acudir con «un hilo negro, azufre, plumas, sal, una vela naranja o blanca, además de una foto "desfavorecedora" de Donald Trump». Como respuesta, los cristianos nacionalistas invitaron a combatir esa ofensiva espiritual recitando un salmo del libro de David. Pasaron la iniciativa por Twitter con el *hashtag* #PrayerResistance.[53] Sí, un ambiente de lo más extraño...

En un informe (bastante alocado) publicado en agosto de 2015, el estudio de diseño neoyorquino K-Hole anunció haber identificado una nueva tendencia cultural: la «magia del caos». No se equivocaba. La autora de una investigación consagrada al millón de americanos adeptos a un culto pagano[54] publicada ese mismo año manifestaba: «Cuando empecé a trabajar en este libro, la gente a la que hablaba de ello me miraba sin comprender. En el momento en que se publicó, ¡me acusaron de seguir una moda!».[55] Práctica espiritual y/o política, la brujería es también una estética, una moda... y un filón comercial. Tiene sus *hashtags* en Instagram y su sección virtual en Etsy, sus *influencers* y sus emprendedores autodidactas, que venden en línea sortilegios, velas, libros de hechizos, superalimentos, aceites esenciales y cristales. Inspira a las firmas de costura; las marcas se adueñan de ella. No hay nada extraño en todo esto: al fin y al cabo, el capitalismo se dedica a revender bajo la forma de producto lo que empezó destruyendo. Pero quizá aquí haya también una afinidad natural en acción. Jean Baudrillard puso de manifiesto en 1970 hasta qué punto la ideología del consumismo estaba impregnada de pensamiento mágico, hablando de una «mentalidad milagrosa».[56] En su informe, K-Hole establecía un paralelismo entre la lógica de la magia y la de una estrategia de marca: «Ambas son una cuestión de creación. Pero, mientras la promoción de una marca implica implantar ideas en el cerebro del público, la magia consiste en implantarlas en el tuyo». La magia tiene «sus símbolos y sus mantras»; las marcas tienen «sus logos y sus eslóganes».[57]

Antes incluso de que la brujería se convirtiera en un concepto rentable, cabría pensar que la industria cosmética en particular ha basado una parte de su prosperidad en una oscura nostalgia de la magia presente en muchas mujeres, al venderles sus tarros y sus frascos, sus principios activos milagrosos, sus promesas de transformación, su inmersión en un universo encantado. Es obvio en la marca francesa Garancia, cuyos productos se llaman «Aceite embrujador con superpoderes», «Espray mágico», «Agua de brujería», «Tomate Diabólico», «Baile de máscaras de las brujas», o «¡Que mis rojeces desaparezcan!». Pero también en la marca de productos naturales de lujo Susanne Kaufmann: su creadora es «una austríaca que creció en el bosque de Bregenz. De niña, su abuela le transmitió su pasión por las plantas, con las que elabora remedios».[58] Igualmente, la palabra inglesa *glamour* (como la palabra francesa *charme* o la española «encanto») ha perdido su antiguo significado de «sortilegio» para significar simplemente «belleza», «esplendor»; se asocia al mundo del espectáculo y a la revista femenina que lleva su nombre. «El patriarcado nos ha robado nuestro cosmos y nos lo ha devuelto en forma de la revista *Cosmopolitan* y de los cosméticos», resume Mary Daly.[59]

La «rutina diaria» (*daily routine*) de belleza, sección de las revistas femeninas donde una mujer famosa explica la forma en que cuida su piel y, en general, su forma física y su salud, suscita una fascinación ampliamente compartida (incluyéndome a mí). Sobre ella hay canales de YouTube y páginas de Internet (la más famosa de todas es la estadounidense *Into The Gloss*), y la encontramos incluso en los medios de comunicación feministas. Las líneas de cosméticos constituyen una jungla en la que es necesario tener mucho tiempo, energía y dinero para orientarse, y esas secciones contribuyen a sumergir en ella a las consumidoras, a mantener viva su obsesión por las marcas y los productos. Dando a entender que cultiva una habilidad específica, secretos transmitidos entre mujeres (se hace referencia a menudo a lo que la entrevistada aprendió de su madre), una ciencia de los protocolos y los principios activos, una disciplina, pero ofreciendo también un sentimiento de orden, de maestría y de placer en un día a día a veces caótico, la *daily routine* podría muy bien parecer una forma degradada de la iniciación de las brujas. Se habla además de «rituales» de belleza, y a quienes mejor los dominan las califican de «sacerdotisas».

Cómo esta historia ha conformado nuestro mundo

No obstante, las páginas siguientes hablarán muy poco de la brujería contemporánea, al menos en su sentido literal. Lo que me interesa, teniendo en cuenta la historia que he delineado aquí a grandes rasgos, es más bien examinar las consecuencias de las cazas de brujas en Europa y en Estados Unidos. Estas cazas evidenciaron y amplificaron los prejuicios contra las mujeres, el oprobio que cayó sobre algunas de ellas. Las mujeres reprimieron ciertos comportamientos, ciertas maneras de ser. Nosotras hemos heredado esas representaciones forjadas y perpetuadas a lo largo de los siglos. Esas imágenes negativas siguen produciendo, en el mejor de los casos, censura o autocensura, obstáculos; en el peor de los casos, hostilidad, incluso violencia. Y, aunque existiera una voluntad sincera y ampliamente compartida de someterlas a un examen crítico, no tenemos un pasado de recambio. Como escribió Françoise d'Eaubonne, «los contemporáneos han sido moldeados por acontecimientos que pueden ignorar y cuyo recuerdo mismo se perderá; pero nada podría impedir que fueran distintos, y pensaran quizá de otra manera, si esos acontecimientos no hubieran ocurrido».[60]

El campo de estudio es inmenso, pero me gustaría concentrarme en cuatro aspectos de esta historia. En primer lugar está el castigo a todas las veleidades de independencia femenina (capítulo 1). Entre las acusadas de brujería, se encuentra una gran mayoría de solteras y viudas, es decir, de todas aquellas que no estaban subordinadas a un hombre.[61] En aquella época se privaba a las mujeres de ocupar un puesto de trabajo. Las expulsaban de los gremios; se formalizaba el aprendizaje de los oficios y se les prohibía el acceso. La mujer sola, en especial, sufría una «presión económica insostenible».[62] En Alemania, a las viudas de maestros artesanos no se les permitía proseguir con el trabajo de su marido. En cuanto a las mujeres casadas, la reintroducción del derecho romano en Europa a partir del siglo XI, que establecía su incapacidad jurídica, les dejaba un margen de autonomía que, en el siglo XVI, se les negó también. Jean Bodin, del que sutilmente se ha preferido olvidar el alegre pasatiempo de demonólogo, es famoso por su teoría del Estado (*Los seis libros de la República*). Ahora bien, señala Armelle Le Bras-Chopard, se distingue sobre todo por una visión en la que el buen gobierno de la familia y el del Estado, ambos garantizados por una autoridad masculina, se refuerzan mutuamente; lo que quizá no deje de estar relacionado con su obsesión por las brujas. En Francia, el código civil de 1804 sancionará la incapacidad social de la mujer casada. Las persecuciones habrán cumplido con su cometido: ya no era necesario quemar a presuntas brujas, puesto que la ley «permite limitar la autonomía de *todas* las mujeres»...[63] Hoy en día, la independencia femenina, incluso siendo posible jurídica y materialmente, sigue suscitando un escepticismo general. El vínculo con un hombre y unos hijos, vivido como una entrega continua, sigue considerándose la esencia de su identidad. La educación y socialización de las niñas las hace temer la soledad e impide que desarrollen adecuadamente su capacidad de autonomía. Detrás de la famosa figura de la «solterona con gato», a la que se ha dejado de lado y debe tenerse como objeto de lástima y de mofa, se distingue la sombra de la temible bruja de antaño, acompañada por su diabólico «familiar».

Al mismo tiempo, la época de las persecuciones de brujas supuso la criminalización del aborto y de la contracepción. En Francia, una ley promulgada en 1556 obligaba a toda mujer embarazada a declarar su embarazo y a disponer de un testigo en el momento del parto. El infanticidio se convirtió en un *crimen exceptum* («crimen excepcional»), lo que ni siquiera era la brujería.[64] Entre las acusaciones presentadas contra las «brujas» a menudo figuraba la de hacer que los niños murieran. La bruja es la «antimadre».[65] Muchas de las acusadas eran sanadoras que desempeñaban el papel de mujeres sabias, pero que también ayudaban a las mujeres deseosas de impedir o interrumpir un embarazo. Para Silvia Federici, las persecuciones de brujas permitieron preparar la división del trabajo según el género que requería el capitalismo, reservando el trabajo remunerado a los hombres y asignando a las mujeres el alumbramiento y educación de la futura mano de obra.[66] Esa distribución dura hasta nuestros días: las mujeres son libres para tener o no tener hijos... a condición de que elijan tenerlos. En ocasiones se identifica a quienes no lo desean con criaturas sin corazón, oscuramente malvadas, con malignas intenciones respecto a los de las demás (capítulo 2).

Las persecuciones de brujas han grabado también profundamente en las conciencias una imagen muy negativa de la mujer vieja (capítulo 3). Cierto, se quemó a «brujas» jóvenes, e incluso a niñas y niños de siete u ocho años; pero las más viejas, consideradas a la vez repugnantes por su aspecto y especialmente peligrosas en razón de su experiencia, fueron las «víctimas favoritas de las persecuciones».[67] «En lugar de recibir los cuidados y la ternura debidos a las mujeres ancianas, se las acusaba de brujería con tanta frecuencia que, durante años, era inusual que, en el norte de Europa, alguna de ellas muriera en su cama», escribía Matilda Joslyn Gage.[68] La odiosa obsesión de pintores (Quinten Massys, Hans Baldung, Niklaus Manuel *Deutsch*) y poetas (Ronsard, Du Bellay)[69] por las ancianas se explica por el culto a la juventud que se desarrolló a la sazón y por el hecho de que las mujeres vivieran más tiempo. Además, la privatización de las tierras antes compartidas —lo que en Inglaterra llamaron «acotados»—, al producirse la acumulación primitiva que preparó el advenimiento del capitalismo, penalizó especialmente a las mujeres. Los hombres accedían más fácilmente al trabajo remunerado, convertido en el único medio de subsistencia. Ellas dependían más que ellos de las tierras comunales, donde era posible llevar a pastar a las vacas, recoger leña o recolectar hierbas.[70] Ese proceso coartó su independencia a la vez que reducía a la mendicidad a las más viejas, cuando no podían contar con el apoyo de sus hijos. Siendo en lo sucesivo una boca más que alimentar, la mujer menopáusica, con un comportamiento y una forma de hablar a veces más libres que la juventud, se convertía en una calamidad de la que había que librarse. Se creía también que la animaba un deseo sexual aún más insaciable que en la juventud, lo que la impulsaba a buscar la copulación con el Diablo; ese deseo se consideraba grotesco y suscitaba repugnancia. Cabe suponer que si hoy en día se considera que las mujeres se marchitan con el tiempo, mientras que los hombres mejoran, si la edad las castiga en el terreno amoroso y conyugal, si la carrera de la juventud toma para ellas un giro tan desesperado, es en gran parte por esas representaciones que siguen instaladas en nuestro imaginario, desde las brujas de Goya hasta las de Walt Disney. La vejez de las mujeres sigue siendo, de una manera u otra, fea, vergonzosa, amenazadora, diabólica.

El sometimiento necesario de las mujeres para poner en marcha el sistema capitalista fue de la mano con el de los pueblos declarados «inferiores», esclavos y colonizados, proveedores de recursos y de mano de obra gratuitos; es la tesis de Silvia Federici.[71] Pero también se acompañó de la explotación de la naturaleza, y de la instauración de una nueva concepción del saber. El resultado fue una ciencia arrogante, alimentada por el desprecio a lo femenino, que se asociaba con lo irracional, lo sentimental, la histeria, la naturaleza que se trataba de dominar (capítulo 4). La medicina moderna, en particular, se construyó sobre ese modelo y en relación directa con las cazas de brujas, que permitieron a los médicos oficiales de la época eliminar la competencia de las sanadoras, en general mucho más diestras que ellos. Heredó una relación estructuralmente agresiva con el paciente, y más aún con la paciente, como demuestran el maltrato y la violencia que se denuncian cada vez más desde hace unos años, sobre todo gracias a las redes sociales. Nuestra glorificación de una «razón» a menudo no demasiado racional, y nuestra agresiva relación con la naturaleza, a la que nos hemos acostumbrado hasta el punto de no ser ya conscientes de ella, se han cuestionado desde siempre, lo que hoy en día se ha hecho más necesario que nunca. Ese cuestionamiento se produce a veces fuera de toda lógica de género, pero en ocasiones también desde un punto de vista feminista. En efecto, algunas pensadoras juzgan indispensable resolver conjuntamente dos dominaciones que se han impuesto a la vez. Además de impugnar las desigualdades que sufren en el seno de un sistema, osan criticar el sistema mismo: quieren revertir un orden simbólico y un modo de conocimiento que se construyeron explícitamente contra ellas.

Devorar el corazón del marinero de Hidra

Es imposible pretender exhaustividad sobre semejantes temas. Solamente propondré, para cada uno de ellos, un camino señalado por mis reflexiones y mis lecturas. Para ello, me apoyaré en las autoras que, en mi opinión, mejor encarnan el desafío lanzado a los tabúes descritos más arriba, puesto que llevar una vida independiente, envejecer, tener el control sobre el propio cuerpo y la propia vida sexual sigue estando prohibido en cierta manera para las mujeres. Me apoyaré en las que, en definitiva, son para mí brujas modernas, cuya fuerza y perspicacia me estimulan tanto como las de Aleteo Brisalinda en mi infancia, ayudándome a evitar los ataques del patriarcado y a esquivar sus órdenes. Se definan o no feministas, se niegan a renunciar al pleno ejercicio de sus capacidades y su libertad, a gozar plenamente de sí mismas. Se exponen por ello a una condena social, que puede ejercerse simplemente a través de los reflejos y rechazos que llevamos todos incorporados de manera inconsciente, tan profundamente enraizada está la intolerante definición de lo que debe ser una mujer. Pasar revista a las prohibiciones que estas mujeres desafían nos permite medir la opresión que sufrimos a diario, así como la audacia de la que hacen gala.

He escrito en otro lugar, bromeando solo a medias, que me proponía fundar la corriente «gallina» del feminismo.[72] Soy una burguesa cortés y bien educada y siempre me resulta violento hacerme notar. Únicamente doy un paso al frente cuando no puedo hacer otra cosa, cuando me obligan mis convicciones y mis aspiraciones. Escribo libros como este para tener arrojo. Por consiguiente, valoro la importancia galvanizante de los modelos con los que puedes identificarte. Hace unos años, una revista abordó el retrato de varias mujeres de todas las edades que no se teñían las canas; una elección en apariencia anodina, pero que de inmediato hace resurgir el espectro de la bruja. Una de ellas, la diseñadora Annabelle Adie, recordaba su sorpresa al descubrir, en la década de los ochenta, a Marie Seznec, joven modelo de Christian Lacroix con el cabello enteramente blanco: «Cuando la vi con ocasión de un desfile, quedé fascinada. Yo estaba en la veintena y ya empezaba a tener canas. Ella me reafirmó en mis convicciones: ¡teñirse, jamás!».[73] Más recientemente, la periodista de moda Sophie Fontanel dedicó un libro a su propia decisión de no teñirse más los cabellos, y lo tituló *Une apparition*. La aparición es, a la vez, la de ese ser suyo resplandeciente que el tinte disimulaba, y la de la impresionante mujer de cabellos blancos cuya visión, en la terraza de un café, le hizo decidir dar el paso.[74] En Estados Unidos, el *Show de Mary Tyler Moore*, que en la década de los setenta ponía en escena el personaje —real— de una periodista soltera y feliz de serlo, fue una revelación para ciertas telespectadoras. Katie Couric, convertida en 2006 en la primera mujer en presentar sola un importante telediario de la noche en la televisión estadounidense, recordaba en 2009: «Veía a esa mujer libre, que se ganaba la vida sola, y me decía: "Quiero lo mismo"».[75] Recordando el proceso que la llevó a no tener hijos, la escritora Pam Houston evoca, por su parte, la influencia de su profesora de estudios feministas en la Universidad de Denison (Ohio) en 1980, Nan Nowik, que, «alta, elegante», llevaba DIU[76] a modo de pendientes...[77]

De regreso de un viaje a la isla de Hidra, una amiga griega me cuenta que allí ha visto, expuesto en el pequeño museo local, el corazón embalsamado del marino de la isla que más ferozmente combatió a los turcos. «¿Crees que si nos lo comiéramos nos volveríamos tan valientes como él?», me pregunta, pensativa. No es necesario recurrir a medios tan extremos: cuando se trata de hacer tuya la fuerza de otra persona, el contacto con una imagen, un pensamiento, puede bastar para producir efectos espectaculares. En esa manera que tienen las mujeres de tenderse la mano, de apoyarse unas a otras —abiertamente o a escondidas—, se puede observar lo opuesto a la lógica de «deslumbrar» que rige las revistas del corazón e innumerables hilos de Instagram: no es el mantenimiento de una ilusión de vida perfecta, apta únicamente para suscitar envidia y frustración, incluso el odio a uno mismo y la desesperación, sino una invitación generosa, que permite una identificación constructiva, estimulante, sin hacer trampas con los defectos y las debilidades. La primera actitud domina en la vasta y lucrativa competición por el título de quién encarna mejor los arquetipos de la feminidad tradicional: la esclava de la moda, la madre y/o el ama de casa perfecta. La segunda, por el contrario, alimenta la discrepancia con respecto a esos modelos. Demuestra que es posible existir y realizarse fuera de esos modelos y que, al contrario a lo que quieren hacernos creer con un discurso sutilmente intimidatorio, no nos espera la condenación en un rincón del bosque, en cuanto nos alejamos del camino recto. Sin duda hay siempre una parte de idealización y de ilusión en la creencia de que los demás «saben», guardan un secreto que a uno se le escapa; pero aquí, al menos, es una idealización que da alas, y no una idealización que deprime y paraliza.

Algunas fotos de la intelectual estadounidense Susan Sontag (1933-2004) la muestran con un gran mechón blanco en medio de sus negros cabellos. Ese mechón era el signo de un albinismo parcial. Sophie Fontanel, igualmente afectada, cuenta que en Borgoña, en 1460, una mujer llamada Yolande fue quemada por bruja: al rasurarle el cráneo, habían encontrado una mancha de despigmentación vinculada con ese albinismo, que se consideró la marca del Diablo. Hace poco, volví a ver una de esas fotos de Susan Sontag. Me di cuenta de que la encontraba hermosa, mientras que hace veinticinco años, me parecía que tenía cierto aire de dureza que me resultaba molesto. A la sazón, aunque no me lo hubiera planteado conscientemente, me recordaba a la horrible y aterradora Cruella de Vil de *Ciento un dálmatas* de Walt Disney. El simple hecho de haber tomado conciencia de ello hizo que se volatilizara la sombra de la bruja maléfica que interfería en mi percepción de aquella mujer y de todas las que se le parecen.

En su libro, Fontanel enumera las razones por las que se le antoja hermoso el blanco de sus cabellos: «Blanco como tantas cosas bellas y blancas, los muros encalados en Grecia, el mármol de Carrara, la arena de la playa, el nácar de las conchas, la tiza en la pizarra, un baño de leche, el resplandor de un beso, la pendiente nevada, la cabeza de Cary Grant recibiendo un Oscar honorífico, mi madre llevándome a la nieve, el invierno».[78] Muchas evocaciones que rechazan con suavidad las asociaciones de ideas surgidas de un gravoso pasado misógino. En mi opinión, hay en ello una especie de magia. En un documental sobre él, el dibujante de cómics Alan Moore (*V de Vendetta*) dijo: «Creo que la magia es arte, y que el arte es literalmente magia. El arte, como la magia, consiste en manipular los símbolos, las palabras o las imágenes, para producir cambios en la conciencia. De hecho, lanzar un sortilegio es, simplemente, decir, manipular las palabras, para cambiar la conciencia de la gente, y por eso creo que un artista o un escritor es lo más cercano que hay en el mundo contemporáneo a un chamán».[79] Extraer, de las capas de imágenes y de discursos adquiridos, lo que tomamos por verdades inmutables, poner de manifiesto el carácter arbitrario y contingente de las representaciones que nos aprisionan sin que seamos conscientes, y sustituirlas por otras que nos permiten existir plenamente y nos envuelven en aprobación: he aquí una forma de brujería que me alegraría ejercer hasta el fin de mis días.

1. UNA VIDA PROPIA.
LA PLAGA DE LA INDEPENDENCIA FEMENINA

«Buenos días, Gloria, me alegro muchísimo de tener por fin la ocasión de hablar con usted...»

Ese día de marzo de 1990, en la CNN, Larry King recibe a Gloria Steinem, respetada figura del feminismo en Estados Unidos. Una telespectadora llama desde Cleveland, Ohio. La voz es suave y se supone que se trata de una admiradora. Pero rápidamente comprenden que se equivocan. «Creo que su movimiento ha sido un fracaso total —acusa la voz suave—. Creo que son una de las causas principales de la decadencia de nuestra bella familia y de nuestra bella sociedad americanas. Quisiera hacerle algunas preguntas: me gustaría saber si está casada, si tiene hijos...» En ambos casos, la invitada, muy serena, responde tranquilamente que no. Interrumpida por el presentador, que diplomáticamente intenta reanudar su entrevista, la vengadora anónima concluye exclamando: «¡Creo que Gloria Steinem debería arder en el infierno!».[1]

Periodista que se implicó muy activamente en la defensa de los derechos de las mujeres a principios de la década de los setenta, Gloria Steinem (nacida en 1934) siempre ha dado muchos quebraderos de cabeza a sus enemigos. Para empezar, su belleza y sus numerosos amantes invalidan la alegación clásica según la cual las reivindicaciones feministas no hacen más que disimular la amargura y la frustración de mujeres feas a las que ningún hombre había hecho el honor de poner su atención en ellas. Además, la vida plena e intensa que ha llevado y sigue llevando, torbellino de viajes y de descubrimientos, de militancia y de escritura, de amores y de amistades, complica seriamente la tarea a aquellos para quienes la existencia de una mujer no tendría sentido sin la pareja y sin la maternidad. A un periodista que le preguntaba por qué no se casaba, le dio esta respuesta que se ha hecho célebre: «No consigo aparearme en cautividad».

Renunció a esta línea de conducta a la edad de sesenta y seis años, para que su compañero de entonces, que era sudafricano, pudiera obtener la tarjeta de residencia y quedarse en Estados Unidos. Se casó con él en Oklahoma, en casa de su amiga, la líder nativoamericana Wilma Mankiller, mediante una ceremonia cherokee seguida de un «fantástico desayuno»; para la ocasión, se puso sus «tejanos más bonitos». Su marido murió de cáncer tres años después. «Como nos casamos legalmente, algunas personas piensan que él fue el amor de mi vida, y que yo fui el suyo», reveló Steinem años más tarde a la periodista Rebecca Traister, que realizaba una investigación sobre la historia del celibato femenino en Estados Unidos. «Eso es realmente no comprender nada de la singularidad humana. Él había estado casado dos veces antes y tenía unos maravillosos hijos ya adultos. Yo había vivido varias relaciones felices con hombres que siguen siendo amigos míos y que constituyen una familia elegida. Algunas personas tienen un solo compañero a lo largo de su vida, pero no es el caso de la mayoría de nosotros. Y cada uno de nuestros amores es esencial y único».[2]

Hasta finales de la década de los sesenta, recuerda Rebecca Traister, el feminismo americano estaba dominado por la tendencia Betty Friedan —autora en 1963 de *La mística de la feminidad*, crítica decisiva sobre el ideal del ama de casa. Friedan defendía a «las que querían la igualdad, pero sin dejar de amar a su marido y a sus hijos». La crítica del matrimonio como tal no apareció en el movimiento hasta el nacimiento de la lucha por los derechos de los homosexuales y el aumento de la visibilidad de las lesbianas. Pero, incluso entonces, a muchas militantes les parecía impensable que se pudiera ser heterosexual y no desear casarse;[3] «al menos hasta que aparece Gloria». Gracias a ella y a algunas otras, en 1973, *Newsweek* constató que «por fin era posible ser a la vez soltera y estar realizada». A finales de la década, la tasa de divorcios se había disparado hasta alcanzar cerca del 50 por ciento.[4]

Gorronas, defraudadoras y electrones libres

De todas formas, es necesario precisar que, una vez más, las feministas blancas estadounidenses reinventaron la rueda. Por una parte, las mujeres negras, descendientes de esclavas, no habían estado jamás sometidas a la idea de domesticidad censurada por Betty Friedan. Ellas reivindicaban con valentía su condición de trabajadoras, como teorizaba desde 1930 la abogada Sadie Alexander, primera afroamericana en obtener —en 192— un doctorado en Economía.[5] A esto se añadía una larga tradición de compromiso político y comunitario. La impresionante Annette Richter, por ejemplo, que tiene la misma edad que Gloria Steinem y que, como ella, ha vivido casi siempre sola y no ha tenido hijos, sin duda habría merecido convertirse en una figura tan célebre como ella. Tras unos resultados académicos brillantes, trabajó toda su vida para el gobierno en Washington, al tiempo que dirigía la sociedad secreta de cooperación de mujeres negras que su tatarabuela había fundado en 1867, cuando aún era una esclava.[6] Además, a causa de la degradación de su situación económica después de la Segunda Guerra Mundial, un gran número de afroamericanas habían dejado de casarse y habían empezado mucho antes que las blancas a tener hijos fuera del matrimonio. Esto les había valido, desde 1965, la reprobación del subsecretario de

Estado para el trabajo, Daniel Patrick Moynihan, que las acusó de poner en peligro la «estructura patriarcal de la sociedad americana».[7]

A partir de la presidencia de Ronald Reagan, en la década de los ochenta, el discurso conservador creó la figura deshonrosa de la *welfare queen*, la «reina gorrona (de la beneficencia)», que puede ser negra o blanca, aunque en el primer caso se le añade al insulto una connotación racista. El propio presidente difundió durante más de diez años la historia —falaz— de una de esas «reinas» que, según afirmaba él sin vergüenza alguna, utilizaba «ochenta nombres, treinta direcciones y doce números de la seguridad social», gracias a los cuales sus ingresos netos eran «superiores a los 150.000 dólares».[8] En resumen, la denuncia —bien conocida en Francia— de los «gorrones» y los «defraudadores», pero en femenino... Durante su campaña para las elecciones a gobernador de Florida, en 1994, Jeb Bush consideraba que las mujeres que recibían asistencia social harían mejor «en tomar las riendas de su vida y encontrar marido». En la novela de Ariel Gore, *Nous étions des sorcières*, que se desarrolla en California a principios de la década de los noventa, la protagonista, una joven madre soltera (blanca), comete el error de confesar a su nueva vecina, en el rincón de los suburbios donde acaba de instalarse, que sobrevive gracias a los vales para comida. Al enterarse, el marido de la vecina se planta bajo su ventana a lanzarle insultos; le roba el cheque de la asistencia de su buzón. La joven se ve obligada a mudarse el día en que, al regresar a casa con su hija, encuentra, clavada en la puerta, una muñeca en la que han pintarrajeado en rojo las palabras: «Muérete, puta gorrona (*welfare slut*)».[9] En 2017, un tribunal de Michigan realizó una prueba de paternidad para un niño de ocho años nacido de una violación; sin consultar a nadie, dictaminó la custodia compartida y el derecho de visitas al violador, cuyo nombre añadió asimismo al certificado de nacimiento, y al que se comunicó la dirección de su víctima. La joven comentó: «Recibía cupones de alimentos y el pago del seguro médico para mi hijo. Supongo que han buscado un modo de ahorrarse dinero».[10] Una mujer ha de tener dueño, aunque se trate del hombre que la secuestró y la retuvo cuando tenía doce años.

Uno de los artífices de la desastrosa reforma de la asistencia social que llevó a cabo Bill Clinton en 1996, por la que se destrozó una red de seguridad creando agujeros ya demasiado grandes,[11] hablaba aún en 2012 del matrimonio como la «mejor arma antipobreza». Lo que, argumenta Rebecca Traister, significa que deberían hacer lo contrario de lo que hacen: «Si los políticos se preocupan por el descenso del número de matrimonios, deberían aumentar la ayuda social», puesto que es fácil casarse cuando se disfruta de un mínimo de estabilidad económica. «Y si les preocupa la pobreza, deberían aumentar la ayuda social. Es así de sencillo.» Además, señala, aunque las mujeres solteras reclamaran realmente un «Estado-marido», ¿qué habría de escandaloso en ello, cuando los hombres blancos, «y en particular los hombres blancos ricos y casados», se han beneficiado durante largo tiempo del apoyo de un «Estado-esposa» para garantizarse la independencia a través de subvenciones, préstamos y reducciones de impuestos?[12] Pero a la idea de que las mujeres son individuos soberanos y no simples apéndices, enganches a la espera de un caballo de tiro, le cuesta abrirse paso en las mentes... y no solamente de los políticos conservadores.

En 1971, Gloria Steinem cofundó la publicación mensual feminista *Ms. Magazine*. Ni «Miss» (que designa a una soltera), ni «Mrs.» (que designa a una mujer casada. «Ms.» (que se pronuncia «Mis» con la *ese* sonora) es el equivalente femenino exacto de «Mr.» (señor): un título que no dice nada del estado civil de la persona a la que designa. Fue inventado en 1961 por una militante de los derechos civiles, Sheila Michaels. La idea se le ocurrió al ver una errata en una carta dirigida a su compañera de piso. Personalmente, ella no había sido nunca «propiedad de un padre», puesto que sus padres no estaban casados; no quería convertirse en propiedad de un marido y buscaba un término que lo explicara. A la sazón, muchas jóvenes se casaban con dieciocho años, y Michaels tenía veintidós: ser una «miss» significaba ser un «accesorio abandonado en un estante». Durante diez años, se presentó como «Ms.», soportando las risas y las pullas. Después, una amiga de Gloria Steinem que había oído hablar de su idea se la transmitió a las fundadoras de la revista, que buscaban un título. Al adoptar el de «Ms.», popularizaron por fin el término, que obtuvo un gran éxito. Ese mismo año, Bella Abzug, representante de la cámara baja por el Estado de Nueva York, consiguió que se aprobara una ley que autorizaba su uso en los formularios federales. Interrogado al respecto en la televisión en 1972, Richard Nixon, pillado por sorpresa, respondió con una risita incómoda que él era «sin duda un poco anticuado» y prefería seguir con «Miss» o «Mrs.». En una grabación secreta de la Casa Blanca, se le oye rezongar junto a su asesor, Henry Kissinger, después de la emisión. «Pero joder, ¿cuánta gente ha leído realmente a Gloria Steinem y les importa una mierda?»[13] Al recordar la historia de la palabra, en 2007, la periodista de *The Guardian* Eve Kay recordaba el orgullo que sentía el día que abrió su primera cuenta bancaria inscribiéndose como «Ms» (el título se utiliza así, sin punto, en el Reino Unido): «Era una persona independiente, con una identidad independiente, y "Ms" lo expresaba a la perfección. Era un pequeño paso simbólico —sabía que no significaba que las mujeres estuvieran en pie de igualdad con los hombres—, pero era importante anunciar al menos mi intención de ser libre». Animaba a las lectoras a hacer lo mismo: «Elegid "Miss" y os veréis condenadas a ser el bien mueble de un tipo cualquiera. Elegid "Ms" y os convertiréis en una mujer adulta plenamente responsable de su vida».[14]

Cuando en Francia, cuarenta largos años más tarde, Osez le féminisme! y les Chiennes de garde[15] pusieron por fin el tema sobre la mesa con su campaña «"Mademoiselle" ("señorita"), la casilla de más», que exigía la desaparición de esta opción en los formularios administrativos, este enfoque fue percibido como el enésimo capricho de feministas ociosas. Las reacciones oscilaron entre los suspiros de nostalgia, las voces trémulas condenando el asesinato de la galantería francesa a manos de esas zorras, y las voces indignadas que pedían movilizarse «por asuntos más graves». «En un principio se creyó que era un chiste», se mofaba Alix Girod de l'Ain en un editorial de *Elle*. Y recordaba un uso honorífico y marginal del *mademoiselle*, cuando se atribuye a actrices célebres que no se habían unido jamás a un solo hombre por mucho tiempo: «Es preciso defender *mademoiselle* por mademoiselle Jeanne Moreau, mademoiselle Catherine Deneuve y mademoiselle Isabelle Adjani». Según esta óptica, sostenía, con una pizca de mala fe, que generalizar el *madame* —ya que en francés no se ha inventado un tercer término—, equivalía a tratar a todas las mujeres como si estuvieran casadas: «¿Significaría eso que, para esas feministas, es mejor estar oficialmente casada, es más respetable?», lo que no era evidentemente el propósito de dichas asociaciones. Sin embargo, muy pronto se ponía de manifiesto que su verdadera desazón procedía de la connotación de juventud asociada a *mademoiselle*: «Hay que defender *mademoiselle* porque, cuando el frutero de la calle Cadet me llama así, no me engaña, pero percibo que tendré derecho a albahaca gratis». (Olvidaba que, en este caso, las cañoneras de la dictadura feminista no apuntaban más que a los formularios administrativos y, por lo tanto, no ponían necesariamente en peligro su albahaca gratuita.) Concluía reclamando que más bien se añadiera una casilla «Prsa.» con el fin de defender «nuestro derecho inalienable a ser princesas»...[16] Por lamentable que fuera su propuesta, tuvo el mérito de desvelar hasta qué punto se condiciona a las mujeres para que aprecien su infantilización y deduzcan su propio valor a partir de su cosificación; o al menos las mujeres francesas, ya que, al mismo tiempo, *Marie Claire* afirmaba que en Quebec «ese término es muestra de una mentalidad tan arcaica que llamar «señorita» a una mujer garantiza una bofetada como respuesta».[17]

La aventurera, modelo prohibido

Si bien no tiene la exclusiva, la soltera encarna la independencia femenina bajo su forma más visible, la más evidente. Esto la convierte en una figura aborrecible para los reaccionarios, pero también intimida a un buen número del resto de mujeres. El modelo de la división sexual del trabajo del que seguimos siendo prisioneros produce también importantes efectos psicológicos. En la forma en la que son educadas la mayor parte de las niñas, no hay nada que las anime a creer en su propia fuerza, en sus propios recursos, a cultivar y valorar su autonomía. Se las empuja, no solo a considerar la pareja y la familia como los elementos esenciales de su realización personal, sino también a considerarse frágiles y desvalidas, y a buscar la seguridad afectiva a cualquier precio, de manera que su admiración por las figuras de aventureras intrépidas no pasará de ser puramente teórica y carecerá de efecto sobre su propia vida. En una publicación *online* estadounidense, en 2017, una lectora lanzaba esta llamada de socorro: «¡Dígame que no me case!» Tenía veinte años y había perdido a su madre dos años y medio antes. Su padre se disponía a volver a casarse y a vender la casa familiar, y sus dos hermanas ya estaban casadas, una ya con hijos y la otra pensando en tenerlos. Iba a regresar pronto a su ciudad natal y tendría que compartir habitación con la hijastra de su padre, de nueve años de edad, perspectiva que la deprimía. No tenía novio pero, aun sabiendo que su estado de ánimo la predisponía a tomar malas decisiones, estaba obsesionada por el deseo de casarse ella también. En su respuesta, la periodista subrayaba las desventajas que las jóvenes sufrían a la hora de afrontar los cambios de la vida adulta, como consecuencia de la forma en la que se las obliga a relacionarse: «A los chicos se les incita a imaginar su trayectoria futura de la forma más aventurera posible. Conquistar el mundo por sí solos representa el destino más romántico que puedan imaginar, esperando que no aparecerá una mujer para estropearlo todo convirtiéndose en un obstáculo. Pero, para una mujer, la perspectiva de trazar por sí misma su camino en el mundo se representa como triste y patética hasta que no aparezca un hombre en escena. ¡Y es una tarea tan difícil reinventar el mundo fuera de esas rígidas convenciones!».[18]

Eso no significa que un hombre no pueda sufrir por soledad o falta de afecto, pero, al menos, no está rodeado por representaciones culturales que agraven —o que *creen*— la idea de desdicha. Al contrario: la cultura le ofrece su apoyo. Incluso el bicho raro aislado y a disgusto consigo mismo se ha tomado su revancha, convirtiéndose en el Prometeo del mundo contemporáneo, premiado con dinero y éxito. Como dice un periodista, «en la cultura masculina no hay princesa azul, no hay un matrimonio fabuloso con maravillosos trajes».[19] A la inversa, las mujeres aprenden a soñar con el «romance», más que con el «amor», según la distinción establecida por Gloria Steinem: «Cuando más patriarcal es una cultura y más polarizada está en términos de género, más valora el romance», escribe. En lugar de desarrollar en su seno toda la gama de cualidades humanas, se contenta con la gama de las que se consideran femeninas o masculinas, buscando la plenitud a través del otro en relaciones superficiales vividas como una adicción. Y en ella, las mujeres son las más vulnerables: «En la medida en que la mayor parte de cualidades humanas se etiquetan como "masculinas", y solo unas cuantas son "femeninas", ellas tienen una mayor necesidad de proyectar partes vitales de ellas mismas sobre otro ser humano».[20]

En este contexto, la mujer independiente suscita un escepticismo general. La socióloga Érika Flahault muestra cómo ese escepticismo se puso de manifiesto en Francia desde la aparición, a principios del siglo XX, de mujeres sin cónyuge que vivían solas, mientras que hasta entonces se hacían «cargo de ellas su parentela, su clan o su comunidad en casi todos los casos». Desempolva estas palabras del periodista Maurice de Waleffe,[21] en 1927: «Un hombre no está nunca solo, a menos que vaya a parar a una isla desierta como Robinson Crusoe: cuando se convierte en farero, pastor o anacoreta, es porque le gusta y porque le mueve a ello su estado de ánimo. Admirémosle, pues la grandeza de un alma se mide por la riqueza de su vida interior, y hay que ser increíblemente rico para bastarse a sí mismo. Pero no verán jamás a una mujer elegir esa grandeza. Más blandas, por ser más débiles, tienen más necesidad de compañía que nosotros». Y, en 1967, en un libro muy leído, el médico André Soubiran se preguntaba: «Habría que saber si la psicología femenina se adapta tan bien como creemos a la libertad y a no estar bajo la dominación del hombre».[22]

No hay que subestimar nuestra necesidad de representaciones —compartida por la mayoría o surgidas de una contracultura— que, sin que seamos claramente conscientes, nos apoyan, dan sentido, impulso, eco y profundidad a las elecciones de nuestra vida. Necesitamos calcos bajo el trazado de nuestra existencia, para animarla, para apoyarla y validarla, para entrelazarla con la existencia de los demás y manifestar su presencia, su aprobación. Algunas películas de la década de los setenta, teñidas por el feminismo de aquella época, pudieron desempeñar ese papel para las mujeres independientes. En *My Brilliant Career* de Gillian Armstrong, por ejemplo, estrenada en 1979, Judy Davis encarna a Sybylla Melvyn, una joven australiana de finales del siglo XIX, dividida entre la próspera familia de su madre y la pobreza de la granja paterna.[23] Imprevisible, alegre, apasionada del arte, Sybylla se rebela contra la perspectiva del matrimonio. Encuentra el amor en la persona de un rico heredero. Cuando, tras algunas peripecias, él pide su mano, ella lo rechaza: «No quiero convertirme en una parte de la vida de alguien antes de haber vivido la mía», le explica ella, afligida. Le confiesa que quiere escribir: «Pero debo hacerlo ahora. Y debo hacerlo sola». En la última escena, Sybylla termina su manuscrito. En el momento de enviárselo al editor, saborea su felicidad, apoyada en la cerca de un campo, bajo la luz dorada del sol.

Un final feliz que no depende de un hombre ni del amor: es tan excepcional que yo misma, que veía la película precisamente para encontrar eso, me sentí un poco inquieta. Durante la escena en la que Sybylla rechaza a su enamorado, una parte de mí la comprendía («No quiero convertirme en una de esas esposas del *bush*[24] que tiene un hijo por año», le dice ella), pero otra parte de mí no podía evitar sentir ganas de gritarle: «Pero, tía, ¿estás segura?». En la época en la que se desarrolla la película, rechazar el matrimonio implicaba renunciar completamente a vivir el amor, lo que no sería el caso posteriormente; «A la mierda el matrimonio, no los hombres», proclamaba una octavilla repartida en el Congreso para la unión de las mujeres de Nueva York en 1969.[25] Esto da una dimensión dramática a la elección de Sybylla, pero también permite dejar clara una opción radical: sí, una mujer también puede querer realizar su vocación por encima de todo.

«Muy astuta, la forma que han ingeniado los hombres para hacer la vida tan dura a las mujeres solteras, que en su mayoría, se sienten muy felices de casarse, aunque sea mal», suspira Isadora Wing, la protagonista de la novela de Erica Jong *Miedo a volar*, que en 1973 exploró en todas sus ramificaciones esa condena femenina. La joven poeta Isadora Wing (su apellido significa «ala» en inglés) se fuga, abandonando a su segundo marido a fin de seguir a otro hombre del que se ha enamorado. Recuerda las ansias irrefrenables que siente después de cinco años de matrimonio, unas «ganas locas de marcharse, de comprobar si todavía está entera, si todavía tiene fuerzas para no dejarse doblegar, sola en una cabaña en el bosque, sin volverse loca»; pero también experimenta ataques de nostalgia y de cariño hacia su marido («Si acabara perdiéndolo, no sería capaz siquiera de recordar mi propio nombre»). Por una parte, esta tensión entre la necesidad de una estabilidad amorosa y la necesidad de libertad la comparten hombres y mujeres; es lo que hace que la pareja sea a la vez tan deseable y tan problemática. Pero Isadora se da cuenta de que, como mujer, no está bien preparada para la independencia, aunque acabe necesitándola. Teme no tener coraje para perseguir sus ambiciones. Querría no obsesionarse tanto con el amor, ser capaz de concentrarse en su trabajo y sus libros, realizarse a través de ellos a semejanza de un hombre, pero constata que, cuando escribe, sigue haciéndolo para que la amen. Teme no ser jamás capaz de saborear su libertad sin sentirse culpable. Su primer marido, que se había vuelto loco, se había intentado tirar por la ventana, arrastrándola con él; pero incluso después de algo así, Isadora no asume haberlo dejado: «Lo elegí yo, y aún siento remordimientos». Se da cuenta de que «no puede imaginarse sin un hombre»: «Sin él, me sentía tan perdida como un perro sin amo, como un árbol sin raíces; era una criatura sin rostro, una cosa indefinida». Sin embargo, la mayoría de los matrimonios que veía a su alrededor la consternaban: «La cuestión no es: ¿Cuándo se torcieron las cosas?, sino: ¿Cuándo han salido bien alguna vez?».[26] Le parece que las solteras no sueñan más que con casarse, mientras que las casadas no sueñan más que con escapar.

«El diccionario define "aventurero" como "una persona que vive, que aprecia o que busca la aventura", pero "aventurera", como "una mujer dispuesta a todo para adquirir riqueza o una posición social"», señala Gloria Steinem.[27] Ella misma, por su educación muy poco convencional, escapó de ese condicionamiento que empuja a las chicas a buscar la seguridad: su padre, que se había negado siempre a ser asalariado, se ganaba la vida ejerciendo diversos oficios, como el de chamarilero ambulante, y arrastraba con él a toda la familia, de forma que Gloria leía en el asiento de atrás en lugar de ir al colegio (no la escolarizaron hasta la edad de doce años). Su padre tenía tal «fobia al hogar», explica, que cuando se daban cuenta de que se habían dejado algo en casa, aunque acabaran de salir de ella, prefería volver a comprar lo que les faltaba antes que desandar el camino. Desde que Gloria tenía seis años, cuando le hacía falta ropa, su padre le daba dinero y esperaba en el coche mientras ella elegía lo que le gustara; el resultado fueron «compras tan satisfactorias como un sombrero rojo de señora, zapatos de Pascua vendidos con un conejo vivo o una chaqueta vaquera con flecos». En otras palabras, le dejaba libertad para definir quién era. Más adelante, siempre entre dos aviones, reprodujo el modo de vida de aquel padre adorado. El día en que la persona para la que trabajaba a distancia le pidió que acudiera a la oficina dos días por semana, ella «presentó su dimisión, se compró un cucurucho de helado y se paseó por las calles soleadas de Manhattan». Durante mucho tiempo su apartamento fue un caos de cajas y maletas, y solo al alcanzar la cincuentena desarrolló cierto sentido de hogar: tras pasar unos meses «creando su nido y adquiriendo sábanas y velas con un placer casi orgásmico», descubrió que el hecho de sentirse bien en su casa aumentaba el gusto por los viajes, y a la inversa. Pero, sea como fuere, sábanas y velas no fueron su primera preocupación. No aprendió de entrada a comportarse como una «chica» (cuenta que, de niña, cuando un adulto quería darle un beso en la mejilla, le daba un mordisco),[28] y seguramente salió ganando con ello.

Érika Flahault, en su investigación sociológica de 2009 sobre la «soledad residencial de las mujeres» en Francia, distingue a las mujeres «con carencia» —las que soportan su situación y sufren con ella—, las mujeres «en marcha» —las que aprenden a apreciarla—, y las «apóstatas de la vida conyugal»: las que deliberadamente han organizado su vida, sus amores y sus amistades fuera del marco de la pareja. Las primeras, señala, con independencia de su trayectoria personal, pero también de su clase social —una es una antigua campesina, la otra perteneciente a la alta burguesía—, se encuentran completamente desvalidas desde que no tienen, o no tienen ya, la posibilidad de encarnar a la buena esposa o la buena madre: comparten «la misma socialización fuertemente marcada por la división sexual de los papeles y un profundo apego a esos papeles tradicionales, hayan tenido o no ocasión de asumirlos». Por el contrario, las «apóstatas de la vida conyugal» siempre han cultivado una distancia crítica, incluso un desafío total con respecto a esos papeles. Son también mujeres creativas, que leen mucho y que tienen una intensa vida interior: «Existen fuera de la mirada del hombre y fuera de la mirada del otro, pues su soledad está llena de obras y de individuos, de vivos y de muertos, de allegados y de desconocidos cuya compañía —en carne y hueso, o en el pensamiento a través de las obras— constituye la base de su construcción identitaria».[29] Ellas se consideran individuos, y no representantes de los arquetipos femeninos. Lejos del aislamiento miserable que los prejuicios asocian con el hecho de vivir sola, ese perfeccionamiento incansable de su identidad produce un doble efecto: les permite domesticar e incluso saborear esa soledad a la que se enfrenta la mayoría de la gente, casada o no, a lo largo de la vida, al menos en algún período, pero también entablar relaciones especialmente intensas, ya que emanan de la esencia de su personalidad, más que de papeles sociales establecidos. En ese sentido, el conocimiento de uno mismo no es «egoísmo», no es replegarse sobre sí mismo, sino el mejor camino hacia los demás. Contrariamente a lo que quiere hacernos creer una insistente propaganda, la feminidad tradicional no es una tabla de salvación: pretender encarnar esa feminidad, adoptar sus valores, lejos de garantizarnos inmunidad, nos debilita y nos empobrece.

La piedad reservada a las mujeres solteras bien podría disimular una tentativa de conjurar la amenaza que representan. De ello da fe el estereotipo de la «mujer con gato», donde se supone que el felino colma las carencias afectivas.[30] La periodista y columnista Nadia Daam publicó un libro titulado *Comment ne pas devenir une fille à chat. L'art d'être célibataire sans sentir la croquette*.[31] En su espectáculo *Je parle toute seule* (Hablo sola), la humorista Blanche Gardien cuenta que sus amigas le han aconsejado tener gato, señal a sus ojos de que su situación es realmente desesperada: «No te dicen: "Cómprate un hámster, que vive dos o tres años, para entonces habrás encontrado a alguien"; no: te proponen una solución para veinte años. ¡Qué barbaridad!». Ahora bien, el gato es el «espíritu familiar» —al que también llaman simplemente «el familiar»— habitual de la bruja, una entidad sobrenatural que la ayuda en la práctica de la magia y con el que a veces puede intercambiar su apariencia. En los títulos animados de *Embrujada*, Samantha se transforma en gato para frotarse contra la pierna de su marido antes de saltar a sus brazos y volver a convertirse en ella misma. En *Me enamoré de una bruja* (1958), de Richard Quine, la bruja interpretada por Kim Novak, propietaria de una tienda de arte africano en Nueva York, pide a su gato siamés *Pyewacket* —nombre clásico de un familiar—, que le consiga un hombre por Navidad. En 1233, una bula del papa Gregorio IX declaró al gato «servidor del Diablo». Más adelante, en 1484, Inocencio VIII ordenó que todos los gatos a los que vieran en compañía de una mujer se consideraran familiares; las «brujas» debían ser quemadas con sus animales. La exterminación de los gatos contribuyó a aumentar la población de ratas y, con ello, a agravar las epidemias de peste, de las que se culpó a las brujas...[32] Matilda Joslyn Gage señalaba, en 1893, la persistencia de la desconfianza hacia los gatos negros heredada de aquella época, que se traducía en un valor menor de su piel en el mercado.[33]

Muerte a los contrarios

Cuando las mujeres cometen la osadía de aspirar a la independencia, una máquina de guerra se pone en marcha para hacerlas renunciar mediante el chantaje, la intimidación o la amenaza. Para la periodista Susan Faludi, a lo largo de toda la historia, todo progreso hacia su emancipación, por tímido que sea, ha suscitado una contraofensiva. Tras la Segunda Guerra Mundial, el sociólogo americano Willard Waller considera que «la independencia de espíritu de algunas» había «escapado a todo control» con la ayuda de los cambios engendrados por el conflicto,[34] como un eco del *Malleus maleficarum*: «Una mujer que piensa sola piensa mal». Los hombres, en efecto, sienten la más pequeña brisa de igualdad como un tifón devastador, un poco como las poblaciones mayoritarias se sienten agredidas y se consideran a punto de ser engullidas en cuanto las víctimas de racismo muestran la más mínima veleidad de defenderse. Además de la aversión a renunciar a sus privilegios (privilegio masculino o privilegio blanco), esa reacción delata la incapacidad de los dominadores para comprender la experiencia de los dominados, pero quizá también, a pesar de sus indignadas protestas de inocencia, una mala conciencia destructora («Les hacemos tanto daño que, si les dejamos el menor margen de maniobra, nos destruirán»).

Por su parte, Susan Faludi detalló minuciosamente en un libro publicado en 1991,[35] las múltiples manifestaciones de lo que ella llama la «revancha» o «reacción»: la auténtica campaña de propaganda que se desarrolló a lo largo de la década de los ochenta en Estados Unidos, a través de la prensa, la televisión, el cine y los libros de psicología, para combatir los avances feministas del decenio precedente. Con un cuarto de siglo de distancia, la grosería de los medios empleados resulta aún más impactante. Demuestra una vez más que la razón de ser de los medios de comunicación es a menudo la ideología y no la información: estudios sesgados emprendidos sin ninguna perspectiva crítica, ausencia total de escrúpulos y de rigor, pereza intelectual, oportunismo, sensacionalismo, conformismo, funcionamiento en circuito cerrado sin ningún vínculo con una realidad cualquiera... «Ese tipo de periodismo no obtiene su credibilidad de hechos reales, sino de su poder de repetición», observa Faludi. La tesis repetida machaconamente en todos los medios posibles en el transcurso de ese período se sustenta en dos mentiras: 1) las feministas han ganado, han obtenido la igualdad; 2) ahora son desgraciadas y están solas.

La segunda afirmación no tiene como objetivo describir una situación, sino asustar, lanzar una advertencia: las que osen abandonar su puesto y querer vivir para ellas mismas, en lugar de quedarse al servicio del marido y los hijos, se labran su propia desdicha. Para disuadirlas, apuntan precisamente al que, por culpa de su educación, constituye su punto débil: su pánico a encontrarse abandonadas a su propia suerte. «Teme el crepúsculo, ese difícil momento en que la oscuridad envuelve la ciudad y en el que las luces se encienden una a una en las cálidas cocinas», escribe perversamente el *New York Times* en un artículo sobre las solteras. Un manual de psicología titulado *Belles, intelligentes et seules* pone en guardia contra el «mito de la autonomía». *Newsweek* afirma que las solteras de más de cuarenta años tienen «más oportunidades de ser atacadas por un terrorista que de encontrar marido». Por todas partes se llama a las mujeres a tener cuidado con el rápido declive de su fertilidad, a abandonar sus ridículos castillos en el aire y a tener hijos lo antes posible. Se estigmatiza a las esposas que no han sabido «hacer de su marido el centro de su existencia». Hay «expertos» que señalan un supuesto «aumento del número de ataques al corazón y de suicidios» entre las mujeres activas. La prensa publica artículos apocalípticos sobre las guarderías sobriamente titulados «¡MAMÁ, NO ME DEJES AQUÍ!». En el zoo de San Francisco, «¡*Koko*, gorila hembra, dice a su cuidador que quiere un hijo!», asegura conmovido un diario local. Películas y revistas se llenan de amas de casa radiantes y de solteras exhaustas cuyo problema consiste en «esperar demasiado de la vida».[36]

La prensa francesa entona el mismo estribillo, como demuestran algunos de los titulares de *Le Monde* entre 1979 y 1987: «Cuando se llama libertad a la soledad», «Mujeres, libres pero solas», «La Francia de las mujeres solas», «"Cuando vuelvo, no me espera nadie"»...[37] Érika Flahault constata de todas formas que, incluso en otras épocas, el discurso sobre las mujeres independientes no ha sido *jamás* de aprobación, ni en la prensa generalista ni en la femenina. Siempre ha estado teñido de victimismo o de condescendencia. También en este caso se trata más de producir un efecto que de describir una situación: «Puestas en boca de una mujer que asegura ser feliz estando sola frases del tipo "Una mujer no está hecha para vivir sin un hombre" tienen un impacto mucho más perverso que en cualquier otro contexto». Hay que leer la prensa feminista de la época para encontrar artículos sobre el tema que no pretendan devolver al redil a la oveja descarriada. Esa prensa es la única, en particular, en tener en cuenta el «prolongado ataque cultural»[38] que se ha hecho soportar a las mujeres que viven solas, y a considerar que eso pueda explicar el malestar que experimentan muchas de ellas. Ciertamente hay algo casi fascinante en el modo en que la sociedad las sume en la desdicha para mejor confundirlas después: «¡Ah! ¿Ves como eres desgraciada?». En esa prensa, «lejos de negarse», analiza Érika Flahault, «la elección de una vida solitaria se representa en su justa dimensión, la de una victoria sobre las múltiples presiones que se ejercen sobre el individuo desde el nacimiento y que condicionan una gran parte de sus actos, "una lucha contra los arquetipos que uno lleva dentro de sí, las convenciones, la continua y renovada presión social" (*Antoinette*, febrero de 1985)».[39] De repente, ahí oímos otros testimonios, otros puntos de vista, como el que apareció en la *Revue d'en face* en junio de 1979: «Lenta eclosión de los deseos, reapropiación del cuerpo, de la cama, del espacio y del tiempo. Aprendizaje del placer propio, de la vacuidad, de la disponibilidad para los otros y para el mundo».

Hoy en día no han desaparecido los llamamientos a la norma: en 2011, Tracy McMillan, autora y guionista (participó en particular en los guiones de la serie *Mad Men*), tuvo un gran éxito con un artículo —el más leído de la historia del Huff-Post— titulado «Por qué no te has casado». Fingiendo descri-bir una realidad, el artículo revelaba sobre todo la imagen in-creíblemente despectiva y odiosa que tenía de la lectora soltera. Empezaba fingiendo desentrañar su psicología al de-tectar la envidia que, a pesar de sus esfuerzos por poner buena cara y convencerse de estar satisfecha con su suerte, sentía hacia sus amigas ya casadas. Apoyándose en la superioridad que le conferían sus tres experiencias matrimoniales, detallaba así sus hipótesis: «Si no estás casada, es porque "eres una zo-rra", porque "eres superficial", porque "eres una mentiro-sa"...» En especial, ponía en guardia contra la cólera: «Estás enfadada. Con tu madre. Con el complejo militar-industrial. Con [la política conservadora] Sarah Palin. Y eso da miedo a los hombres. [...] La mayoría solo quieren casarse con una mujer que sea amable con ellos. ¿Has visto a Kim Kardashian enfadada? No creo. Has visto a Kim Kardashian sonreír, con-tonearse y grabar un vídeo sexual. La cólera de las mujeres aterroriza a los hombres. Lo sé, puede parecer injusto tener que transigir con el miedo y el sentimiento de inseguridad para poder casarte. Pero en realidad eso te irá muy bien, puesto que transigir con el miedo y el sentimiento de inseguridad de los hombres es precisamente una gran parte de lo que tendrás que hacer como esposa». Invitaba a no mostrarse demasiado difícil en la elección de compañero, porque «ese es el comportamien-to de una adolescente; sin embargo, las adolescentes no están nunca contentas. Y es igual de raro que estén de humor para cocinar». Finalmente, claro está, amonestaba a las «egoístas»: «Si no estás casada, seguramente piensas mucho en ti misma. Piensas en tus muslos, en tu ropa, en tus arrugas nasogenia-nas.[40] Piensas en tu carrera o, en caso de no tenerla, piensas en apuntarte a yoga».[41] Leer estas líneas pensando en la larga his-toria del sacrificio femenino, y en la dosis de misoginia que se ha de tener incorporada para no comprender que el deseo de realización personal pueda adoptar otras caras, da algo de vértigo. No encuentro ningún equivalente de un llamamiento tan descarnado a la sumisión y a la renuncia en el paisaje mediático francés, donde la defensa de la familia tradicional se hace quizá más bien envuelta en estilo y buen gusto, a través de las imágenes de interiores idílicos y las entrevistas en las que padres modernos nos hablan de su vida cotidiana, de sus placeres y sus viajes, y citan sus lugares preferidos.[42]

La sombra de las hogueras

En el cine, el personaje de la soltera diabólica más emblemático de la década de los ochenta sigue siendo el de Alex Forrest —interpretado por Glenn Close— en *Atracción fatal* de Adrian Lyne. Michael Douglas encarna a Dan Gallagher, un abogado que, en un momento de debilidad, durante la ausencia de un par de días de su mujer y su hija, cede a los requerimientos de una editora sexi a la que ha conocido en un acto. Pasan entonces un tórrido fin de semana, pero cuando él pretende marcharse, dejándola de nuevo sola en su ático vacío y triste, ella se acerca y se corta las muñecas para retenerlo. Más adelante, las escenas muestran la vida feliz de la familia de Dan con una esposa dulce y equilibrada (que no trabaja), y se alternan con planos en los que una Alex llorosa, abandonada en su lúgubre soledad, escucha *Madama Butterfly* apagando y volviendo a encender una lámpara sin cesar. Dramática e inquietante a la vez, Alex empieza a acosarlo, luego la emprende con su familia; en una famosa escena, mata al conejo de la hija hirviéndolo en una olla. Se ha quedado embarazada de él y se niega a abortar: «¡Tengo treinta y seis años, puede que sea mi última oportunidad de tener hijos!». Como si estuviera bajo la mirada penetrante de Tracy McMillan, la profesional emancipada y segura de sí misma deja caer la máscara, descubriendo una criatura miserable que languidece por esperar al salvador que la convierta en madre y compañera.

La película termina con la muerte de la amante a manos de la esposa en el cuarto de baño de la casa familiar, donde se había introducido. En una primera versión, Alex se suicidaba, pero, tras haber mostrado este final en un pase de prueba, la productora —para disgusto de Glenn Close, que se opuso en vano—, hizo que se cambiara por otro, más acorde con los deseos del público de prueba. «El público quería matar a Alex a toda costa, y no permitirle que se suicidase», explica plácidamente Michael Douglas.[43] En los cines de la época, los hombres manifestaban su entusiasmo durante esa escena vociferando: «¡Vamos, pártele la cara a esa puta!».[44] Tras el desenlace del drama, cuando se va la policía, la pareja vuelve al interior de su casa, abrazados, y la cámara pasa a un primer plano de una foto familiar colocada sobre una cómoda. Ya a lo largo de toda la película, la realización ofrecía regularmente aburridos primeros planos de las fotos de familia de los Gallagher, resaltando mediante expertos encuadres unas veces los remordimientos del marido infiel y otras la rabia impotente de la amante. Con ocasión de los treinta años de *Atracción fatal* en 2017, Adrian Lyne protestaba: «La idea de que quería censurar a las mujeres que hacen carrera y decir que eran todas unas psicópatas es estúpida. ¡Soy feminista!».[45] Es cierto que hoy en día el feminismo está nuevamente de moda... Sin embargo, esas protestas parecen bastante ridículas si hemos de creer a Susan Faludi cuando dice que el guion fue modificado una y otra vez para volverse más reaccionario. Mientras que al principio la esposa era profesora, la convirtieron en ama de casa; la producción pidió que el personaje del marido se hiciera más simpático, cargando las tintas sobre la amante. Adrian Lyne tuvo la idea de vestir a Alex de cuero negro y de situar su vivienda cerca del mercado de carne de Nueva York. Junto a su edificio arden fuegos en toneles metálicos similares a «calderos de bruja».[46]

Pero la venganza que detalla Faludi no se ejerce más que en la esfera simbólica, aunque incluso en ese terreno haya tenido efectos muy concretos. De la misma manera que, en la época de las cazas de brujas se multiplicaron los obstáculos para las mujeres que querían trabajar como los hombres, prohibiéndoles el acceso a la educación, o expulsándolas de los gremios, algunas se enfrentaron con una despiadada hostilidad. Da fe de ello la historia de Betty Riggs y de sus colegas, empleadas de la empresa American Cyanamid (que después pasó a ser Cytec Industries) en Virginia occidental. En 1974, las autoridades obligaron a la dirección a emplear a mujeres en las cadenas de producción. Viendo en ello una oportunidad única de abandonar los trabajos a un dólar la hora a los que se ve reducida, de poder atender a las necesidades de sus padres y de su hijo, y a la larga, de dejar a su violento marido, Betty Rigs asedia a la dirección, que rechaza su candidatura con diversos pretextos. Al cabo de un año, logra por fin que la contraten, junto con otras treinta y cinco mujeres. Trabaja en el taller de colorantes donde, el primer año, la producción mejora considerablemente. Pero a las empleadas las acosan sus colegas masculinos; un día, ven un cartel que reza: «Salva un empleo, mata a una mujer». Por si esto no fuera bastante, el marido de Betty Riggs le prende fuego a su coche en el aparcamiento; se mete en el taller para partirle la cara. Más tarde, hacia el final de la década, la empresa se interesa repentinamente por los efectos de las sustancias que ellas manipulan sobre la salud de sus empleados. Negándose a tomar medidas de protección suplementarias, y viendo que las sustancias amenazan también la salud reproductiva de los hombres, la empresa decide que las mujeres fértiles de menos de cincuenta años no podrán trabajar más en ese taller... a menos que se hagan esterilizar. Las asalariadas, siete en total, están destrozadas. Cinco de ellas, que necesitan el empleo imperiosamente, se resignan a hacerse operar, entre ellas Betty Riggs, que entonces no tiene más que veintiséis años. Menos de dos años después, a finales de 1979, enfrentada con los servicios gubernamentales encargados de velar por la seguridad en el trabajo, la dirección reacciona cerrando el taller de colorantes: «Los puestos de trabajo por los que las mujeres han sacrificado su útero se suprimen». Perderán la demanda que presentan contra la empresa: un juez federal considerará que «pudieron elegir».[47] Betty Riggs tendrá que volver a los «trabajos de mujer» y ganarse la vida limpiando. No hay hoguera aquí, sino el poder patriarcal de siempre que excluye, que golpea y mutila para mantener a las recalcitrantes en su posición de eternas subordinadas.

¿Quién es el diablo?

¿Quién es ese Diablo cuyo espectro, a partir del siglo XIV, empezó a crecer a los ojos de los hombres poderosos en Europa tras cada sanadora, cada hechicera, cada mujer demasiado audaz o activa, hasta convertirlas en una amenaza mortal para la sociedad? ¿Y si el Diablo era la autonomía?

«Toda la cuestión del poder trata de separar a los hombres de lo que pueden hacer. No hay poder si las personas son autónomas. La historia de la brujería, para mí, es también la historia de la autonomía. De hecho, una bruja casada, como en *Embrujada*, es rara... Los poderes han de dar siempre ejemplos, demostrar que no se puede vivir sin ellos. En política internacional, los países más amenazados son siempre los que quieren ser independientes», señala el ensayista Pacôme Thiellement.[48] Todavía hoy, en Ghana, entre las mujeres obligadas a vivir en «campamentos de brujas», un 70 por ciento fueron acusadas tras la muerte del marido.[49] En la película (de ficción) de Rungano Nyoni *No soy una bruja* (2017), que se desarrolla en un campamento parecido en Zambia, a las «brujas» las atan a una bobina gigante de madera con una larga cinta blanca pegada a su espalda, lo que le permite controlar su libertad de movimientos a un metro más o menos. Se supone que este mecanismo les impide echar a volar para ir a cometer asesinatos; sin él, serían capaces de volar «hasta el Reino Unido», dicen. Si cortaran la cinta, se transformarían en cabras. Mostrándole su propia bobina fuera de uso, la esposa de un representante local del gobierno explica a Shula, la niña enviada a ese campamento, que también ella había sido antes una bruja. Solo la respetabilidad adquirida por el matrimonio, así como una docilidad y una obediencia absolutas, recalca, le han permitido cortar la cinta sin ser transformada en cabra.

En Europa, antes de la gran oleada de juicios por brujería, en el siglo XV, como un presagio, se produjo el desmantelamiento del estatus especial de las beguinas, las comunidades de mujeres, presentes sobre todo en Francia, en Alemania y en Bélgica. A menudo eran viudas, no mujeres casadas ni monjas, que escapaban a toda autoridad masculina, y vivían en comunidades en pequeñas casas individuales junto a huertos de hortalizas y hierbas medicinales, yendo y viniendo con total libertad. En una novela llena de sensualidad, Aline Kiner revivió el gran beguinaje real de París, cuyos vestigios son aún visibles en el barrio Le Marais.[50] Su protagonista, la vieja Ysabel, la herborista del beguinaje, cuya vivienda despedía olor a «madera quemada y a hierbas amargas», tiene «unos ojos extraños, ni verdes ni azules, que captan los matices del cielo, de las plantas de su jardín, de las gotas de agua traspasadas por la luz cuando llueve»; una hermana de Aleteo Brisalinda. Algunas beguinas vivían y trabajaban incluso fuera de los muros del beguinaje, como Jeanne du Faut, que tiene un floreciente comercio de sedas. Estas mujeres conocen una prosperidad física, intelectual y espiritual en las antípodas de una vida marchitándose a la que fueron condenadas las miles de mujeres encerradas en los conventos. (En el siglo XIX, el poeta Théophile Gautier, que confió su hija a las religiosas de Nuestra Señora de la Misericordia, constata un día que su hija apesta; cuando reclama para ella un baño a la semana, las hermanas, escandalizadas, le responden que «el aseo de una monja consiste simplemente en sacudir la camisola».)[51] La ejecución de Marguerite Porete, una beguina de la región del Hainaut, quemada por hereje en la antigua Place de Grève (delante del actual ayuntamiento de París) en 1310, supuso el punto final a la tolerancia de la que gozaban estas mujeres, cada vez peor vistas por culpa de su «doble negativa a la obediencia, al sacerdote y al esposo».[52]

En la actualidad, el Estado no organiza ya ejecuciones públicas de supuestas brujas, pero la pena de muerte para las mujeres que quieren ser libres se ha privatizado en cierta manera: cuando a una de ellas la mata su pareja o su expareja (lo que en Francia ocurre una vez cada tres días de media), con frecuencia se debe a que se ha ido o ha anunciado su intención de hacerlo, explica Émilie Hallouin, atada por su marido sobre los raíles de la línea del TGV París-Nantes el 12 de junio de 2017, día en que cumplía treinta y cuatro años.[53] Y la prensa trata estos asesinatos con la misma banalidad alejada de la realidad con la que se evocan las hogueras de las brujas.[54] Cuando un hombre quema viva a su mujer en Plessis-Robinson, *Le Parisien* (23 de septiembre de 2017) comienza la noticia con el título: «Pega fuego a su mujer e incendia el apartamento», como si la víctima fuera un mueble y como si la información esencial fuera el incendio del apartamento; al periodista casi parece hacerle gracia la torpeza del marido. Los únicos casos en los que se concede a un feminicidio el lugar que merece, o se reconoce su gravedad, es cuando el asesino es negro o árabe, pero se trata entonces de alimentar el racismo y no de defender la causa de las mujeres.

Más allá de su dimensión de comedia ligera hollywoodiense, la película de René Clair *Me casé con una bruja* (1942) puede verse como una celebración desacomplejada de la aniquilación de las mujeres independientes. Ejecutada junto a su padre por brujería en la Nueva Inglaterra del siglo XVII, Jennifer (Veronica Lake) se reencarna en el siglo XX con el objetivo de vengarse del descendiente de su juez. Pero bebe por accidente el filtro que había preparado para él y es ella la que se enamora. A partir de entonces, sus poderes le sirven para asegurar la victoria de su hombre en las elecciones: un verdadero sueño de patriarca. Después de lo cual, cuando él regresa a casa, ella se apresura a ponerle las zapatillas y le anuncia su intención de renunciar a la magia para convertirse en una «simple esposa que sabe ser útil». A decir verdad, desde un principio, esta bruja infantil, caprichosa y cautivadora, bajo la tutela de su padre antes de pasar a la del marido, no tenía nada de la criatura ingobernable que supuestamente había aterrorizado a sus jueces. Es literalmente una instancia masculina quien le insufla vida. Cuando su padre y ella resucitan en espíritu, ella le suplica: «¡Padre, dame un cuerpo!», pues sueña con tener de nuevo «labios para mentir a un hombre y hacerle sufrir», y aquí el retrato de la bruja se solapa con los tópicos de la misoginia corriente. Él accede a su deseo y le da la apariencia de una «cosita menuda», como le dice con ternura una matrona que le presta un vestido; una cosita bonita etérea y graciosa, como tantas otras que surgirán de Hollywood, que no ocupa mucho espacio y que se viste con camisón de encaje o un abrigo de pieles para seducir mejor a su futuro marido. Después, cuando su padre quiere privarla de esa envoltura carnal para castigarla por haberse enamorado de un mortal, es un beso del elegido (así pues, doblemente elegido) el que la reanima, igual que a la Bella Durmiente. Al final acaba tejiendo junto a la chimenea, rodeada por su familia, lo que aparentemente es un final feliz. Su hija pequeña empieza a recorrer la casa montando una escoba; «Temo que un día nos causará problemas», dice la madre con un suspiro. Pero no hay por qué inquietarse: se emparejará como su madre. Gracias al «amor», claro está, que es «más fuerte que la brujería». Volvemos a encontrar el tema de la bruja que renuncia con gusto a sus poderes para casarse en *Me enamoré de una bruja*.[55]

En cambio, en la película de George Miller *Las brujas de Eastwick* (1987), que se desarrolla en la década de los ochenta en una pequeña población de Nueva Inglaterra, Daryl Van Horne, alias del Diablo, encarnado por Jack Nicholson, declara no creer en el matrimonio: «Bueno para el hombre, malo para la mujer. ¡La mata! ¡La ahoga!». Cuando, en su primer encuentro, Alexandra (Cher) le anuncia que es viuda, él responde: «Lo siento... Pero eres una de las afortunadas. Cuando una mujer deja al marido, o un marido a su mujer, por la razón que sea, muerte, abandono o divorcio, ¡la mujer se abre! ¡Florece! Como una flor. Como una fruta. Está madura. Eso es para mí una mujer». En otro tiempo, se llevaron a cabo ejecuciones de brujas en el castillo donde se ha instalado, lo que le lleva a expresar su interpretación del fenómeno: «A los hombres no se les levanta cuando se enfrentan con una mujer fuerte, ¿y cómo reaccionan? La queman, la torturan, la llaman bruja. Hasta que todas las mujeres tienen miedo: miedo de ellas mismas, miedo de los hombres». Antes de su llegada al pueblo, las tres brujas, interpretadas por Cher, Michelle Pfeiffer y Susan Sarandon, apenas osan creer en sus poderes mágicos. Sin embargo, son ellas las que han provocado su aparición, sin darse cuenta, una noche de lluvia en la que imaginan al hombre ideal y lo conjuran con sus deseos mientras beben cócteles, antes de concluir entre suspiros que los hombres «no son la respuesta a todo», y se preguntan por qué acaban siempre hablando de ellos. Hasta la impactante entrada del Diablo en su vida, ellas se contenían siempre, se refrenaban, fingían ser «la mitad de lo que eran» para adaptarse a las normas de una sociedad patriarcal y puritana. Por el contrario él las anima a aprovechar todo su potencial, a dar rienda suelta a su energía, a su creatividad, a su sexualidad. Se presenta como un hombre para nada corriente, al que no han de temer asustar: «Vamos. Puedo encajarlo» (*I can take it*), les repite una y otra vez. Aquí, no solamente estamos fuera del esquema conyugal, sino que el amor y el deseo multiplican los poderes de la bruja en lugar de aniquilarlos. Es más, las tres protagonistas acabarán librándose del querido Daryl Van Horne. Viene al caso señalar la paradoja que representa la figura del Diablo, dueño de quienes no tienen dueño. Los demonólogos del Renacimiento ni siquiera podían concebir la autonomía total de las mujeres: a sus ojos, la libertad de aquellas a las que acusaban de brujería se explicaba mediante otra subordinación; necesariamente se hallaban bajo el dominio del Diablo, es decir, una vez más sumisas a una autoridad masculina.

Mujeres siempre «fundidas»

Pero la autonomía no es privativa de las solteras o de las viudas. También puede ejercerse en el seno del hogar, en las narices del marido. Es precisamente eso lo que simboliza la ficción del vuelo nocturno de la bruja, que la lleva a abandonar el lecho conyugal burlando la vigilancia del hombre dormido para montar en su escoba y partir hacia al aquelarre. En el delirio de los demonólogos, que delata las obsesiones masculinas de su tiempo, el vuelo de la bruja, escribe Armelle Le Bras-Chopard, «representa la libertad de ir y venir, no solo sin permiso del marido, sino sobre todo sin que él se entere, si él no es también un brujo, e incluso en su detrimento. Utilizando un palo, el travesaño de una silla, que se pone entre las piernas, la bruja se atribuye un sucedáneo del miembro viril del que carece. Al transgredir imaginariamente su sexo para otorgarse el de un hombre, transgrede también su género femenino: se permite cierta facilidad de movimientos que, en el orden social, es un privilegio masculino. [...] Al permitirse esta autonomía, escapando así del que ejerce su propia libertad en primer lugar dominándola a ella, ella le sustrae una parte de su poder: ese vuelo es un robo».[56]

La autonomía, contrariamente a lo que quiere hacer creer hoy en día el chantaje de la «venganza», no significa la ausencia de vínculos, sino la posibilidad de establecer unos que respeten nuestra integridad, nuestro libre albedrío, que favorezcan nuestra plenitud en lugar de entorpecerla, sea cual sea nuestro modo de vida, sola o en pareja, con o sin hijos. La bruja, escribe Pam Grossman, es «el único arquetipo femenino que posee un poder por sí misma. No se deja definir por ningún otro. Esposa, hermana, madre, virgen, puta: estos arquetipos se basan en las relaciones con los demás. La bruja es una mujer que se mantiene por sí sola».[57] Ahora bien, el modelo promovido en la época de las persecuciones de brujas, impuesto primero por la violencia y más tarde —con la creación del ideal del ama de casa en el siglo XIX— por una sabia mezcla de adulación, de seducción y de amenazas, encadena a la mujer a su papel reproductor y deslegitima su participación en el mundo del trabajo. Gracias a ello, las coloca en una situación en la que su identidad está permanentemente en peligro de confundirse, de atrofiarse, de ser fagocitada. Les impide existir y realizarse para convertirlas en representantes de una pretendida esencia femenina. En 1969, en Nueva York, el grupo WITCH creó el caos en el salón de una boda al dejar sueltos unos ratones.[58] Una de las consignas echaba pestes contra el matrimonio: «Ser una esposa para siempre, pero una persona, jamás».

Hoy en día, quien comparte su vida con un hombre y unos hijos ha de luchar siempre con todas sus fuerzas si no quiere convertirse en una «mujer fundida». La expresión es de Colette Cosnier, que analiza *Brigitte*, serie de novela rosa en cuarenta volúmenes de Berthe Bernage que empezó a publicarse en la década de los treinta. A través de su protagonista, que tiene dieciocho años en el primer volumen y que es bisabuela en los últimos, la autora quería «crear una especie de tratado de la vida moderna para uso de las jovencitas, luego de las esposas y de las madres», explica Colette Cosnier. Así, cuando Brigitte contempla a sus hijas con una tierna mirada, Berthe Bernage escribe: «Roseline se fundirá un día en otra familia, mientras que él, el pequeñín que aprieta ya los minúsculos puños con decisión, será "él"».[59] Podríamos creer que nos encontramos a años luz de un universo tan reaccionario (durante la guerra, *Brigitte*, por supuesto sin decirlo nunca explícitamente, fue defensora de Pétain y en ocasiones antisemita).

Y sin embargo... En el seno de la familia heteroparental, las necesidades de una mujer deben suprimirse siempre ante las de su compañero y sus hijos. «A menudo se oye a las mujeres decir que la mejor manera de ser madre es fundirse en la vida de los demás», escribe la socióloga Orna Donath.[60] En las parejas más progresistas, si bien esta lógica arcaica ya no se expresa —sería inadmisible—, se pone en práctica de manera casi mágica, puesto que la carga doméstica recae sobre las madres como una avalancha gigantesca. La periodista y autora Titiou Lecoq, que está en la treintena, explica que ella no se había sentido nunca implicada en las discriminaciones sexistas: «Y entonces, pataplum... tuve hijos. Y entonces, yo, que era un "yo" absoluto, comprendí lo que quería decir ser mujer, y que, por desgracia, yo también lo era». No solamente una parte enorme de la identidad de las mujeres se encuentra reducida a su papel doméstico y maternal, sino que cargan también con la parte ingrata de criar a los hijos: Titiou Lecoq señala que, según los estudios sobre el tema, «solo se comparten de manera igualitaria las actividades lúdicas y de socialización de los hijos». Comenta: «Y comprendo a los tíos. A mí también me gusta más pasearme por el bosque con los niños que retirar la ropa que se les queda pequeña».[61]

No obstante, la fusión de la identidad en la maternidad va más allá de la cuestión de las tareas educativas y domésticas. La poeta y ensayista estadounidense Adrienne Rich recuerda que en 1955, al quedar embarazada por primera vez, dejó de escribir poesía e incluso de leer, contentándose con seguir un curso de costura: «Cosí las cortinas para el cuarto del bebé, preparé las camisitas, y borré en la medida de lo posible a la mujer que había sido unos meses antes. [...] Sentía que el mundo me percibía simplemente como una mujer embarazada, y me pareció más fácil, menos inquietante, percibirme así yo también». De hecho, la gente que la rodeaba se mostraba dispuesta a no dejarla ser a la vez escritora y futura madre. En una ocasión en la que debía hacer una lectura de sus poemas en una prestigiosa escuela para chicos de Nueva Inglaterra, el profesor anuló su invitación cuando se enteró de que estaba embarazada de siete meses, considerando que su estado «impediría a los chicos escuchar [su] poesía».[62] En 2005, en *Un feliz acontecimiento*, la novelista Éliette Abécassis demostraba la imposición de este prejuicio de la incompatibilidad. Una mañana en que la narradora, en un avanzado estado de gestación, tiene una cita con el director de su tesis, se pregunta, consternada: «Si milagrosamente lograba levantarme, ¿cómo iba a mostrarme ante él en ese estado? Ya me había costado lo suyo establecer una relación de igual a igual con él. ¿Qué mentira iba a contarle para justificar mi transformación?».[63] Como si las hormonas del embarazo inhibieran el funcionamiento del cerebro, o fuera escandaloso querer pensar y parir a la vez.

Este reflejo evoca la teoría de la «conservación de la energía» desarrollado por los médicos en el siglo XIX: se suponía que los órganos y las funciones del cuerpo humano luchaban entre sí para apropiarse de la cantidad limitada de energía que circulaba por él. Desde entonces, las mujeres, cuya existencia tenía como objetivo supremo la reproducción, debían «conservar la energía de su interior, alrededor del útero», explican Barbara Ehrenreich y Deirdre English. Embarazadas las dos, debían permanecer tumbadas y evitar cualquier otra actividad, sobre todo intelectual: «Los médicos y los pedagogos concluyeron rápidamente que la educación superior podía ser peligrosa para la salud de las mujeres. Un desarrollo cerebral demasiado sostenido, advertían, atrofiaría el útero. Simplemente el desarrollo del sistema reproductor no permitía el desarrollo de la inteligencia».[64] ¿No estaremos impregnados aún del imaginario surgido de esas disparatadas teorías, que servían para justificar la relegación social de las mujeres? Esas fantasías arcaicas sobre el cuerpo femenino alimentan todavía la relegación social —directa o discreta— que aqueja a las mujeres: las alaban como imagen de un ideal algo ñoño, pero las niegan como personas.

Recordemos que Tracy McMillan recomendaba reprimir la cólera para que un hombre se digne a casarse con nosotras. La censura de la cólera desempeña un gran papel en la eliminación de la identidad. «La cólera femenina amenaza la institución de la maternidad», escribe Adrienne Rich, que cita esta réplica de Marmee a su hija Jo en *Mujercitas*: «Me encolerizo casi todos los días de mi vida, Jo; pero he aprendido a no manifestar mi cólera, y aún tengo la esperanza de aprender a no sentirla, aunque me lleve cuarenta años más». Dado que el «empleo» de la madre de familia es garantizar una atmósfera pacífica y serena en el hogar, velar por el bienestar a la vez mental y material del resto de miembros de la familia, «su propia ira se considera ilegítima».[65] En la actualidad, se dará prioridad a la educación no violenta, a la necesidad de respetar a los niños, de no traumatizarlos. «Hay que poner buena cara y esforzarse, sean cuales sean las circunstancias, en dirigirles una charla tranquila y amigable, una charla «cívica». Sin aspereza. Neutra. Compasiva», se mofa Corinne Maier en su panfleto *No Kid*.[66] De pequeña, tenía mucho miedo a las regañinas de mi madre. Pero creo que me habría aterrorizado más aún si la hubiera oído dirigiéndose a mí como la megafonía de la estación de trenes. «Hay que salir de esa paradoja moderna que hace que la idea del niño como un individuo al que ayudar a convertirse en sí mismo lleve a las mujeres, no a un estatus de individuo que vive su vida, sino a la función maternal, que la priva de su individualidad», analiza Titiou Lecoq.[67]

También en el trabajo se corre el riesgo de acabar «fundida». Se produce la misma dependencia, la misma reducción a un papel estereotipado. La represión de las cuidadoras —sanadoras del campo, o practicantes oficialmente reconocidas— y la instauración de un monopolio masculino sobre la medicina, ocurridas en Europa en el Renacimiento y en Estados Unidos a finales del siglo XIX, lo ilustran de forma ejemplar: cuando autorizaron a las mujeres a regresar a la profesión médica, fue como enfermeras, es decir, en la posición subordinada de ayudantes del Gran Hombre de Ciencia, que se les asignaba en nombre de sus «cualidades naturales».[68] Actualmente, en Francia, no solamente numerosas trabajadoras lo son a tiempo parcial (un tercio de las mujeres, frente a un 8 por ciento de los hombres)[69] y por lo tanto no tienen independencia financiera —es decir, no son independientes a secas—, sino que además se ven limitadas a las profesiones relacionadas con la educación, el cuidado de los niños y de los ancianos, o en trabajos de asistencia: «Cerca de la mitad de las mujeres (47 por ciento) sigue concentrándose en una decena de profesiones como la de enfermera (87,7 por ciento de mujeres), asistente a domicilio o niñera (97,7 por ciento), personal de limpieza, secretaria o docente.[70] Sin embargo, en la Edad Media, las europeas tenían acceso a numerosos oficios igual que los hombres, señala Silvia Federici: «En las villas medievales, las mujeres trabajaban como herreras, carniceras, panaderas, candeleras, sombrereras, cerveceras, cardadoras de lana y tenderas». En Inglaterra, «setenta y dos de los ochenta y cinco gremios contaban con mujeres entre sus filas» y, en algunos de ellos, eran mayoría.[71] Así pues, es una reconquista y no una conquista, lo que se inició en el siglo XX. Una reconquista que está muy lejos de haberse logrado: las mujeres siguen siendo intrusas en el mundo del trabajo. La psicóloga Marie Pezé ve una relación directa entre los puestos de subordinación que ocupan y el acoso y las agresiones sexuales que sufren: «Mientras no se haga frente a esta forma de hacer inferior el destino de las mujeres, no arreglaremos nada», opina.[72]

El reflejo de servir

Incluso cuando las mujeres disponen de medios para embarcarse en una profesión prestigiosa o un trabajo creativo, un obstáculo psicológico o la falta de aliento por parte del entorno, puede impedirles dar el paso. Preferirán entonces vivir su vocación de manera vicaria, desempeñando el papel de consejeras, de «ayudantes» o segundonas de un hombre admirado, un amigo, un jefe o un compañero, siempre con el modelo médico/enfermera como referencia. Es la inhibición que pretende hacer añicos ese eslogan feminista visto en una camiseta: «Sé el médico con el que tus padres querían que te casaras» (*Be the doctor your parents always wanted you to marry*). Desde luego la historia de la ciencia y la historia del arte están llenas de hombres que se apropiaron del trabajo de una compañera; Scott Fitzgerald, por ejemplo, insertaba en sus libros los escritos de su mujer, Zelda, y, al plantearse la posibilidad de que ella publicara una recopilación de textos, sugirió como título: *Esposa de novelista*.[73] Pero a esto se le añade una interiorización por parte de las propias mujeres de esa posición de ayudante o secundaria.

A Isadora Wing, la heroína de Erica Jong, la previene en contra de los artistas o los aspirantes a artistas su madre, que aprendió la lección por las malas, como cuenta su hija: «Mi abuelo pintaba a menudo sus cuadros sobre los de mi madre en lugar de ir a comprar telas nuevas. Para huir de él, mi madre se volcó un tiempo en la poesía, pero tropezó entonces con mi padre, también autor de poemas, que le robaba sus imágenes poéticas para utilizarlas en sus versos». En cuanto a Isadora, fueran cuales fueran la sinceridad y la profundidad de su deseo de escribir («Quería ser innovadora, construirme una vida nueva escribiendo»), duda constantemente de sí misma. Sus dos primeros borradores de novela tienen narradores masculinos: «Partía ingenuamente de la hipótesis de que la opinión de una mujer no le importaba a nadie». Todos los temas que conocía bien le parecían «banales» y «demasiado femeninos». Y no puede casi nunca con el fervor de su entorno para animarla. Su hermana, madre de nueve hijos, encuentra su poesía «masturbatoria» y «exhibicionista», y le reprocha su «esterilidad»: «¡Vas por la vida como si escribir fuera la cosa más importante del mundo!». En el apéndice escrito por los cuarenta años de *Miedo a volar*, en 2013, Erica Jong confesaba que, tras haber vendido veintisiete millones de ejemplares en numerosas lenguas, con una adaptación cinematográfica en preparación, aún se sentía «en la piel de una poeta que tenía la mala costumbre de escribir novelas».[74] Y sin embargo, el libro está ahí, con su narradora y sus temas «femeninos»; millones de lectoras se han identificado con él, millones de lectores lo han sabido apreciar. El libro simboliza a la vez la victoria de Isadora y la de Erica, triunfo sobre sus dudas y sus complejos, sobre sus miedos a no lograr encontrar jamás su propia voz y a hacerla oír.

Por mi parte, recuerdo la epifanía que se produjo *in extremis* en mi cabeza cuando, hace quince años, un filósofo al que admiraba me propuso publicar un libro de entrevistas con él; un buen negocio para él, en la medida en que yo me ocuparía del trabajo de escribirlo. El filósofo tenía opiniones feministas, no podía desconfiar de él, ¿no? Aún no me había dado cuenta de que era el mejor modo de reforzar mi adhesión y, por tanto, mi disponibilidad. Pero entonces me dijo: «¿Sabes?, en la cubierta también saldrá tu nombre, no solo el mío», y la sospechosa insistencia con que me prometía ese grandioso honor, me puso de pronto la mosca tras la oreja. Empecé a notar la palabra «PRIMA» lanzando destellos sobre mi frente. Después, unos días más tarde, me llamó: acababa de encontrarse con un viejo amigo, periodista célebre, y habían grabado su conversación con la idea de hacer un libro. Se preguntaba si «me divertiría» transcribirla. Cuando le respondí, sin duda con cierta acritud: «Eh... No», él se apresuró a precisar: «¡No pasa nada, no pasa nada! ¡Era solamente si te divertía!». Había confiado en la probabilidad de que mi entusiasmo por su obra, combinado con mi obsequiosidad femenina y mi sentimiento de inferioridad, me transformaría en secretaria benévola, explotada a su voluntad... y había estado a punto de acertar. Definitivamente desalentada, renuncié a nuestro proyecto en común. En su lugar, escribí un libro en cuya cubierta solo figuraba mi nombre.

Pero si os negáis a sacrificaros, o queréis alcanzar vuestros propios objetivos, obtenéis una reprobación inmediata. Si vuestra rebelión se produce dentro de un marco profesional, os acusarán de ser arrogantes, individualistas, trepas, de creeros superiores. Enseguida encontrarán hombres que ensalzarán la belleza de dedicarse a una causa que vaya más allá de vuestra pequeña persona, las gratificaciones infinitamente superiores que os aportaría. Ellos lo practican muy poco, es verdad, pero en fin, han oído hablar de ello. Por una increíble casualidad, el servicio a esta causa tenderá en general a confundirse con el servicio a su carrera. Y su chantaje funciona, de tan difícil como es disputar a los hombres esa aura impalpable, pero decisiva, de legitimidad y de prestigio que los rodea cuando se ponen a escribir, a crear o a rodar, o cuando se lanzan a cualquier ambiciosa empresa.

Si os rebeláis en el marco familiar, negándoos a organizar vuestra vida en torno a vuestra progenie, seréis una arpía, una mala madre. También ahí os invitarán a dejar atrás la preocupación por vuestra pequeña persona. Os ponderarán los efectos soberanos de la maternidad sobre la deplorable tendencia al egocentrismo que al parecer caracteriza a las mujeres: «Solamente teniendo un hijo una mujer puede dejar de pensar en sí misma», declara una joven estadounidense.[75] Seguramente os recordarán que «nadie os ha obligado a tener hijos», porque el derecho a la contracepción y al aborto ha tenido el perverso efecto de reforzar las normas de la «buena» maternidad,[76] y mucho menos la de la «buena» paternidad, curiosamente, aunque los hombres participan, según parece, en la decisión de procrear. Son sobre todo las madres las que sueltan esas pequeñas frases que surgen en apariencia del sentido común, como: «No se tienen hijos para hacer que los críen otros». Cierto, pero tampoco se tienen hijos para quedarse pegada a ellos permanentemente, ni para renunciar a cultivar todas sus demás dimensiones. Y criarlos puede ser también ofrecer la imagen de una adulta equilibrada, en lugar de alienada o frustrada.[77] Finalmente, algunas tendrán que oírse llamar niñas consentidas, pequeñas mezquinas, incapaces de asumir las restricciones elementales de la existencia humana. Ahora bien, insiste Adrienne Rich, «la institución de la maternidad no debe confundirse con el acto de parir y criar a los hijos, de igual forma que la institución de la heterosexualidad no debe confundirse con la intimidad y el amor sexual».[78]

Al publicarse el libro de Simone de Beauvoir *El segundo sexo*, el crítico y escritor André Rousseau suspiraba así: «¿Cómo hacerle comprender [a la mujer] que es en la entrega total donde está el enriquecimiento infinito?».[79] Y aún en la década de los sesenta, en la *Encyclopédie de la femme* publicada por ediciones Nathan, la doctora Monsarrat recordaba en estos términos la educación de las hijas: «Debe hacerse en el sentido más altruista. El papel de la mujer en la vida es el de darlo todo a su entorno, consuelo, alegría, belleza, siempre conservando la sonrisa, sin hacerse la mártir, sin mal humor, sin fatiga aparente. Es una pesada tarea; tenemos que entrenar a nuestras hijas para esa renuncia perpetua y feliz. Desde el primer año, debe saber compartir espontáneamente sus juguetes y sus caramelos, y dar todo lo que tenga, sobre todo aquello que más aprecie.[80] Una escritora estadounidense contemporánea confiesa su perplejidad al darse cuenta de que, desde que es madre, cuando come galletas, elige las que están rotas y deja las que están intactas a su marido y su hija.[81] En 1975, el colectivo francés Les Chimères, alzándose contra la «maternidad esclava», hacía notar que incluso una feminista como Évelyne Sullerot (1924-2017) hablaba de la época en la que sus hijos eran pequeños como años «justificadores».[82] Las mujeres asimilan la convicción de que su razón de vivir es servir a los demás, lo que aumenta aún más su sufrimiento cuando no pueden tener hijos. A principios de la década de los noventa, una estadounidense de origen mexicano llamada Martina contaba que, tras enterarse de que debían extirparle el útero por razones médicas, había llamado a su madre llorando: «Le dije:

"Supongo que a partir de ahora puede considerarse que soy completamente inútil, porque tampoco es que le ofrezca [a su marido] una casa resplandeciente. Incluso cocina él, y ahora, ¡ni siquiera soy capaz de hacer esto!"».[83]

El único destino concebible para la mujer sigue siendo la entrega. O, para ser precisos, una entrega que pasa por el abandono de su potencial creativo más que por su realización; porque al fin y al cabo, y afortunadamente, también se puede enriquecer el entorno, sea el más cercano o uno más amplio, aprovechando su singularidad y dando rienda suelta a sus aspiraciones personales. Quizá sea esa incluso la única forma de entrega que deberíamos buscar, repartiendo de la mejor manera posible la parte irreductible de sacrificio necesario que quedaría, si quedara. Mientras tanto, continúa el desperdicio de nuestros potenciales. «Una "verdadera mujer" es un cementerio de deseos, de sueños sin cumplir, de ilusiones», escribían Les Chimères.[84] Ya es hora de que las mujeres —a menudo tan poco seguras de sí mismas, de su capacidad, de la relevancia de lo que pueden aportar, de su derecho a una vida para ellas mismas— aprendan a defenderse de la culpabilización y de la intimidación, que se tomen en serio sus aspiraciones y que las mantengan con una inflexibilidad total frente a las figuras de autoridad masculinas que intentan desviar su energía en provecho propio. «Elígete siempre a ti misma», aconseja Aminatou Sow, trabajadora en la tecnología digital a la que entrevistó Rebecca Traister. «Si te concedes prioridad a ti misma, podrás recorrer caminos increíbles. Por supuesto, los demás te tacharán de egoísta. Pero *no*. Tienes habilidades. Tienes sueños.»[85]

En el seno de las clases medias y superiores, muchas madres renuncian a utilizar plenamente la educación que han recibido para consagrarse a la de sus hijos, que desean que sea la mejor posible, y esa abnegación revela una contradicción fundamental. El tiempo, el dinero y la energía gastados en garantizar el éxito y el pleno desarrollo de los hijos expresan, al menos de manera implícita, la esperanza de que logren grandes cosas. Los numerosos psicólogos, pedagogos y educadores que proponen detectar y ayudar a los niños superdotados, o «de elevado potencial», confirman la omnipresencia de esta preocupación. Se puede deducir de ello la existencia de un amplio consenso en cuanto a la importancia de la realización personal y a la legitimidad de la necesidad de reconocimiento. Y, claro está, esos esfuerzos implican tanto a las niñas como a los niños. Nadie aceptaría un tratamiento diferenciado: ya no estamos en el siglo XIX. Sin embargo, si más adelante esas niñas tienen hijos a su vez, es probable que una parte de esos recursos se hayan invertido en vano. Cuando lleguen a la edad adulta, de pronto, por arte de magia, todo el mundo considerará que ya no se trata de que ellas triunfen en la vida, sino ante todo de que triunfen en su vida familiar; como si todo ese circo en torno a su educación pretendiera sobre todo tener ocupadas a sus madres. Sobre ellas recaerá principalmente la responsabilidad de garantizar el éxito futuro de sus propios hijos. Y si desean compaginar vida familiar, vida personal y vida profesional, corren el grave riesgo de que la maternidad las penalice en su recorrido, mientras que la paternidad no perjudica en nada una carrera o una vocación, al contrario. En resumen, para ser coherentes, o bien habría que poner el freno a la educación de las hijas, o bien incorporar a su formación un serio adiestramiento de guerrilla contra el patriarcado, al tiempo que se emplean activamente en procurar que cambie esa situación.

La «institución de la maternidad», cañonazo en el pie

Por supuesto, nada impide a una mujer tener hijos y realizarse al mismo tiempo en otros campos. Al contrario, incluso te animan calurosamente a hacerlo: al poner la guinda de la realización personal sobre el pastel de la maternidad, halagarás nuestra buena conciencia y nuestro narcisismo colectivo. No nos gusta admitir que vemos a las mujeres ante todo como reproductoras. («¡Buena suerte para tu verdadero proyecto!», espetó una universitaria quebequesa a otra, que estaba embarazada.)[86] Pero entonces, te conviene tener mucha energía, un buen sentido de la organización y una gran capacidad de resistencia a la fatiga; te conviene que no te guste demasiado dormir u holgazanear, que no detestes los horarios, que sepas hacer varias cosas a la vez. Hay además montones de escritoras para animarte, con títulos del tipo: *Choississe tout* («Elígelo todo»), o *Comme avoir un enfant sans vous perdre* «(Cómo tener un hijo sin perderte a ti misma»).[87] El arte de la «conciliación» alimenta un filón editorial; tiene sus defensoras, a las que entrevistan en las secciones pertinentes de blogs y revistas femeninas; en una ocasión vi como se invitaba a un padre soltero a describir su vida cotidiana, y otra, a una madre homosexual, pero en una aplastante mayoría de casos es a las mujeres heterosexuales a las que se interroga sobre el tema. Es comprensible, en la medida en que son efectivamente ellas las que encuentran más dificultades a ese respecto,[88] pero eso contribuye a normalizar esa situación, eludiendo la profunda injusticia social que representa, ya que produce la impresión de que no hay un elemento exterior en la ecuación, que todo depende de ellas y de su grado de organización, y culpabiliza a las que se desenvuelven peor haciéndoles creer que el problema son ellas.

Hace unos años, la escritora Nathacha Appanah había hecho una entrevista sobre su trabajo, para una emisión de radio, a tres compañeras y a dos compañeros parisinos. Los hombres, explica, la habían citado, uno en la plaza que hay delante del Sacré Coeur, y el otro en un café de Belleville. Las mujeres la habían recibido en su casa: «Mientras hablábamos de sus libros, de cómo surgían, de los rituales, de la disciplina, una de ellas terminó de fregar los platos y me hizo un té, otra ordenó los juguetes que había tirados por el salón, siempre pendiente de la hora de la salida del colegio. Esta última me confió que se levantaba todos los días a las cinco de la mañana para poder escribir». Entonces Nathacha Appanah no tenía hijos y gozaba de una libertad total. Cuando se convirtió en madre, experimentó a su vez esa «parcelación del tiempo», la «gimnasia mental entre gestionar la súbita cancelación de la canguro y el nudo que bloquea una novela en la página veintidós». «Pasé meses buscando ese antiguo yo que estaba más concentrado, que era más eficiente», confiesa. Cuando, charlando con un escritor que tiene tres hijos y que viaja mucho, le pregunta cómo lo hace, él le responde que tiene «mucha suerte». Ella comenta: «"Mucha suerte" es, creo, una forma moderna de decir "Tengo una esposa formidable"». Y echa cuentas: «Flannery O'Connor, Virginia Woolf, Katherine Mansfield, Simone de Beauvoir: sin hijos. Toni Morrison: dos hijos, publicó su primera novela con treinta y nueve años. Penelope Fitzgerald: tres hijos, publicó su primera novela con sesenta años. Saul Bellow: varios hijos, varias novelas. John Updike: varios hijos, varias novelas».[89]

No precisaba si las personas con las que había hablado pertenecían o no a la pequeña minoría de escritores que viven de su pluma. Ahora bien, realizarse es evidentemente aún más difícil cuando se trata de una actividad que se añade al trabajo remunerado en lugar de confundirse con él. Ciertamente la experiencia de la maternidad puede también estimular la creatividad; pero una vez más es preciso lograr las condiciones materiales que permitan que la obra vea la luz, lo que no está al alcance de todas: existen fuertes disparidades en términos de profesión, disposiciones familiares, recursos financieros, salud y energía. En sus escritos autobiográficos, Erica Jong, que tuvo una hija a los treinta y seis años y a quien le encantó ser madre, se burla de lo que ella llama «la alternativa de las mujeres con pretensiones literarias: o el bebé, o el libro»,[90] alternativa en la que ella también había creído mucho tiempo; pero seguramente es más fácil burlarse cuando eres una autora de superventas que cuando luchas por ejercer el talento en los resquicios que te deja un trabajo de subsistencia.

«No estaría donde estoy hoy a nivel literario, si fuera heterosexual», declaraba en 1997 la novelista británica Jeanette Winterson. «Porque —y esto me ha valido ya anteriormente bastantes problemas, pero en fin, enfrentémonos de nuevo a ellos— no se me ocurre ni un solo modelo literario femenino que haya realizado el trabajo que deseaba al tiempo que llevaba una vida heterosexual corriente y teniendo hijos. ¿Dónde está?» Explicaba que, siendo más joven, había tenido algunas aventuras con hombres, que siempre había evitado prolongar «instintivamente» a fin de proteger su vocación. «La cuestión de saber cómo van a vivir las mujeres con los hombres y criar a los hijos y realizar el trabajo que ellas quieren realizar no se ha abordado en modo alguno con honestidad.»[91]

No obstante, algunas mujeres, vivan o no con hombres, se sientan o no llamadas por una vocación, encuentran otro modo de evitar ser engullidas por el papel de la devota sirvienta: no tener hijos; darse vida a sí mismas, más que transmitirla; inventar una identidad femenina que prescinda de la maternidad.

2. EL DESEO DE LA ESTERILIDAD. SIN HIJOS, UNA POSIBILIDAD

«La única actitud coherente cuando se ha tomado realmente conciencia de lo que ha hecho nuestra sociedad con la maternidad es rechazarla», escribían Les Chimères hace cuarenta años. «Pero las cosas están muy lejos de ser tan sencillas. Porque entonces se renuncia a una experiencia humana importante.»[1] Para Adrienne Rich, estaba claro que la maternidad en tanto que institución había «mantenido a la mujer en un gueto y había perjudicado el potencial femenino». Siendo de las primeras que había escrito con una sinceridad total sobre la ambivalencia de las madres —ha tenido tres hijos—, declaró: «Los abismos de este conflicto, entre la protección propia y los sentimientos maternales, pueden representar (y ese fue mi caso) una auténtica agonía. Ese dolor no es el menor de los dolores de la concepción».[2] Corinne Maier, por su parte, no tiene esos estados de ánimo: «¿Queréis la igualdad? Empezad por dejar de tener hijos».[3] Una huelga de vientres: ese era el gran miedo expresado en los debates (entre hombres) que precedieron a la autorización de los anticonceptivos, lo que constituye una peculiar confesión, pues, en fin, si la maternidad en nuestra sociedad es una experiencia tan uniformemente maravillosa, ¿por qué habrían de renunciar a ella?

Por consiguiente, las que no sienten el deseo de procrear gozan de una ventaja segura. Ellas se ahorran el sufrimiento que evoca Adrienne Rich y ven desaparecer como por arte de magia uno de los obstáculos más grandes, si no el más grande, a la igualdad (pero tampoco todos, tranquilicémonos), lo que puede suscitar una franca euforia. Una joven que, segura de no querer hijos, se hizo una ligadura de trompas, recuerda su entusiasmo al tener su primera relación sexual después de la intervención, de su «inmenso sentimiento de libertad»: «Recuerdo que me dije: "¡Así deben de sentirse los hombres!" Simplemente no había la menor posibilidad de que me quedara embarazada».[4]

En Europa, el poder político empezó a mostrarse obsesionado con la contracepción, el aborto y el infanticidio a partir de la época de la caza de brujas.[5] Los tres —aunque no se trate de situar al último al mismo nivel que los dos primeros— han sido a menudo armas de protesta, a la vez contra la condición impuesta a las mujeres y contra el orden social en general. En *Beloved* (1987), de Toni Morrison, la protagonista, Sethe, mata a su bebé, una niña, para ahorrarle una vida de esclava. En la novela[6] que Maryse Condé dedicó a Tituba, la esclava que formó parte del grupo de acusadas de brujería en Salem en 1692, la protagonista decide abortar cuando se da cuenta de que está embarazada del hombre al que ama, John Indien. Ambos pertenecen al siniestro pastor Samuel Parris y se sienten perdidos en un Massachusetts glacial, rodeados de aldeanos hostiles y obsesionados con el Mal. «Para una esclava, la maternidad no es una dicha», declara Tituba. Acaba de expulsar a un mundo de servidumbre y abyección a un pequeño inocente cuyo destino le es imposible cambiar. «Durante toda mi infancia, había visto a esclavas asesinar a sus recién nacidos clavándoles un largo pincho en la parte aún blanda de la cabeza, seccionando con una cuchilla envenenada el cordón umbilical, o abandonándolos en medio de la noche en un lugar habitado por espíritus irritados. Durante toda mi infancia, había oído a las esclavas intercambiar las recetas de las pociones, lavativas e inyecciones que esterilizan para siempre las matrices y las transforman en sepulcros tapizados de sudarios escarlata.» Cuando la acusan de brujería, John Indien le suplica que denuncie a todas las que le pedirán que denuncie, que haga todo lo necesario para seguir con vida, en nombre de sus futuros hijos. Ella le espeta: «¡No pariré jamás en este mundo sin luz!». Al salir de prisión, aúlla cuando el herrero rompe las cadenas que lleva en las muñecas y los tobillos de un mazazo: «Pocos individuos tienen tan mala suerte: nacer dos veces». Al enterarse de que van a venderla a un nuevo amo, empieza a «dudar seriamente» de que la vida sea un don, como le repetía la anciana bruja que se lo había enseñado todo. «La vida solo sería un don si cada uno de nosotros pudiera elegir el vientre que lo ha de llevar. Pero ser arrojado a las entrañas de una menesterosa, de una egoísta, de una perra que hará recaer sobre nosotros la venganza por los sinsabores de su propia vida, formar parte de la caterva de los explotados, los humillados, de aquellos a los que se ha impuesto un nombre, una lengua, unas creencias, ¡ah, qué calvario!» Ante las atrocidades sin fin de las que es testigo, empieza a «imaginar otro curso para la vida, otro significado, otro apremio». Es necesario que «la vida cambie de sabor», piensa. Sin embargo, la maternidad continúa inspirándole sentimientos ambivalentes; vacila, duda de su resolución. De vuelta en Barbados, su isla natal, y convertida en una sanadora libre que vive aislada en una choza improvisada, contempla a la niña apenas nacida a la que acaba de salvar, reposando sobre el seno de su madre, y teme haberse equivocado a renunciar a la maternidad. Embarazada de nuevo, decide tener el bebé, pero actuando para que el mundo cambie antes de su nacimiento. Como es fácil de adivinar, el enfrentamiento no le resultará favorable.

Hoy en día, el infanticidio, cometido en situaciones de pánico y de angustia, suscita el horror de la sociedad, que ve en esa persona un monstruo, sin querer interrogarse sobre las circunstancias que la han conducido a ese extremo, o sin querer admitir que una mujer pueda negarse a toda costa a ser madre. En el invierno de 2018, en Gironde, Ramona Canete, de treinta y siete años, fue juzgada por cinco infanticidios. Esos bebés eran resultado de violaciones conyugales: «Expreso mi negativa, lloro durante las relaciones, lloro después de tener relaciones», dijo la acusada.[7] Sin embargo, el marido compareció como simple testigo. En 1974, en Estados Unidos, Joanne Michulski, treinta y ocho años, decapitó con un cuchillo de carnicero, en el césped de su casa en un barrio residencial, a los dos hijos más pequeños de los ocho que tenía. Fue declarada demente y la internaron. Su marido explicó que jamás había ejercido violencia alguna contra ellos y que, por el contrario, sentía por su familia un gran amor. Tan solo reveló que ninguno de sus hijos había sido deseado. El pastor, que vivía en la casa contigua, testificó que la joven parecía «tranquilamente desesperada» tras instalarse la familia en la zona. «En lugar de reconocer la violencia institucional de la maternidad patriarcal, la sociedad estigmatiza a esas mujeres, que acaban por sufrir estallidos de violencia psicopatológica», analiza Adrienne Rich.[8] Un colectivo feminista francés recogió en 2006 el testimonio de una mujer anónima, posiblemente mayor, que relataba haber dado a luz dos veces ella sola y haber ahogado a los bebés. Se había casado con dieciocho años y con veintiuno tenía ya tres hijos, con los que permanecía encerrada en casa. «Tenía la impresión de ser un cajón: toc, se mete un niño y, cuando está vacío, se mete otro, y así siempre.» Cuando intenta evitar las relaciones sexuales, su marido la pega. «No podía desear nada, al parecer ya tenía todo lo que podía desear: comía todos los días, tenía hijos que iban al colegio. No quería saber si tenía otras esperanzas, era la menor de sus preocupaciones.» Intenta abortar por todos los medios y lo consigue nueve veces, pero no siempre sale bien. «Es una situación inhumana, pero, en el momento en el que lo haces, es la única solución.» El colectivo que difunde su historia pone en guardia contra la ilusión según la cual, con la autorización de los anticonceptivos y del aborto, en Francia ya no habría más embarazos no deseados llevados a término.[9]

Mejorar su suerte, o hacer simplemente que se pueda soportar, pasa por la posibilidad de tener los hijos que se deseen, o de no tener ninguno en absoluto. Jules Michelet insiste en la violencia social de la época que vio aparecer a las brujas. Según él, para que pudiera nacer el mito del pacto con el Diablo, fue necesaria la «presión fatal de una era de hierro»; fue necesario que «el infierno mismo pareciera un refugio, un asilo, del infierno de aquí abajo». En ese contexto, el siervo «teme sobremanera empeorar su suerte acumulando hijos que no podrá alimentar»; la mujer vive con el pánico al embarazo. Durante todo el siglo XVI, «va creciendo el deseo de esterilidad». A la inversa, «el sacerdote, el señor» quieren que aumente el número de sus siervos. En el imaginario que comparten opresores y oprimidos, el sabbat aparece como el marco simbólico de ese enfrentamiento. Ofrece a los pobres un recurso fantasmal contra esa orden de procrear. Los demonólogos están de acuerdo, de hecho, en decir que «jamás ninguna mujer volvió encinta»: «Satán hace germinar las mieses, pero vuelve infecundas a las mujeres», resume Michelet.[10] En el mundo real, son las sanadoras las que realizan las prácticas destinadas a limitar los nacimientos, y eso explica la ferocidad de la represión que las golpeó.

«Que el propio infierno pareciera un refugio», muy lejos de Michelet, encontramos esta inversión en la novela de Alexandros Papadiamantis *La asesina* (1903). Khadoula, una vieja campesina griega, comadrona y sanadora, hija de bruja, se siente abrumada por la suerte de las mujeres de su sociedad: no solamente las jóvenes pasan de una esclavitud a otra, del servicio a sus padres al servicio a su marido y sus hijos, sino que su familia ha de arruinarse para pagarles la dote. Por consiguiente, no puede evitar sentir alivio cuando asiste al entierro de una niña de su entorno: «Cuando por la noche la vieja Khadoula acudió a la funeraria para tomar parte en la ceremonia de la Consolación, consuelo no encontró ninguno, sino que estaba allí radiante de alegría y daba gracias al Cielo en voz alta por la inocente recién nacida y por sus padres. Y la pena era alegría y la muerte era vida, y todo se metamorfoseaba y todo se volvía del revés». Ella se pregunta: «¿Qué puede hacerse que sea útil para los pobres? El regalo que podrían recibir sería, ¡perdóname, Dios mío!, hierbas para provocar esterilidad. O, si no hay más remedio, hierbas para tener hijos varones...». Contemplando a su nieta que acaba de nacer, Khadoula murmura con amargura: «Ha venido para sufrir y para hacernos sufrir». Pierde la cabeza, acaba estrangulando al bebé y se hunde en una fuga asesina hacia delante. Hasta el ineludible desenlace, y a pesar del horror de sus actos, Papadiamantis acompaña a su heroína hasta su exilio lejos de la sociedad de los hombres, en su vuelta a los elementos.[11]

Un impulso hacia otras posibilidades

Antes de la gran peste de 1348, que mató a cerca de un tercio de la población europea, la Iglesia había mantenido cierta indiferencia hacia la cuestión de la natalidad; idealmente, incluso habría preferido poder convertir a las masas a la abstinencia. Eso cambia a partir de entonces. A finales del siglo XVI, el franciscano Jean Benedicti recomienda una natalidad sin freno, asegurando a las familias que, igual que para los pájaros, «Dios proveerá».[12] La demografía europea se disparará a lo largo del siglo XVIII, sin que ello impida que los defensores de la natalidad sigan insistiendo, con motivaciones poco loables. A finales del siglo XIX, en Francia —donde la tasa de fecundidad se ha estancado un siglo antes, a diferencia de la tendencia europea—, las ligas natalistas intervienen «en nombre de la paz social, del interés nacional y de la protección de la raza»: la competencia por el empleo entre las familias obreras las vuelve más dóciles; son necesarios innumerables soldados para la guerra; los inmigrantes procedentes de las colonias representan un peligro para la identidad nacional».[13]

En virtud de una paradoja no muy difícil de dilucidar, la preocupación por el bienestar de la humanidad y el respeto a la vida se encuentran del lado de los que aceptan o recomiendan la limitación de los nacimientos. Los cazadores de brujas no dudaban en torturar a sospechosas embarazadas, ni en ejecutar a niños pequeños u obligarlos a asistir al suplicio de sus padres.[14] Actualmente, no hay nada más falaz que la etiqueta de «provida» que se endilgan los militantes antiabortistas: un gran número entre ellos son también partidarios de la pena de muerte o, en Estados Unidos, de la libre circulación de las armas (más de quince mil muertos en 2017),[15] y donde no se les ve militar con igual ardor contra las guerras, ni contra la polución, responsable, según se calcula, de una de cada seis muertes ocurridas en el mundo en 2015.[16] La «vida» les apasiona únicamente cuando se trata de arruinar la de las mujeres. La defensa de la natalidad es un asunto de poder, no de amor por la humanidad. No concierne, por cierto, más que a la categoría «buena» de mujeres: como demostró el historiador Françoise Vergès, en los años 1960-1970, el Estado francés, que se negaba a legalizar el aborto y la contracepción en la metrópoli, los alentaba en los departamentos de ultramar; en Reunión, los médicos blancos practicaron miles de esterilizaciones y de abortos forzados.[17]

Decidir romper la cadena de las generaciones puede ser una manera de dar un vuelco a su situación, de volver a barajar las cartas de una relación de fuerzas, de aflojar la tenaza de la fatalidad, de agrandar el espacio del aquí y ahora. En Estados Unidos, en la década de los noventa, las investigadoras Carolyn M. Morell y Karen Seccombe pusieron de manifiesto que la elección de no tener hijos no estaba reservada a una minoría de mujeres de las clases superiores: entre aquellas a las que había entrevistado Morell, tres cuartas partes procedían de familias pobres u obreras. Todas habían hecho carrera y atribuían directamente su ascensión social a su decisión de no tener hijos. Una de ellas, Gloria, médico de cuarenta y tres años, declaró: «Si hubiera sido amable y dócil, ahora seguramente viviría en Florida con seis hijos, estaría casada con un mecánico y me preguntaría cómo pagar la siguiente factura. No era lo que yo quería». Sara, cuarenta y seis años, que había crecido en un barrio de inmigrantes judíos de Europa del Este al sur de Filadelfia, relataba: «Era realmente una vida de gueto, y yo quería creer que existía algo más, algo mejor. Desde que tenía ocho o nueve años, me daba por desaparecer durante todo el día. Tomaba el tranvía hasta el centro de la ciudad, caminaba hasta la Rittenhouse Square, y después tomaba el autobús hasta la universidad de Pensilvania, simplemente para mirar y escuchar». En 1905, una asistenta social estadounidense anónima que firmaba «Una esposa sin hijos», escribía: «Constaté que, si dominaban a las mujeres, era siempre porque tenían hijos y no tenían dinero, y la existencia de los primeros impedía obtener lo segundo. Descubrí que una suma de dinero suficiente, honradamente ganada, podía permitirles adquirir la libertad, la independencia, la autoestima y el poder de vivir su propia vida».[18] El rechazo de la maternidad tampoco es necesariamente una elección de las mujeres blancas: entre las afroamericanas nacidas entre 1900 y 1919, un tercio no tuvo hijos, o sea, más que entre las blancas.[19]

La rebeldía contra el estado del mundo y contra el género de vida con el que la mayoría debe contentarse es también el meollo de la crítica de Corinne Maier en 2007. Maldecía los encierros sucesivos de la escuela y la empresa, reclusiones que además se consideran una oportunidad. Deploraba que tener hijos sirva para «trasladar a la generación siguiente» la cuestión del sentido de la vida. «Vivimos en una sociedad de hormigas, donde trabajar y criar bebés modela el horizonte último de la condición humana. Una sociedad para la cual la vida se limita a ganarse el pan y a reproducirse es una sociedad sin futuro, pues no tiene sueños.»[20] Veía en la procreación la barrera del sistema actual, en la medida en que nos lleva a perpetuar un modo de vida que nos conduce a la catástrofe ecológica y en el que garantiza nuestra docilidad (porque tenemos «hijos que alimentar», un crédito que pagar, etc.). La escritora Chloé Delaume —a la que Camille Ducellier rinde homenaje en su película *Sorcières, mes soeurs* (Brujas, mis hermanas)—[21] reitera: «Soy la Nulípara, no tendré hijos jamás. Detesto los linajes y sus ficciones tóxicas, la noción de herencia no atañe más que al virus del último portador». O también: «Contrarrestar el miedo que notas en el vientre es lo único que te preocupa, llenarlo de embriones: un acto ansiolítico para un pueblo que sobrevive únicamente gracias a los antidepresivos».[22]

Casi me da miedo constatar hasta qué punto, en mi caso también, aun cuando creo ser una persona más bien amable y plácida, la cuestión de la procreación y las razones por las que la rechazo rápidamente suscitan una enorme cólera, y he aquí de nuevo la cólera... La reticencia a tener hijos puede ser una manera de hacer a la sociedad responsable de sus fracasos y sus carencias, de negarse a pasar página, de resolver que no habrá acuerdo, lo que explica sin duda el malestar que provoca en los demás. Pero ese «no» es la otra cara de un «sí»: surge de la idea de que la aventura humana habría podido resultar mucho mejor, de una rebelión contra lo que hacemos con nuestra vida y con el mundo. Y del sentimiento de poder escapar mejor a la resignación, a las cargas y a las trampas de un destino corriente a través de una existencia sin hijos. Esta elección ofrece una especie de bolsa de oxígeno, de cuerno de la abundancia. Permite el exceso, la desmesura: una orgía de libertad y de tiempo para uno mismo, que pueden explorarse, en los que moverse hasta perder el aliento, sin temor a abusar de ellos, y con la intuición de que las cosas interesantes empiezan ahí donde por lo general se juzga razonable interrumpirlas. Siguiendo mi lógica, no transmitir vida permite disfrutar de ella plenamente. Hasta ahora, esa inclinación me ha costado una única disputa con un amigo; una violenta pelea que estalló de golpe en un giro de la conversación y de la que, pese a nuestros esfuerzos, nuestra amistad no se ha recobrado jamás. Ese hombre, nacido el mismo año que mi padre, sigue muy marcado por su educación católica, aunque está muy lejos de limitarse a ella (si no, no seríamos amigos), y esa sensibilidad explica sin duda su reacción. Además, en el ardor de una discusión, su discurso adquiere rápidamente tintes religiosos. Así pues me espetó, blandiendo en alto un índice vengador: «¡La esperanza no se divide!». Pero justamente: a veces, abstenerse de procrear representa el mejor modo de no «dividir la esperanza».

La alquimia sutil del (no)deseo de tener hijos

Esta actitud casi hace de mí una embarazosa excepción en la sociedad en la que vivo. En Francia, solo un 4,3 por ciento de las mujeres y un 6,3 por ciento de los hombres declaran no querer hijos.[23] Contrariamente a lo que podría creerse, el número de mujeres sin hijos ha disminuido a lo largo de todo el siglo XX, y la «infecundidad definitiva» (sea cual sea la razón) alcanzó hoy al 13 por ciento.[24] Aunque la natalidad haya experimentado por primera vez un descenso en 2015, y después de nuevo en 2016 y 2017, Francia sigue teniendo el récord europeo, junto con Irlanda.[25] Una de las explicaciones propuestas es el desarrollo de servicios de acogida de la infancia, que ahorra a las mujeres tener que elegir entre trabajo y maternidad, como es el caso de Alemania. En cambio, la proliferación de publicaciones sobre la vida sin hijos observada estos últimos años en Estados Unidos se explica por el hecho de que la tasa de natalidad del país alcanzara en 2013 su nivel más bajo de la historia, sin que ello supusiera un drama necesariamente, sobre todo gracias a la inmigración. La proporción de mujeres entre cuarenta y cuarenta y cuatro años que no han tenido nunca hijos ha pasado de un 10 por ciento en 1976 a un 18 por ciento en 2008, y afecta a todas las comunidades.[26] La escritora Laura Kipnis calcula que la natalidad seguirá bajando «tanto tiempo como la situación de las mujeres siga sin mejorar. No solo con una implicación mayor de los padres, sino con muchos más recursos públicos invertidos en el cuidado de la infancia, con equipos de profesionales bien pagados, no con mujeres mal pagadas, en casa, con sus propios hijos».[27] En Europa, aparte de Alemania, es en el sur (Italia, Grecia, España) donde aumenta la infecundidad, sobre todo por culpa de la devastadora precariedad engendrada por la política de la Unión Europea, así como por la ausencia de medidas adaptadas para el cuidado de los niños. Entre las mujeres nacidas en la década de los setenta, cerca de una de cada cuatro podría no tener nunca hijos.[28]

Resulta difícil trazar una frontera clara entre dos categorías: de un lado, las y los que no tienen hijos porque no quieren y, del otro, las y los que tienen porque así lo han querido otros. Algunos no tienen descendencia por imposibilidad económica, o por circunstancias de su vida privada, aunque habrían deseado tenerla; por el contrario, otros tienen niños que en realidad no estaban previstos, sobre todo porque el aborto aún no se ha legitimado del todo culturalmente: incluso sin oponerse a ese derecho, a algunas parejas podría repugnarles recurrir al aborto si tienen la estabilidad económica y afectiva que les permita dejar que el embarazo se lleve a término. Además, teniendo en cuenta la propaganda omnipresente a favor de la familia, podemos suponer que un gran número de padres han cedido a una presión social más que a un impulso propio. «Creo sinceramente que hoy en día el deseo de tener hijos es un 90 por ciento social y un 10 por ciento subjetivo y espontáneo», dice Sandra, una de las personas sin hijos por voluntad propia, entrevistada por Charlotte Debest.[29] (Estoy abierta a la discusión sobre estos porcentajes.) En cualquier caso, podemos suponer que, al principio, existe en cada persona un deseo y un no deseo de tener hijos —sea cual sea el destino futuro de ese deseo o de ese no deseo— y que, después, lo reforzamos con argumentos más o menos articulados. Esa disposición nace de una alquimia compleja y misteriosa que desbarata todos los prejuicios. Tras haber tenido una infancia desgraciada, uno podría aspirar, bien a compensarla simbólicamente, bien a evitar el coste. Con un carácter alegre y optimista, uno podría no desear hijos; con un carácter depresivo, uno podría desear descendencia. Imposible predecir en qué casilla se detendrá la gran rueda de las disposiciones afectivas a ese respecto. «Una persona podría desear hijos y otra podría no desearlos exactamente por los mismos motivos: el deseo de desempeñar un papel, de ejercer una influencia, de encontrar la propia identidad, de crear una relación íntima con otra persona, la búsqueda del placer o de la inmortalidad», señala Laurie Lisle.[30] Además, el ser humano es capaz de grandes maravillas, pero también de horrores insoportables; la vida es bella pero dura, pero bella, pero dura, pero bella, pero dura, etc., así que es cuando menos intrusivo y presuntuoso juzgar a los demás si quieren quedarse con lo de «bella» o lo de «dura», y elegir perpetuarla o no.

Algunos sienten ganas de verse a sí mismos y a su pareja reflejados en un nuevo ser y/o se dejan seducir por la perspectiva de una vida cotidiana con los hijos, mientras que otros desean, bien llevar una vida en soledad, bien consagrarse plenamente a su vida de pareja. Tras haber elegido esta última opción, la psicoterapeuta y escritora Jeanne Safer decía en 2015 que vivía después de treinta y cinco años con su marido en una «rara intimidad intelectual».[31] Unos tendrán ganas de aumentar la vida, de acoger lo que venga, asumiendo el caos más o menos dichoso que se derivará de ello; otros elegirán una existencia más concentrada, más recogida, más tranquila; dos formas diferentes de intensidad. Por mi parte, y sin tan siquiera entrar en los debates sobre la eficacia ecológica de un descenso de la natalidad, no podría añadir un miembro a la sociedad, cuando esta ha fracasado tan espectacularmente en establecer una relación armoniosa con su medio vital y parece tan decidida a destruirla por completo. Lo deseo aún menos porque yo misma me siento un mero producto de la sociedad de consumo y por tanto mis hijos no podrían contar conmigo para ayudarles a adaptarse al paradigma de la crisis ecológica. Me identifico bastante con estas palabras de la novelista estadounidense Pam Houston: «No quería tener nada que ver con pañales fabricados con derivados del petróleo; no quería ser responsable de una casa de ensueño construida sobre una tierra otrora salvaje.[32] Pero cuando veo a Hamza, que pronto cumplirá siete años, pedalear con entusiasmo hacia la playa por un camino de la isla de Yeu, con su pequeño casco en la cabeza, mi corazón se derrite: aunque eso no me haga cambiar de opinión, comprendo que se pueda opinar también que la belleza del mundo sigue estando ahí y que todavía hay tiempo de compartirla con un hijo, escapando al hipnotismo de la catástrofe.

A mí me parece que todas las opiniones tienen cabida. Solamente me cuesta comprender por qué la que yo defiendo está tan poco aceptada, y por qué persiste un irreductible consenso alrededor de la idea de que tener éxito en la vida implica tener descendencia para todo el mundo. Los que se apartan de la norma tienen que escuchar lo que ya no se osa decir (demasiado) a los homosexuales, a saber: «¿Y si todo el mundo hiciera lo mismo que tú?». Incluso en las ciencias humanas encontramos esta obtusa mentalidad. Cuando la socióloga Anne Gotman interroga a hombres y mujeres sobre su «voluntad de no engendrar», multiplica los comentarios malintencionados que desacreditan con mayor o menor insidia sus intenciones. Les diagnostica, por ejemplo, «una relación perturbada con la alteridad», o les reprocha «ignorar la dimensión instituyente del principio genealógico y antropológico de la perpetuación de la especie»... sea eso lo que sea que quiera decir. Cuando escribe: «¿Cómo refutar que los hijos roban tiempo, tiempo al trabajo, a la vida social y a la vida personal?», añade de inmediato: «Pero ¿es esa la cuestión?». Y cuando una mujer a la que entrevista declara: «No quiero tener hijos, no veo dónde está el problema», se transforma en psicoanalista de pacotilla para considerar que la segunda parte de la frase «puede interpretarse como la confesión de una duda»... Su libro rezuma desaprobación en cada página. Acusa a las personas entrevistadas de «hacerse las víctimas» y de manifestar la «exigencia» de que se valide su elección.[33]

Una zona de no pensamiento

Con siete mil millones y medio de seres humanos, todo peligro de extinción de la especie parece descartado... o, cuando menos, todo peligro de extinción por *falta de nacimientos*. Como insiste en señalar la escritora y comediante Betsy Salkind, «cuando Dios dijo: "Creced y multiplicaos", no había más que *dos* personas sobre la Tierra».[34] En Occidente, al menos, los anticonceptivos son ampliamente accesibles, y un hijo ya no representa una ventaja económica indispensable, al contrario. Es más, vivimos en una época caracterizada por la pérdida de la fe en un futuro mejor (incluso en el futuro más inmediato), en un planeta superpoblado, contaminado de maneras diversas, en el que la explotación crece, en un Occidente amenazado por el fascismo. Pienso en ese dibujo de Willem[35] de 2006: la reunión de una familia burguesa en una estancia suntuosa, cálida y reconfortante: a un lado, la pared de la casa se abre a un mundo exterior asolado, cubierto de armazones de coches y de edificios en ruinas, donde unos seres famélicos se arrastran entre las ratas. En el umbral, con un ampuloso gesto, el padre señala este escenario de desolación a sus asustados hijos, niña y niño: «¡Un día, todo esto será vuestro!». Y sin embargo, si confiesas la menor vacilación en lanzar a un hijo a semejante entorno, todo el mundo profiere exclamaciones de horror. Cierto, existe también multitud de razones para desear un hijo; pero tampoco eso ha de darse completamente por sentado. ¿No nos habremos olvidado de realizar una pequeña actualización de nuestras ideas preconcebidas?

Una extraordinaria pereza intelectual, una espectacular

ausencia de reflexión envuelve este tema, con el dudoso pretexto de que depende del «instinto». No dejan de darnos recetas que supuestamente nos sirven a todos, señala la ensayista y feminista estadounidense Rebecca Solnit; esas recetas fracasan indefectiblemente, sin que ello impida «que vuelvan a dárnoslas una y otra vez». Observa además: «La idea de que la vida debería tener sentido raras veces surge. No solamente se supone que las actividades comunes [el matrimonio y los hijos] tienen sentido por sí mismas, sino que se considera que son las únicas que lo tienen». Deplora la unanimidad que recluye a esas personas que siguen todas las prescripciones sociales, «y sin embargo son completamente desdichadas». Recuerda: «Hay tantas cosas para amar aparte de la propia descendencia, tantas cosas que necesitan amor, tantas cosas que deben hacerse con amor en el mundo».[36] Es esta falta de imaginación lo que revelaba, implícitamente, la crítica furibunda de *No Kid*, el libro de Corinne Maier, publicada en *Elle* y escrita por Michèle Fitoussi: «De toda esa machacona y babosa repetición no resulta más que una ideología blandengue, presente ya en la obra precedente [*Buenos días, pereza*, sobre el aburrimiento en el trabajo y los medios para resistirlo]. El derecho al placer como único credo. Y que se suprima todo lo que moleste. [...] Libres así de las lacras de la existencia, todos nuestros días se dedicarían a la diversión bobalicona o a la contemplación de nuestro ombligo, mientras comemos galletas de jengibre [¿?]. Sin amor y sin humor. Dos componentes esenciales de la felicidad, pero de las que ella, para su desgracia, lamentablemente carece».[37] Aquí, como en *Me casé con una bruja*, la invocación del «amor» sirve de tapadera a los guardianes del orden establecido para acallar todas las críticas.

No tener hijos es saber que al morir no dejarás tras de ti a alguien a quien habrás traído al mundo, al que habrás moldeado en parte y a quien habrás transmitido una atmósfera familiar, el enorme bagaje —a veces asfixiante— de historias, de destinos, de sufrimientos y de tesoros acumulados por las generaciones precedentes, que también tú habrás heredado. Puedes esperar que te lloren tu compañero o compañera, tus hermanos y hermanas, tus amigos, pero no es exactamente lo mismo. Esa es quizá la única cosa difícil de aceptar en esta situación. «Mi único pesar es saber que nadie pensará en mí como yo pienso en mi madre», dice Dianne, que da su testimonio en un libro dedicado a las «familias de dos personas».[38] No obstante, eso no significa que no se transmita nada. La misma falta de imaginación nos impide ver que la transmisión —aparte de que los hijos no siempre se hacen cargo de ella, o no necesariamente de una forma que nos satisfaga— transita por numerosos caminos: cada existencia humana derriba una infinidad de bolos y deja una huella profunda, que no siempre está en nuestro poder cartografiar. Dos estadounidenses sin hijos por decisión propia relataban que, si se disponían a dimitir del trabajo y a lanzarse a recorrer el mundo en bicicleta durante un año, era gracias a una conversación con unos ciclistas con los que se habían cruzado en una playa, que no sospecharían jamás las repercusiones de aquel encuentro: «Nunca sabemos cómo influimos en los demás».[39] Los hijos no son más que la manifestación más evidente del paso por la Tierra de la mayoría de nosotros, la única que estamos entrenados para detectar. Por añadidura, incluso ellos tienen siempre mucho más que dos progenitores: ¿no eres tú un poco responsable, por ejemplo, de la existencia del hijo que ha tenido más tarde, con otra persona, el compañero o compañera al que dejaste, o del que fue concebido por dos amigos a los que presentaste tú?

A pesar de la generalización de los anticonceptivos, por lo visto sigue siendo impensable que se pueda amar y desear a una persona sin querer tener un hijo con ella. Así, a las mujeres que anuncian que no quieren convertirse en madres se les repite que es porque aún no han «encontrado el hombre adecuado». También parece subsistir la oscura convicción según la cual solo una relación fecunda es una auténtica relación sexual, quizá porque ofrece la única prueba posible de la actividad sexual, dando fe con ello de que su protagonista masculino es un «auténtico hombre» y su protagonista femenina una «auténtica mujer», una visión de las cosas que cuestiona la réplica provocadora atribuida a Pauline Bonaparte: «¿Hijos? Prefiero empezar cien a terminar uno solo». No debemos excluir la hipótesis por la cual a veces se tienen hijos para demostrar que se tienen relaciones sexuales (un minuto de fanfarroneo que sale muy caro, en mi humilde opinión). O para demostrar que no se es gay, permitiéndose así mostrarse discretamente homófobo.

El último bastión de la «naturaleza»

En las parejas heterosexuales, la procreación, y más concretamente la maternidad, es el último ámbito en el que, incluso entre las progresistas, reina el argumento de la «naturaleza», de la que hemos aprendido a desconfiar en cualquier otro terreno. Sabemos que, a lo largo de los siglos, las tesis más fantasiosas —y más opresivas— se han justificado con las pruebas «evidentes e indiscutibles» que supuestamente proporcionaba la observación de la «naturaleza». Por ejemplo, en 1879 Gustave Le Bon afirmaba: «El cerebro de multitud de mujeres tiene un tamaño más cercano al de los gorilas que al de los cerebros masculinos más desarrollados. Esta inferioridad es tan evidente que nadie puede cuestionarla ni por un momento; solo vale la pena discutir sobre el grado de esa inferioridad».[40] Mirando ahora hacia atrás, vemos claramente el carácter ridículo de esta clase de consideraciones. Ahora evitamos deducir de un aspecto físico un cierto tipo de carácter o un comportamiento determinado. En los medios progresistas, por ejemplo, ya nadie iría a explicar a los gais y las lesbianas que sus prácticas sexuales son problemáticas, que ellos y ellas desean a las personas incorrectas y que sus órganos no han sido concebidos para ser utilizados de esa manera, «perdón, pero has leído mal el modo de empleo, la naturaleza dice que...». Por el contrario, cuando se trata de mujeres y de bebés, todo el mundo se relaja: es la orgía de la naturaleza, si se me permite expresarlo así. Ante ti no tienes ya más que defensores entusiastas del determinismo biológico más estricto.

Las mujeres tienen útero: es claramente la prueba irrefutable de que *deben* tener hijos, ¿no? No hemos avanzado ni un milímetro desde la entrada «Mujer» de la *Enciclopedia* de Diderot y D'Alembert, en el siglo XVIII, que concluía, tras una descripción física: «Todos estos hechos demuestran que el destino de la mujer es tener hijos y alimentarlos».[41] Seguimos creyendo a pies juntillas que las mujeres están programadas para desear ser madres. Antaño se alegaba la acción autónoma de su útero, «animal temible», «poseído por el deseo de concebir hijos», «vivo, reacio al raciocinio, que obra bajo los efectos de sus violentos deseos de dominarlo todo».[42] Ese útero salteador ha cedido su lugar en el imaginario a ese órgano misterioso llamado «reloj biológico», cuyo emplazamiento preciso no ha podido localizar aún ninguna radiografía, pero cuyo tictac se oye claramente inclinándose sobre el vientre de las mujeres cuando tienen entre treinta y cinco y cuarenta años. «Hemos adquirido la costumbre de considerar metáforas como "el reloj biológico" no como metáforas, sino como simples descripciones, neutras y factuales, del cuerpo humano», señala la ensayista Moira Weigel. Ahora bien, la expresión «reloj biológico», aplicada a la fertilidad de las mujeres, apareció por primera vez el 16 de marzo de 1978 en un artículo del *Washington Post* titulado «Suena el reloj para la mujer que hace carrera».[43] En otras palabras: es una manifestación precoz de la reacción de la que habla Faludi, y su asimilación fulgurante a la anatomía femenina constituye un fenómeno único en la historia de la evolución, que habría dejado estupefacto a Darwin... Además, dado que su cuerpo ofrece a las mujeres la posibilidad de llevar un hijo, la naturaleza quiere igualmente que sean ellas las encargadas de cambiar los pañales del susodicho niño o niña tras su nacimiento, de llevarlo al pediatra y, también, ya puestos, de fregar el suelo de la cocina, de poner lavadoras y de pensar en comprar papel higiénico durante los veinticinco años siguientes. Eso se llama «instinto maternal». Sí, la naturaleza ordena eso exactamente, y no, por ejemplo, que la sociedad, para darles las gracias por asumir la parte más importante de la perpetuación de la especie, ponga todo de su parte para compensarlas por los inconvenientes que sufren por esta causa; no, *ni hablar*. Si eso era lo que creías, es que has entendido mal a la naturaleza.

Persisten en el pensamiento representaciones arcaicas relativas a las mujeres que nunca han tenido hijos. La insistencia en la «plenitud» y la apariencia «resplandeciente» que se atribuyen directamente a las futuras madres —cuando en realidad, a decir de las interesadas, las experiencias del embarazo son muy diversas— implica una fe persistente, por contraste, en imágenes de viejas solteronas con el cuerpo reseco por la vacuidad de su útero. Eso es ignorar que, como escribe Laurie Lisle, el útero, incluso vacío, es un órgano muy vivo, «activo, con sus sensaciones menstruales y sexuales».[44] Recordemos, además, que no estando ocupado, su tamaño es reducido, por lo que la imagen de una cavidad invadida por las telarañas y barrida por vientos lúgubres que ululan, es pura fantasía. Pero se atribuye a la concepción la virtud de colmar las necesidades eróticas y emocionales de las mujeres y, por tanto, de regularlas, ya que de otro modo serían incontrolables. Así pues, eludir la maternidad es sustraerse a un proceso de purificación y de domesticación, a la única redención posible para un cuerpo que, con el paso de los siglos, ha cristalizado tantos interrogantes, tantos miedos, tanta aversión. «El matrimonio y la maternidad son los antídotos que vienen a sublimar ese cuerpo siempre defectuoso», como escribe David Le Breton.[45] Rechazar esos antídotos es continuar sembrando el desconcierto, suscitar miradas suspicaces o compasivas. Sin embargo, también en esto mis experiencias personales contradicen los prejuicios. Tras haber acumulado problemas de salud a lo largo de mi vida, siento un gran alivio por no haber tenido que compartir con un hijo, llevándolo primero en mi vientre, y luego en brazos, las energías que me quedaban.

En el transcurso de un coloquio, cuando acababa de defender que se pudiera desvincular el destino femenino de la maternidad, el siguiente orador, un médico especialista en problemas de infertilidad, empezó manifestando con aire grave que habría sido «terrible» para sus pacientes oír mis palabras. Esto me dejó estupefacta. A mí me parecía que, por el contrario, podrían haberles sido de cierta utilidad, si finalmente no lograban quedarse embarazadas: tendrían entonces que superar la pena de no poder ver su deseo realizado, pero no era necesario que a ello se añadiera el sentimiento de ser mujeres incompletas o fracasadas. Muchos médicos se permiten sermonear así a las mujeres que no quieren tener hijos, diciéndoles que «deberían pensar en las que no pueden tenerlos». Ahora bien, «la maternidad no es un fenómeno de vasos comunicantes», como recuerda Martin Winckler en su libro sobre el maltrato médico en Francia.[46] Sin duda, una mujer que tenga problemas para quedarse embarazada puede tener un impulso de celos hacia las que desdeñan esa posibilidad, pero dos segundos de reflexión bastan para evaluar su carácter irracional: obligarse a tener un hijo por consideración a otra mujer que no puede no conduciría más que a incrementar la desdicha. Cualquier otro razonamiento implica ver a las mujeres como representantes intercambiables de una esencia única, y no como personas individuales, dotadas de personalidades y deseos distintos.

Esta visión está muy extendida, a tenor de la notable resistencia suscitada por esta verdad, sin embargo elemental: enterarte de que estás embarazada es maravilloso cuando quieres tener un hijo, y es un duro golpe cuando no lo deseas. Sin embargo, los artículos en línea que describen los primeros síntomas de un embarazo parten del principio de que *todas* las lectoras que han llegado a esa página quieren estar embarazadas, cuando, según todas las apariencias, un número nada desdeñable de entre ellas la consultan con la angustia en el estómago. «Has dejado de usar tu método anticonceptivo y esperas. Pero la espera te parece muy larga en cada ciclo...», supone por ejemplo Aufeminin.com («Cómo detectar un inicio de embarazo»); los temas relacionados se titulan: «Estimular la fertilidad: ochenta alimentos a los que dar preferencia», o «Las mejores posturas para quedarse embarazada».

Debido a un retraso en la menstruación, una de mis amigas tuvo un día mucho miedo de estar embarazada de su amante. Por diversos motivos, sin embargo, era prácticamente imposible que lo estuviera realmente. Uno de sus allegados, psiquiatra, interpretó su miedo como la manifestación del deseo inconsciente de concebir un hijo con ese hombre, del que está muy enamorada. Mi amiga, por su parte, ve las cosas de otra manera: la idea de estar embarazada le inspiraba tal terror que le entró el pánico en cuanto perdió la certeza absoluta de no estarlo. «Estoy más que dispuesta a considerar la hipótesis de un ambivalencia inconsciente, realmente muy, muy inconsciente, vaya... Pero ¿estamos seguros de que para todo el mundo la norma por defecto es el deseo de tener hijos?», me preguntaba ella, perpleja. Buena pregunta... que, para muchos, ni siquiera merece ser planteada. Martin Winckler relata su espanto cuando un día unos colegas le dijeron: «Sí, bueno, pero cuando prescribes un DIU o un implante subcutáneo, ¿te das cuenta de que es una violencia impuesta al deseo inconsciente de las mujeres de quedarse embarazadas? ¡Al menos las que toman la píldora pueden olvidarlo y satisfacer su impulso sexual contenido!». Una joven le habló también de este comentario de su ginecólogo: «Si le duele la regla, es porque su cuerpo reclama un embarazo».[47]

En *Quinnan och Dr Dreuf* (La mujer y el doctor Dreuf) —un anagrama sumamente obvio—, el eminente ginecoanalista que pone en escena la novelista sueca Mare Kandre recomienda a su paciente, para apaciguar los tormentos que agotan sus débiles capacidades intelectuales, el remedio universal de la maternidad, conocido por su «inmensa santidad» y su «acción purificadora sobre el psiquismo femenino». Está a punto de caerse de su butaca cuando la joven atolondrada le responde que ella no quiere tener hijos. «¡Mi joven señorita, TODAS las mujeres lo quieren! [...] Por ciertas razones, la mujer es y suele permanecer inconsciente de sus sentimientos, de sus deseos y de sus necesidades reales. [...] ¡Sus auténticos sentimientos deben ser interpretados por un analista de mi calibre para que la mujer no se deje arrastrar, engullir por ellos, para que no se desvíe de su camino, provoque el desorden y sea el origen del caos más completo en el mundo civilizado!» Para sustentar sus palabras, le pone en las manos un volumen polvoriento de la obra de su mentor, el llorado profesor Popokoff. Le hace leer el pasaje donde se dice que «en el fondo, todas las mujeres desean hijos», antes de quitárselo precipitadamente de las manos porque acaba de ocurrírsele la idea de que quizá tenga la regla. Le espeta: «¡No pretenderá situarse por encima de la ciencia médica! La especialidad de la mujer ha precisado siglos de trabajo de intensa investigación en sanatorios y depósitos de cadáveres para llegar a este resultado. Se han realizado innumerables experimentos, las teorías se han probado miles de veces con cerdos, sapos, tenias y cabras. ¡No se puede imaginar hasta qué punto están documentados esos hechos irrefutables!».[48] ¿Cómo no dejarse convencer, en efecto?

Más sorprendente: incluso una feminista como Erica Jong comparte ese supuesto. Volviendo sobre el movimiento de las mujeres en la década de los setenta en Estados Unidos, explicaba así el fracaso de una alianza entre la corriente de Betty Friedan (esposa y madre) y la corriente de Gloria Steinem (soltera sin hijos): «Las que habían rechazado la vida familiar despreciaban a las que la habían elegido. Quizá ese rechazo estaba sustentado en parte en la amargura. Ya que el deseo de tener hijos es tan fuerte que el precio que se ha de pagar es exorbitante».[49] Extraña alegación. Si era necesario encontrar huellas de desprecio, de odio y de amargura en esta historia, sería más bien en Betty Friedan, que acusó a Gloria Steinem de desacreditar al movimiento incorporando golfas, menesterosas y lesbianas. Numerosos testigos la describen como una personalidad áspera y difícil, mientras que Steinem rezuma serenidad, por lo que esas dos figuras parecen especialmente mal elegidas para ilustrar los prejuicios sobre la sistematización del deseo de maternidad y el sosiego que aportaría su cumplimiento. Que puedan escribirse tales afirmaciones falsas demuestra la fuerza del dogma.

De igual manera, en 2002, en Francia, la psiquiatra Geneviève Serre buscó para un artículo a cinco mujeres sin hijos por decisión propia, a las que abordó con escepticismo. Escribía al respecto: «El hecho de que algunas de ellas hubieran estado embarazadas, incluso varias veces, y que hubieran tomado la decisión de abortar, permite plantear la hipótesis de que el deseo de tener hijos estaba ahí, pero no se ha escuchado».[50] El embarazo como manifestación de un deseo inconsciente de tener hijos: ¿eso vale también para las que han sido violadas? ¿O para las que, cuando el aborto es ilegal, arriesgan la vida para librarse de un embrión? Además, si hay que admitir una ambivalencia o un deseo inconsciente, en el caso de mi amiga atormentada por el miedo a quedarse embarazada, no se puede excluir la hipótesis de una aspiración pasajera a la normalidad: no es fácil remar a contracorriente a lo largo de toda una vida. Así, una joven sin hijos por decisión propia dice tener la impresión constante de «pasar por un fenómeno de feria».[51]

Un hombre que no se convierte en padre deja de lado una función social, mientras que a una mujer se le supone que obtiene con la maternidad la realización de su identidad esencial. Lógicamente, si el deseo de tener hijos fuera natural, debería poder detectarse una anomalía biológica en las que no lo experimentan. En caso de no tenerlo, se les aconsejará que consulten a un médico; o bien, habiendo interiorizado la norma, decidirán hacerlo ellas mismas. Hay que cuidarse y esforzarse, hasta que surja ese deseo de tener hijos. Encontramos aquí esa paradoja que se observa también en el terreno de las prácticas de belleza: ser una «verdadera mujer» implica sudar sangre y lágrimas para hacer que ocurra lo que se supone que emana de su más íntima naturaleza. Cuando se trata de procreación, el discurso psicoanalítico y psiquiátrico se muestra notablemente eficaz para tomar el relevo de los discursos sobre la naturaleza, otorgando un vago halo de autoridad científica a los peores estereotipos. Tras identificar en las mujeres que ha conocido cualidades que, a sus ojos, son «masculinas», tales como «la independencia, la eficiencia, la disciplina, los centros de interés como la política», Geneviève Serre escribe: «Este lado masculino, autónomo e independiente, es quizá un impedimento para el acceso a una posición femenina más pasiva, más receptiva al hecho de aceptar el don de la vida, lo que seguramente es necesario para el acceso a la maternidad».[52] Las madres, criaturas indolentes y dependientes que se conforman con chapotear en el gran misterio de la vida y dejan la política a los hombres: habéis pedido el siglo XIX, no lo abandonéis.

En el claro

Las que rechazan la maternidad se enfrentan asimismo al prejuicio según el cual detestan a los niños, como las brujas que devoraban con avidez los cuerpecitos asados en los aquelarres, o lanzaban maleficios sobre los hijos del vecino. Es doblemente exasperante. En primer lugar porque está muy lejos de ser siempre el caso: a veces es incluso una fuerte simpatía hacia los niños lo que puede impedirte traer uno al mundo, mientras que otras podrían elegir tener hijos por motivos discutibles. Lucie Joubert ironiza a este respecto: «¿Qué mayor incentivo para la procreación que la aterradora perspectiva de pasar largos años en una residencia de ancianos, sin visitas, sin distracciones? Una pesadilla que muchos sortean engendrando ocho hijos, uno para cada día de la semana, más uno; toda prudencia es poca».[53] El número de niños maltratados, a los que pegan o violan incita también a preguntarse si verdaderamente todos los que tienen hijos los aman. Por otra parte, tenemos derecho a no buscar la compañía de niños, incluso a detestarlos abiertamente, a riesgo de despojar de un modo implacable a nuestro entorno de sus ilusiones, desdeñando la imagen de dulzura y de abnegación que se asocia a la mujer. De todas formas, tampoco en esto hay forma de comportarse bien. Cansadas de las miradas de complicidad o de los comentarios que suscitan («Se te da muy bien», «Serías una madre estupenda») cuando se enternecen delante de un bebé o lo toman en brazos, algunas preferirán expresar un desdén radical, a riesgo de que las tomen por monstruos. Porque, sí, se puede amar a los niños, y querer pasar ratos con ellos, sin por ello desear tener hijos propios: «¡También cocino muy bien, y no tengo las menores ganas de abrir un restaurante!», exclama la protagonista del cómic *Et toi, quand est-ce que tu t'y mets?* (¿Y tú, cuándo te decides?).[54]

La escritora Elizabeth Gilbert considera que existen tres clases de mujeres: «Las que han nacido para ser madres, las que han nacido para ser tías, y las que en ningún caso deberían tener autorización para acercarse a un niño a menos de tres metros. Es muy importante comprender a qué categoría se pertenece, pues los errores en este terreno engendran sufrimiento y tragedia». Por su parte, ella pertenece al «equipo de las tías».[55] En 2006, en una revista femenina francesa, una joven daba fe de los prodigios de los que es capaz ese equipo. Siendo pequeña, se había ido de vacaciones con una amiga a la casa de la tía de esta. Al descender del avión descubrió que la tía en cuestión era Sabine Azéma, una de las raras actrices francesas que, cuando se le pregunta por ese tema, asume serenamente su elección de no haber sido madre. Aquellas vacaciones se repitieron varios años seguidos. «Sabine nos alquila una pequeña habitación y nos anima a escribir guiones que grabamos luego. Pasamos horas buscando disfraces en el mercadillo. Sabine alquila también un coche pequeño pero, como detesta conducir, se pasa horas detrás de un camión y nos tronchamos de risa. No somos niñas, ella no es una adulta, es magia. Son vacaciones a lo Monsieur Hulot,[56] sobre todo nada de McDonald's, sino salones de té con el ambiente de *Arsénico por compasión*, un jardín de hotel, antes que un parque abarrotado. Sabine nos ofrece objetos extraordinarios, peonzas de Nueva York, lápices de Inglaterra. Y sobre todo, nos inculca su sentido de la felicidad.»[57] Hay una riqueza subestimada en esta diversidad de posibles papeles en la vida. Un día, cuando Gloria Steinem estaba en la cuarentena y participaba en el *Tonight Show*, la presentadora, Joan Rivers, la interpeló así: «Mi hija es la mayor alegría de mi vida y no puedo imaginar que no hubiera nacido. ¿No lamentas no haber tenido hijos?». A lo que ella respondió: «Bueno, Joan, si todas las mujeres tuvieran hijos, no habría nadie para decirte cómo es no tenerlos».[58]

Muchas mujeres han expuesto las razones por las que el sentido que ellas querían dar a su vida era incompatible con la maternidad. Chantal Thomas, amante de su libertad, de la soledad, de los viajes, lo explica con extrema sencillez: «Nada de toda esa historia me ha atraído jamás, ni el embarazo, ni el parto, ni el día a día de alimentar a un bebé, ocuparse de él, educarlo».[59] Lo que más impresiona en la lectura de *La plenitud de la vida* de la joven Simone de Beauvoir, es su apetito absoluto, sin límites: devora los libros, se atiborra de películas, está obnubilada por el deseo de convertirse en escritora. Esa misma voracidad la domina en lo tocante al mundo físico. Nombrada profesora en Marsella, descubre la marcha. Se va de excursión siempre que puede, engullendo kilómetros, emborrachándose de paisajes y de sensaciones, sin tener siempre el equipo adecuado, sin dejar que la detengan (a pesar de algunos avisos) ni el miedo a los accidentes ni a las agresiones; deja atrás a los amigos que pretenden seguirla. Atesora su libertad, como demuestra el deleite con el que describe, con unas pinceladas, el encanto de las habitaciones sucesivas de las que toma posesión. Adora vivir sola, desde sus años de estudiante en París: «Podía regresar al alba, o leer en la cama durante toda la noche, dormir a mediodía, permanecer encerrada entre cuatro paredes veinticuatro horas seguidas, bajar de repente a la calle. Comía una sopa borsch en Dominique, cenaba en La Coupole una taza de chocolate. Me gustaba el chocolate, el borsch, las largas siestas y las noches insomnes, pero sobre todo me gustaba mi capricho. Casi nada lo contrariaba. Constaté con alegría que lo «serio de la existencia» con que los adultos me habían llenado los oídos, en realidad no tenía tanto peso». ¿Cómo no ver que un embarazo habría acabado con ese impulso, con ese ardor, la habría alejado de todo lo que le gustaba, de todo lo que le importaba? En el mismo libro, explica por qué evita la maternidad, tema por el que tan a menudo la habían atacado. Dice: «Mi felicidad era demasiado sólida para que una novedad pudiera tentarme. [...] No soñaba en absoluto con perpetuarme en una persona surgida de mí. [...] No tenía la impresión de rechazar la maternidad; no era mi destino; permaneciendo sin hijos, cumplía con mi inclinación natural».[60] Este sentimiento de extrañeza que experimentan algunas me lo confirma una amiga al confiarme que, al abortar a la edad de veinte años, para ella la operación no ha dejado nunca de ser algo abstracto: «Es como si hubiera tenido apendicitis».

En cuanto a Gloria Steinem, su autobiografía, *Mi vida en la carretera*, publicada en 2015, termina con estas palabras:

Este libro está dedicado al doctor John Sharpe, de Londres, que en 1957, una década antes de que se autorizara legalmente a los médicos ingleses a practicar interrupciones del embarazo por otros motivos que no fueran la salud de la mujer, corrió el riesgo considerable de practicar un aborto a una americana de veintidós años de viaje por la

India. Sabiendo únicamente que había roto su compromiso en su país para precipitarse hacia un destino desconocido, le dice: «Tiene que prometerme dos cosas. La primera, no mencionar mi nombre a nadie. La segunda, vivir su vida como quiera». Querido doctor Sharpe, creo que usted, que sabía que la ley era injusta, no se enfadaría conmigo por decir aquí, tanto tiempo después de su fallecimiento: He vivido mi vida lo mejor que he podido.

Este libro es para usted.[61]

En su caso, el hecho de no prolongar la cadena de las generaciones, lejos de representar una traición hacia su propia madre, constituía un modo de hacerle justicia, de asumir su herencia, de honrar su historia familiar. Antes de su nacimiento, su madre, Ruth, que había empezado una carrera como periodista, estuvo a punto de abandonar a su marido y a su primera hija y de marcharse a probar suerte a Nueva York con una amiga. «Si la presionaba preguntándole: "Pero ¿por qué no lo hiciste? ¿Por qué no te llevaste a mi hermana a Nueva York?", ella respondía que no era grave, que se sentía afortunada por tenernos a mi hermana y a mí», relata Steinem. «Si insistía, ella añadía: "¡Si me hubiera ido, tú no habrías nacido!". No tuve nunca valor para decirle: "Pero tú sí que habrías nacido"». Tras la separación de sus padres, la joven Gloria vivió sola con su madre, que había caído en una depresión. En cuanto pudo escapar, se fue a Nueva York y cumplió su sueño en su lugar. A modo de homenaje, escribe: «Como tantas otras mujeres antes que ella —y como tantas otras aún hoy—, jamás emprendió su propio viaje. Me habría gustado tanto que hubiera podido seguir el camino que ella deseaba».[62]

Mientras trabajo en este capítulo, descubro, hojeando papeles que pertenecieron a mi padre, un cuaderno azul desvaído con la inscripción «Escuela superior de comercio de Neuchâtel». En el interior, no había nada más que una larga lista de referencias literarias, escritas con su letra a su imagen, angulosa y elegante. Había copiado el índice de una revista con el epígrafe *Le Livre de demain*, con títulos de Maurice Maeterlinck o Edmond Jaloux. La muerte prematura de su padre, cuando él tenía doce años, y los cambios que esta ausencia provocó en su vida lo privaron de los estudios literarios con los que soñaba. Él, que era tan culto, tan curioso, se vio obligado a emprender estudios comerciales por los que no sentía la menor inclinación. Posteriormente se ganó muy bien la vida, pero jamás logró cambiar su trayectoria, y nada pudo disipar ese pesar, ese dolor por el talento que no había podido desarrollar. Mucho antes de tomar claramente conciencia de ese suplicio, yo misma había vivido sumergida en un mundo donde no había nada más real, nada más digno de interés que los libros y la escritura. Quizá nuestros padres nos transmiten a veces pasiones tan intensas que no dejan sitio para nada más, sobre todo cuando ellos no han podido entregarse a ellas como habrían querido. Quizá haya necesidades de reparación que no toleren medias tintas, que exijan buscar un claro en el bosque de las generaciones y que uno se instale en él, olvidando el resto.

Una palabra inadmisible

Sin embargo, todo eso sigue siendo inaceptable para muchos. En un libro en el que consideraba que «las mujeres que no tienen hijos son errores», «viudas de ellas mismas», la actriz Macha Méril juzgaba acertado dirigirse en los siguientes términos al fantasma de Simone de Beauvoir: «Genial Simone, aquí has pecado de mala fe. También a ti te habría gustado tener hijos, pero tus elecciones y ese diablo [*sic*] de Sartre te disuadieron. Con tu amante americano [el escritor Nelson Algren], estuviste a un pelo de dejar que tu cuerpo de mujer se entregara a la maternidad. No habrías sido por ello menos brillante ni tu cerebro habría funcionado más despacio». (Lucie Joubert, que cita esas palabras, comenta: «El cerebro no, pero su pluma quizá, ¿quién sabe?»).[63] En 1987, Michèle Fitoussie, la periodista de *Elle* que el libro de Corinne Maier puso tan de moda, había publicado *Hasta el moño (de ser superwoman)*, dedicado a las dificultades de conciliar familia y trabajo, y a las duras consecuencias de la emancipación. Pero al parecer no hay ni que plantearse que algunas mujeres se permitan aligerar su vida eliminando uno de los elementos de la ecuación. O, al menos, ese no.

Cuando no se pone en duda la «buena fe» de las mujeres que no tienen hijos por decisión propia, se les busca maternidades sustitutivas: las profesoras serían madres para sus alumnos o sus estudiantes, los libros serían los retoños de las escritoras, etc. En un ensayo en el que reflexionaba sobre las maneras de «superar el estigma de la ausencia de hijos», Laurie Lisle habla largo y tendido de maternidades simbólicas, lo que al parecer surgía de una necesidad personal respetable, pero, a tenor de los comentarios leídos en línea, su insistencia irritó a numerosas lectoras que no sentían lo mismo.[64] «Quiero desaprender el maternaje»,[65] dice por su parte Clothilde, sin hijos por decisión propia, cuando habla de su actividad de educadora en la escuela de enfermería y de la relación con sus alumnos.[66]

Para el sentido común, cualquier otra realización que no sea la maternidad no solo se considera un sustituto, sino un sucedáneo. Encontramos una ilustración en la película de Anne Fontaine *Coco antes de Chanel* (2009), dedicada a los inicios de Gabrielle Chanel. La joven está enamorada de un hombre que, al final de la película, muere en un accidente de carretera. La vemos llorando; después, sin transición, vemos su primer triunfo profesional. Tras un desfile, los asistentes la aplauden y la aclaman, pero ella permanece sentada en un rincón con la mirada perdida, melancólica. Al final, el comentario nos dice que conoció un gran éxito, pero que no se casó jamás ni tuvo hijos. Te quedas con la impresión de que después del duelo, vivió como una monja, preocupada únicamente por su carrera, por el hecho de haber perdido a su gran amor. Ahora bien, en realidad Chanel tuvo una vida rica y agitada: tuvo amigos y amantes, a los que amó al parecer, al menos para algunas personas. Tiene algo de manipulación —o más probablemente sea la facilidad para el cliché— dar a entender que su carrera fue un paliativo para una desgracia privada. Chanel había empezado a crear mucho antes de la muerte de su amante, movida por una necesidad profunda, y claramente su trabajo le proporcionó inmensas satisfacciones.

Cuando ve que vacilan, Elizabeth Gilbert anima a sus interlocutores a preguntarse por el hecho de no tener hijos, ya que juzga necesario hablar de ese tema. Rebecca Solnit, por el contrario, deplora que le hagan esa pregunta tan a menudo: «Uno de mis objetivos como escritora es buscar maneras de resaltar lo que es imperceptible y olvidado, describir los matices y los detalles significativos, celebrar a la vez la vida pública y la vida solitaria, y —retomando las palabras de John Berger— encontrar "otra forma de narrar". Eso contribuye a explicar por qué me parece tan descorazonador toparme sin cesar con las mismas formas sempiternas de narrar».[67] Su propio artículo acerca de este tema nace de una conferencia que dio sobre Virginia Woolf. Su asombro fue mayúsculo cuando la discusión que se produjo con los asistentes a continuación, derivó rápidamente hacia la falta de hijos de la autora de *La señora Dalloway* o de *Al faro*. A este lado del Atlántico, en 2016, Marie Darrieussecq tuvo la misma sorpresa. Cuando la invitaron a hablar de su nueva traducción de *Una habitación propia* (con el título *Un lieu à soi*) en France Culture, el presentador sacó también a relucir esa cuestión. Ella empezó respondiéndole pacientemente que sin duda el padecimiento de Virginia Woolf había sido inmenso, pero que nada permitía pensar que la falta de hijos hubiera tenido nada que ver. Después, al insistir él, explotó: «¡Pero bueno, esto me molesta! ¡Perdone, quiero ser educada, pero esto me irrita! ¿Acaso se hacen estas preguntas sobre un escritor soltero sin hijos? ¡Me importa un bledo! Me parece que eso es realmente limitarla a su cuerpo de mujer, y eso no es lo que hace en este ensayo».[68] Viene a dar la razón a Pam Grossman cuando escribe, en su prólogo a una celebración de «brujas literarias» entre las que Woolf figura en un lugar destacado, que «muchas personas siguen pensando que las mujeres que crean algo que no sean hijos son peligrosas».[69] Bueno es saberlo: ni siquiera ser Virginia Woolf te redime de no haber sido madre. Lectora que estés pensando en no reproducirte, o que hayas descuidado hacerlo, quedas advertida: es inútil que te esfuerces en escribir obras maestras para intentar desviar la atención de esa grave carencia que sin duda te ha hecho muy desgraciada, incluso sin tú saberlo. Si quieres escribir, hazlo por otros motivos, por el placer de hacerlo; y si no, consagra el tiempo de ocio de tu escandalosa existencia a leer novelas bajo un árbol, relajadamente, o a cualquier otra cosa que se te antoje.

El trauma causado por el movimiento feminista de la década de los setenta dio origen a numerosos mitos. Por ejemplo, no se quemó en público ningún sujetador en aquella época y, sin embargo, todo el mundo sigue absolutamente convencido de que, como escribe Susan Faludi, «el feminismo inmoló en sus hogueras la totalidad de la producción de lencería». Igualmente, se le acusa a veces de haber despreciado la maternidad o culpabilizado a las que aspiraban a ella. O bien pudo ser el caso de ciertos comportamientos individuales —lo que ciertamente es lamentable—, pero no de la teoría que surgió entonces. En Estados Unidos, la investigadora Ann Snitow no halló ningún rastro de un supuesto «odio a las madres» en el corpus de textos de la época.[70] En cuanto a la efímera National Organization of Non-Parents (NON) fundada en 1972 por Ellen Peck, esta no tenía vínculo alguno con el movimiento feminista. En realidad, la posibilidad de no tener hijos se ha defendido muy poco, por no decir nada. Una excepción notable: la «Declaración sobre la contracepción» firmada en la década de los sesenta por un grupo de afroamericanas. A ciertos hombres negros que consideraban la contracepción como una forma de genocidio, ellas respondían que era, por el contrario, «la libertad de combatir el genocidio de mujeres y niños negros», puesto que las que no tenían hijos tenían más poder.[71] En Francia, las manifestantes entonaban: «Hijos si quiero, cuando yo quiera». «La radicalidad del "si quiero" lo mitigaba el "cuando yo quiera"», analiza Christine Delphy. «La campaña siempre ha puesto el acento sobre el control del momento y el número de nacimientos, jamás sobre su principio. Hablando claramente, jamás el movimiento feminista ha osado expresar la idea de que una mujer podía no querer tener hijos en absoluto.[72] Para Charlotte Debest, «la efervescencia reflexiva, social y psicoanalítica de la década de los setenta, en cierta manera, condujo a este asombroso requerimiento: "Haced lo que queráis, pero convertíos en padres"». Las mujeres, en particular, soportan una paradójica «apelación al deseo de tener hijos». Y ellas son más sensibles porque, como señala una de las mujeres a las que conoció la socióloga —sin hijos por decisión propia—, tienen tendencia a «no separar lo que quieren ellas de lo que se les pide».[73] Jeanne Safer dice así haber tomado conciencia un día de que no deseaba hijos: «Deseaba desear hijos».[74] La «libertad de elección» de la que supuestamente gozamos es, por tanto, prácticamente ilusoria.

De ese contexto cultural se deriva una total ausencia de apoyo para las que se abstienen. «No sé hasta qué punto puedes no desear tener hijos de una manera serena», dice a Charlotte Debest una de las mujeres a la que entrevista.[75] Esta frágil, incluso inexistente, legitimidad, las empuja a preguntarse, cuando algo se tuerce en su vida, si la causa de su infortunio no se encuentra en la ausencia de hijos. Yo misma me doy cuenta de que, cuando me golpeo los dedos de los pies contra un mueble (y apenas exagero), tengo el reflejo de suponer que es el castigo que al fin llega. Más o menos conscientemente, siempre estoy *esperando el castigo* por haberme permitido vivir la vida que yo quería. Una madre, en cambio, sea cual sea el aprieto en el que se encuentre, raramente le llevará a preguntarse si su decisión de tener hijos ha tenido algo que ver. Lo atestigua esta anécdota que relata Chantal Thomas: «Una mujer se me acerca, solo para contarme que por culpa de las intrigas de una nuera avara la han echado de su propia casa, en Bretaña. Al constatar que su historia me deja indiferente, me ataca: "¿Y usted? ¿Está usted contenta con sus hijos? ¿Se entiende bien con ellos?" "No tengo hijos". (Silencio, larga mirada.) "Eso debe de ser algo terrible", me dice, y me da la espalda».[76]

Con quince años, aun cuando estaba ya segura de no querer ser madre, me hizo dudar un poco la película de Woody Allen *Otra mujer*, en la que la protagonista, interpretada por Gena Rowlands, es una profesora de filosofía de cincuenta y tantos años. Al final de la película, se derrumba sollozando: «¡Creo que habría querido tener hijos!». He necesitado cierto tiempo para comprender que esta escena no era el reflejo de una realidad objetiva e implacable, y que seguramente Woody Allen no era una referencia feminista.[77] Queda por decir que, ante las mujeres que deciden no tener hijos, se esgrime siempre esta amenaza: «¡Un día te arrepentirás!». Con esto se evidencia un razonamiento muy extraño. ¿Puede uno obligarse a sí mismo a hacer algo que no siente el menor deseo de hacer, solo para prevenir un hipotético arrepentimiento en un futuro lejano? Este argumento lleva a las personas involucradas precisamente a la lógica de la que muchas de ellas intentan escapar, esa lógica de prevención a la que incita la presencia de un hijo y que puede devorar el presente con la esperanza de asegurar el porvenir: pedir un crédito, matarse a trabajar, cuidar el patrimonio que se le legará, el modo en que se pagarán sus estudios...

Sea como sea, y que no moleste a Woody Allen, parece que la decisión de no tener hijos no provoca ni mucho menos, a largo plazo, la aflicción prometida. Geneviève Serre tuvo que reconocer, a pesar de sus prejuicios, que las mujeres a las que había conocido no sentían «ni nostalgia, ni arrepentimiento».[78] Pierre Panel, cirujano ginecológico, constata, en las pacientes que se han sometido a una esterilización, una tasa de arrepentimiento «ínfima»: «Los remordimientos se muestran esencialmente en las pacientes que han sufrido —y digo bien, *sufrido*— una ligadura de trompas antes de la legalización,[79] es decir, en un contexto en el que había sido más bien el médico quien lo había decidido que la mujer misma.[80] Cuando se manifiesta, el arrepentimiento puede ser auténtico, claro está. Pero algunos investigadores han planteado también la hipótesis de un remordimiento *forzado:* «Para ser claros, las mujeres sienten que les falta algo o se sienten menospreciadas al hacerse mayores, porque a las mujeres les dicen durante toda su vida que una mujer no está completa hasta que no ha tenido hijos», resume Lucie Joubert, y añade: «Cambiemos el mensaje, y quizá veremos cómo se desvanece el espectro del arrepentimiento».[81] Que la sociedad valide la libertad de las mujeres para ser lo que ellas quieran: ¿y luego, qué más? «No tengo ganas de que me pidan que me case, que tenga hijos, que trabaje, y esto y lo otro. Simplemente quiero ser una persona», espeta Linda, treinta y siete años.[82]

El último secreto

Está el arrepentimiento que existe poco, o incluso es inexistente, y del que, sin embargo, se habla profusamente; y luego está el arrepentimiento que parece existir de verdad, pero del que está prohibido hablar: el que provoca a veces la maternidad. Se pueden explicar todos los horrores que se quiera sobre el hecho de tener hijos, pero a condición de no olvidar jamás concluir que, a pesar de todo, nos hace muy felices. Es precisamente esa regla la que infringió estrepitosamente Corinne Maier en *No kid*: «Si no tuviera hijos, estaría dando la vuelta al mundo con el dinero que he ganado con mis libros. En lugar de eso, estoy en arresto domiciliario, sirviendo comidas, obligada a levantarme a las siete de la mañana todos los días de la semana, a hacer que me reciten lecciones estupidísimas y de poner lavadoras. Todo eso para unos niños que me toman por su criada. Algunos días, me arrepiento, y me atrevo a decirlo». O después: «¿Quién sabe cómo sería mi vida si no tuviera hijos, si estuviera menos liada con la intendencia, la compra y las comidas? Confieso que no espero más que una cosa: que mis hijos acaben el bachillerato para poder dedicar por fin más tiempo a mis pequeñas actividades creativas. Tendré entonces cincuenta años. Más tarde, cuando sea mayor, empezará la vida para mí».[83] La transgresión de ese tabú ha desencadenado la condena de Michèle Fitoussi: «Esas ganas de hacer desaparecer una prole que nos cansa y nos fastidia la vida, ¿quién de entre nosotras no la ha sentido nunca? En *Elle*, las plumas más cáusticas han escrito páginas enteras al respecto, pero con la gracia y el talento necesarios para dorar la píldora».[84] «Gracia» y «talento» son aquí seudónimos de «moderación» y «conformismo». El desahogo solo se autoriza cuando se pone al servicio de una reafirmación de la norma. No obstante, Maier no ha sido la única en haberse atrevido a disentir. «Me he hecho un hijo sin quererlo»,[85] afirmaba en 2011 la actriz Anémone. Se había resignado a llevar a término un embarazo después de haberse sometido a tres abortos, dos de ellos en malas condiciones. Explicaba que, siendo sus dos mayores necesidades la soledad y la libertad, habría sido «mucho más feliz» si no hubiera tenido hijos (tuvo dos). «Hay que contar veinte años —dice—. Después del rollizo bebé, viene el niño que se hace grande y al que hay que matricular y llevar a cursos de toda clase de cosas. Es agotador, la vida pasa y ya no es la tuya.[86] También la periodista Françoise Giroud decía de su hijo: «Desde el día en que nació, camino con una piedra colgada del cuello».[87]

«A esa mujer deberían sacarla a rastras a la calle, deberían arrancarle los dientes con un martillo, y después deberían poner en fila a todos los niños del pueblo e invitarlos a cortarle un pedazo del cuerpo con un cuchillo. Luego deberían quemarla viva.» Este es uno de los ataques anónimos que dirigieron en un foro de discusión alemán a la socióloga israelí Orna Donath, autora de una investigación que daba la palabra a las mujeres que lamentaban haber sido madres.[88] Muchos se escandalizaron del enfoque de Corinne Maier, que sometió a sus hijos, sin excesivas precauciones, a la revelación pública de su arrepentimiento por haberlos traído al mundo y del peso que representaban para ella; las madres que daban su testimonio en el estudio de Orna Donath, en cambio, son todas anónimas sin que la hostilidad suscitada sea menor, como se ha visto. Si bien las reacciones no han sido siempre tan violentas, desde todos lados se han esforzado por negar los resultados de su investigación. En la radio francesa, una participante declaraba por ejemplo que los sentimientos de las mujeres entrevistadas se explicaban seguramente por la situación de guerra en la que vive su país; sin embargo, la ocupación de Palestina y sus repercusiones sobre la sociedad israelí no se mencionan jamás entre los motivos del arrepentimiento. Otros suponían que Donath había entrevistado a madres de niños pequeños que, pasados los años y echando la vista atrás, tendrían sentimientos más positivos; sin embargo, algunas ya eran abuelas. En las redes sociales alemanas, en las que este estudio provocó un sinfín de debates en 2016 bajo el *hashtag* #RegrettingMotherhood, una madre de dos adolescentes reconvenía a las participantes del estudio: «Es muy triste que esas mujeres no consigan enriquecerse por el contacto con sus hijos, que no aprendan a evolucionar, a descubrir sentimientos muy profundos con ellos, a ser capaces de ver el mundo con ojos nuevos, a seguir apreciando las pequeñas cosas de la vida, a redefinir lo que son el respeto, la atención y el amor, pero también a ser capaces de vivir una gran alegría. De hecho, se trata de dejar a un lado su egoísmo y mostrar humildad». Concluía con estas palabras: «¡EL AMOR NO SE DISCUTE!».[89] ¿En qué momento, exactamente, el «amor» se ha convertido en una mordaza sobre la boca de las mujeres? ¿El amor no se merece algo mejor? ¿No merecen las mujeres algo mejor?

«La sociedad no tolera más que una respuesta de las madres a la cuestión de la maternidad: "Me encanta"», resume Orna Donath. Sin embargo, el arrepentimiento existe; y como todos los secretos, cuando no se cuenta, supura o estalla en los momentos de crisis o de conflicto. Parece ilusorio creer que los hijos no lo sienten, no lo adivinan. Numerosos escritores estadounidenses —hombres y mujeres, homosexuales y heterosexuales—, que han manifestado su negativa a procrear en la obra colectiva *Selfish, Shallow, and Self-Absorbed,* cuentan no haber podido creerse jamás las representaciones idealizadas de la familia, porque ellos habían sido testigos de la frustración y de la amargura de sus propios padres, y en particular de la madre. «A través del ejemplo de mi madre, aprendí que no existían garantías en la maternidad», dice Danielle Henderson.[90] Michelle Huneven cuenta que la suya, que «claramente deseaba tener hijos», se había sentido desamparada en su presencia. Cualquier nimiedad basta para encolerizarla: «Una niñería, un libro mal colocado». Cuando Michelle es adolescente, su madre irrumpe en su cuarto cada dos por tres para acusarla de una fechoría u otra. Un día, su madre está indispuesta a causa de su diabetes; hecha un ovillo sobre la cama, con su marido al lado, ve a sus dos hijas en el umbral de la puerta y exclama: «¿Quiénes son esas malditas niñas? ¡Hazlas desaparecer! ¡No quiero hijas! ¡Líbrate de ellas!». Michelle, que entonces tenía doce años, dice haber sentido una especie de alivio: «Por fin se había dicho lo que yo sospechaba desde hacía tiempo».[91] Dar a ese sentimiento un marco en el que pueda explicarse permitiría quizá dominarlo, canalizarlo, y atenuar en la medida de lo posible el dolor que puede causar. Las mujeres afectadas podrían confiarse a una persona allegada, o incluso abrirse a los hijos en el momento oportuno. Decir a un hijo, en el transcurso de una tranquila conversación:

«¿Sabes? Te adoro, me alegro muchísimo de que existas, pero no estoy segura de que estuviera hecha para esta tarea», no es en absoluto lo mismo que soltarle a gritos que te impide vivir y que desearías que no hubiera nacido. Podría incluso disipar en el hijo el miedo a que el origen de ese arrepentimiento que notaba vagamente estuviera en alguna deficiencia suya; el miedo a haber supuesto una decepción, a no haber estado a la altura de las expectativas maternas.

La propia Orna Donath no quiere ser madre, y le repiten sin cesar que acabará arrepintiéndose. «El arrepentimiento se utiliza como una amenaza para obligar a las recalcitrantes a la maternidad, incluso cuando el aborto no supone un problema», analiza. Asombrándose de que nadie parezca contemplar que, a la inversa, una mujer pueda arrepentirse de haber traído al mundo uno o dos hijos, decidió investigar sobre el tema. Su propia posición creó un vínculo de empatía y de comprensión mutua con las mujeres que respondieron a su anuncio: la aspiración compartida a «no ser la madre de nadie» las acercó. De igual manera, observa, las mujeres que no pueden tener hijos pero los desean tendrán sin duda una mayor afinidad con las madres felices de serlo que con las mujeres que han decidido no tener hijos. Esto la lleva a señalar que nuestro estatus familiar no dice necesariamente gran cosa sobre nuestra identidad esencial. De manera general, rechaza contraponer las madres a las que no lo son: la edición estadounidense de su libro se inicia con un homenaje a su abuela recientemente fallecida, Noga Donath, a quien le había encantado ser madre y con la que había mantenido largas conversaciones, cada una escuchando a la otra con curiosidad y benevolencia, intentando comprenderla, deseándole la felicidad y alegrándose de sus logros. También Adrienne Rich escribía: «Contraponer la "mujer sin hijos" a la "madre" señala un falso antagonismo, que ha beneficiado a las instituciones de la maternidad y a las de la heterosexualidad. Se otorga a esas categorías una simplicidad mayor de la que en realidad tienen».[92]

El objeto de estudio de Donath es claramente el arrepentimiento, y no la simple ambivalencia. Las mujeres a las que entrevista dicen que, si pudieran volver atrás, no lo harían. Aunque se suponía que la maternidad te hace pasar de «defectuosa» a «completa», a ellas les pasó lo contrario. «Si apareciera un duendecillo y me preguntara si querría que los hiciera desaparecer, que hiciera como si no hubiera ocurrido nada jamás, respondería que sí sin dudarlo», dice Sophia, que tiene dos niños pequeños. «Simplemente es una carga insoportable para mí», afirma Sky, madre de tres adolescentes. Todas aman a sus hijos; lo que no aman es la experiencia de la maternidad, lo que hace de ellas y de su vida. «No querría que no existieran. Solo querría no ser madre», resume Charlotte. «Soy una madre excelente, de eso no hay ninguna duda», precisa Sophia. «Soy una madre para quien sus hijos son importantes; los amo, les leo cuentos, pido consejo a profesionales, hago todo lo posible para darles una buena educación y mucho calor y amor. Pero detesto ser madre. Detesto ser madre. Detesto ser la que pone los límites, la que ha de castigar. Odio la falta de libertad, de espontaneidad.» Anémone hace la misma distinción: «Cuando los tengo delante de mí, no puedo mirarlos y decirme que me arrepiento de haberlos tenido, eso no tiene sentido, pero me arrepiento de haber sido madre».[93] Tirtza, cuyos hijos treintañeros ya son padres a su vez, comprendió su error desde que nació su primer hijo: «Enseguida entendí que aquello no era para mí. Y no solo que no era para mí, sino que era la peor pesadilla de mi vida». Carmel, madre de dos adolescentes, vivió una experiencia similar: «Aquel día, empecé a comprender lo que había hecho. Fue algo que se intensificó con los años». Ante tales testimonios, Donath concluyó que, si bien algunas mujeres sufren de depresión posparto sin que ello afecte a su deseo profundo de ser madres, ni perjudique su felicidad futura, en otras, el nacimiento de un hijo es el momento de una conmoción tal que no admite una reconciliación posterior. Aboga por que se reconozca y por que se les permita hablar de lo que experimentan.

Hay quien pone en entredicho el condicionamiento recibido, las verdades generalmente admitidas sobre el hecho de tener hijos: «Cuando se dice "Nada vale más que la sonrisa de un hijo", no es más que un embuste. No es verdad en absoluto», suelta Sunny, madre de cuatro hijos. Pero, entre las escasas ventajas que le ven a la maternidad, está el hecho de sentirse integradas, de cumplir las expectativas sociales. Tienen el sentimiento de haber «cumplido con su deber», como dice Debra; al menos, las dejan en paz. Brenda, que tiene tres hijos, recuerda su felicidad después de cada nacimiento: «La proximidad y la intimidad con el bebé, el sentimiento de pertenencia, el orgullo: has realizado un sueño. Es el sueño de otro, pero da igual, lo has realizado tú». Muchas confiesan que si han tenido varios hijos, aunque habían comprendido desde el primero que no estaban hechas para ser madres, se debía a la presión social. Rose, que tiene dos hijos, dice que no lo habría hecho si hubiera sabido a qué atenerse, y si hubiera tenido «un entorno capaz de apoyar[la] y de aceptar ese tipo de decisión». Tenemos aquí lo opuesto exactamente a la situación descrita por Géraldine, la joven entrevistada por Charlotte Debest que juzgaba poco menos que imposible «no desear tener hijos de una manera serena».[94] De un lado, una elección alienada, dolorosa, pero (algo) suavizada por la aprobación social del entorno; del otro, una elección tomada en consonancia con una misma, que podría vivirse satisfactoriamente, pero socavada por la reprobación más o menos difusa del entorno. «Como mujer que ha elegido no tener hijos, por lo general solo he tenido un problema: los demás adultos», dice asimismo Danielle Henderson.[95]

En resumen, tal y como están las cosas, un único tipo de mujer puede vivir con una total tranquilidad de espíritu, aunando la armonía consigo misma y la aprobación de la sociedad: la que tiene uno o más hijos que ha deseado tener, se siente enriquecida por la experiencia y no debe pagar un precio demasiado elevado por ella, bien sea gracias a una holgada situación financiera, o a una profesión que la satisfaga y le conceda tiempo para su vida familiar, o a un compañero o compañera que realice su parte de las tareas educativas y domésticas, o a un entorno —padres, amigos— que la ayuden, o gracias a todo ello a la vez. (No obstante, si se debe a su buena situación financiera, hay muchas probabilidades de que su bienestar descanse en el hecho de que una empleada del hogar o una niñera sacrifiquen el suyo en un empleo mal pagado y poco gratificante.) Todas las demás están condenadas a una forma de tormento más o menos grande, y a envidiarse las unas a las otras, lo que contribuye a dividirlas. Adrienne Rich relata así su conversación con una «erudita brillante» y sin hijos de su generación: «Recuerda sus impresiones en las reuniones y encuentros con esposas de docentes, de las que la mayor parte tenían o querían tener hijos. Le parecía entonces que sus apasionadas investigaciones, el valor reconocido de su trabajo, hacían de ella, la única soltera del grupo, la mujer "estéril" que, entre tantas mujeres que eran madres, había fracasado como ser humano. Yo pregunté: "¿Tiene una idea de la cantidad de mujeres que querrían gozar de su misma independencia, para trabajar, para meditar, para viajar, para poder entrar en una habitación como usted, en calidad de usted misma, y no en calidad de madre de unos niños o esposa de un hombre?"».[96] Para todas es muy difícil no encontrarse, al menos en algunos momentos, deseando sistemáticamente lo que no se tiene, y sintiéndose por tanto muy desorientadas.

A todas las mujeres que prestan su testimonio en el libro de Orna Donath les corroe la culpabilidad y a la vez les alivia que se les dé por fin la oportunidad de hablar. Les aterra la idea de que sus hijos se enteren de lo que han confesado. Maya, embarazada de su tercer hijo, insiste como otras en que es una madre excelente y afirma: «Nadie lo adivinaría [que no le gusta ser madre]. Y si nadie lo adivinaría de mí, entonces es imposible que lo adivinen de quien quiera que sea». Algunas están resueltas a no hablar jamás de sus sentimientos a sus hijos, convencidas de que ellos no podrían entenderlo y que les haría un daño terrible; pero no todas. Así, Rotem se alegra de la publicación de este estudio, pues cree que es importante difundir la idea de que tener hijos no debería ser un paso obligado, precisamente por el bien de las hijas: «Es demasiado tarde para mí, ya tengo dos hijos, pero quiero que al menos mis hijas tengan esa opción».

La investigadora invita a ver en la experiencia de las madres a las que ha entrevistado una señal, no solo de que la sociedad debería hacer la maternidad menos difícil, sino también de que se debería revisar la obligación impuesta a las mujeres de convertirse en madres. El arrepentimiento de algunas de ellas «indica que existen vías que la sociedad les impide tomar, borrando de entrada los caminos alternativos como el de no ser madres». Seguramente no se hundiría el mundo porque abrieran esos caminos vedados. Quizá se evitarían incluso muchos dramas, mucho sufrimiento inútil, mucha vida desperdiciada. Y quizá veríamos desplegarse posibilidades de felicidad insospechadas.

3. LA EMBRIAGUEZ DE LAS CUMBRES. DESMONTAR LA IMAGEN DE LA «VIEJA ARPÍA»

Una noche de verano de hace algunos años, estaba cenando con mi amiga D. en la terraza de un restaurante, donde las mesas estaban muy cerca unas de otras. D. es una especie de virtuosa de la conversación: apasionada, generosa, perspicaz, dotada de una capacidad de escuchar prodigiosa y casi ilimitada. Pero, en el calor de la discusión, y quizá también porque tiene la costumbre de hablar desde una tarima a sus alumnos, tiende a olvidarse de contener la amplitud de su voz, lo que puede ser un pelín embarazoso cuando recapitula, para analizarlos mejor, los últimos acontecimientos de tu vida personal, sometiendo así tus problemas afectivos a la sagacidad de un grupo de desconocidos. Aquella noche, a nuestro lado había una pareja cenando. La mujer aguantó apenas diez minutos antes de estallar:

—¡Señorita, por favor! ¡Esto es insoportable! ¡Ni siquiera oímos lo que decimos!

Mi amiga se deshace inmediatamente en excusas y agacha la cabeza sobre el plato, abochornada. Pero, instantes después, vuelve a levantar hacia mí un rostro radiante. Con los ojos brillantes y tono triunfal, me susurra:

—¡Me ha llamado «señorita»!

Comprendo exactamente lo que quiere decir. Las dos estamos en la primera mitad de la cuarentena, es decir, un período de nuestra vida en el que, en tanto que intelectuales con una situación profesional estable, que no ejercen un trabajo arduo, que disponen de medios para comer sano, cuidarse y hacer deporte, todavía tenemos derecho a unos cuantos «señorita» perdidos en medio de los «señora» que se han convertido en la norma. Yo también me fijo en eso. ¿Cómo no hacerlo? A un hombre lo llaman «señor» desde los dieciocho años hasta que muere; pero, para una mujer, llega indefectiblemente ese momento en el que, con total inocencia, las personas con las que se cruza en su vida cotidiana se alían para hacerle notar que ha dejado de parecer joven.

Recuerdo haberme sentido contrariada e incluso ofendida por los primeros «señora». Me conmocionaron. Necesité un tiempo para convencerme de que no era un insulto y que mi valor no dependía de mi juventud. Por mucho que me burlara de Alix Girod de l'Ain cuando confesó con ingenuidad su apego a los «señorita» de su frutero, me había acostumbrado al valioso privilegio que representa la juventud para una mujer. Sin que me diera cuenta, se había entrelazado profundamente con el sentido de mi propia identidad, y me costaba renunciar a él.

Acometo este capítulo a regañadientes. Una parte de mí no tiene ganas de enfrentarse ya con el tema de la edad: al fin y al cabo, me digo, ni siquiera tengo cuarenta y cinco años. Como señalaba en la década de los ochenta la autora estadounidense Cynthia Rich, «aprendemos muy pronto a enorgullecernos de nuestra distancia —y de nuestra superioridad— con respecto a las mujeres mayores».[1] No es nada fácil desprenderse de este aprendizaje. Paulatinamente voy comprendiendo lo poco que había reflexionado hasta ahora sobre los prejuicios y los miedos que me inspira la vejez. Se dice a menudo que el envejecimiento y la muerte son tabúes en nuestra sociedad; salvo por el hecho de que es solo el envejecimiento de *las mujeres* el que se oculta. Incluso cuando la muy elegante revista anglófona *Sabat*, que trata sobre la brujería contemporánea,[2] consagra un número al arquetipo de la «vieja arpía» («The Crone»), cuyo poder celebra; consigue que en ese número, incluida la portada, figuren básicamente mujeres jóvenes de rostro terso y cuerpo firme; una de ellas es una clásica modelo de la agencia Elite. A través de sus fotografías de moda, la prensa femenina, una semana tras otra, un mes tras otro, invita a sus lectoras a identificarse con modelos de edades comprendidas entre los dieciséis y los veinticinco años, dejando así en la sombra la edad y el aspecto de un buen número de ellas.

Compañera sentimental de Cynthia Rich y autora de textos fundacionales sobre la discriminación por la edad, Barbara Macdonald (1913-2000) explicaba en 1984 como, al envejecer, había tenido que enfrentarse a una nueva forma de invisibilidad: «Había vivido toda mi vida sin que las novelas, las películas, la radio o la televisión me dijeran jamás que existían las lesbianas y que se podía ser feliz siendo lesbiana. Después, nada me decía que las mujeres mayores existieran y que se pudiera ser feliz siendo una mujer mayor».[3] Se sentía especialmente triste y furiosa al ver que los medios feministas no se libraban del silencio ni de los prejuicios, muy al contrario. En las reuniones, constataba siempre que era la de más edad, lo que la llevaba a preguntarse a dónde habían ido a parar todas las demás, todas aquellas con las que había militado en su juventud. En Cambridge, Massachusetts, cuando estaba ya en la sesentena, frecuentaba un café-cine feminista cuyas paredes se adornaban con imágenes de Virginia Woolf, Mary Wollstonecraft, Gertrude Stein o Emma Goldman. Hablando de las otras habituales, todas más jóvenes que ella, escribe: «No tienen sitio en su mente para mí, ni la menor idea de la razón por la que vengo. Y sin embargo, tengo más o menos la edad de la mayor parte de las mujeres que figuran en sus carteles y en las que se inspiran».[4]

Relata asimismo una experiencia humillante. Tiene sesenta

y cinco años, y antes del inicio de una marcha nocturna feminista en Boston, se da cuenta de que una de las organizadoras está hablando con Cynthia Rich (que tiene veinte años menos que ella), y de que aparentemente hablan de ella. La organizadora teme que Barbara no sea capaz de aguantar el ritmo y quiere desplazarla a otra parte de la marcha. Barbara se enfurece. Se siente humillada, porque la joven ha supuesto que no sabía valorar por sí misma sus propias fuerzas y porque no ha sido capaz de dirigirse a ella directamente. Las repetidas disculpas de la apesadumbrada organizadora, que ha comprendido su falta de tacto, no bastan para disipar su malestar. Está desanimada: tras haberse sentido toda su vida, en tanto que mujer, un problema en un mundo de hombres, se siente, en tanto que mujer mayor, un problema en un mundo de mujeres. «Si no puedo sentirme a gusto aquí, entonces, ¿dónde?»[5]

Hace también una observación interesante, cuando comenta una clasificación propuesta en 1979 por *Ms. Magazine*: «Ochenta mujeres a las que seguir durante la década de 1980». Entre ellas, solo seis están en la cincuentena, y una en la sesentena: «La invisibilidad es esto», dice. Incluso para las de cuarenta que se citan, el mensaje es descorazonador: pueden deducir que ellas mismas se volverán invisibles dentro de diez años. Pero aún falta lo peor: la revista ha pedido que realicen esa clasificación a personalidades de mayor edad y lo justifica explicando que «las mujeres prominentes tienen la responsabilidad de promocionar a las demás». Barbara Macdonald, por su parte, detecta en esta lógica un tufo a «sacrificio e invisibilidad maternales».[6] De una manera general, Cynthia Rich y ella abogan por que las feministas se liberen de las referencias y los papeles de la familia patriarcal. Rich observa que, cuando dos mujeres conversan libremente, pueden quedarse súbitamente paralizadas si una de ellas se dice: «Podría ser mi hija», o «Podría ser mi abuela». Incluso la idea de «hermandad» entre mujeres le inspira desconfianza. «Las etiquetas dicen que vamos a seguir siendo buenas sirvientas, a controlarnos a nosotras mismas y a las demás, como hacen siempre las buenas sirvientas. Vamos a encasillarnos mutuamente en nuestro papel. Vamos a negarnos mutuamente el poder subversivo que reside en las posibilidades.» Y, en efecto, recuerdo mi sorpresa y ligera aflicción ante el título indolente de un retrato dedicado recientemente a Gloria Steinem en la prensa francesa:[7] «La abuela resiste». No solamente era inexacto, puesto que Steinem no es la abuela de nadie —y esto subraya que no hay nada previsto en nuestro vocabulario para esa clase de figura—, sino que la reducía a un estereotipo condescendiente del que ella no podría estar más alejada. «Cada vez que vemos [a una mujer mayor] como una "abuela", negamos la valentía de su independencia; invalidamos su libertad —escribe Cynthia Rich—. Le estamos diciendo, en oposición a su propia elección, que su auténtico lugar está en el hogar.»[8]

Siempre demasiado viejas

En 1972, la intelectual estadounidense Susan Sontag dedicó un brillante artículo al «doble rasero» del envejecimiento de los hombres y las mujeres.[9] En él recuerda a una de sus amigas que, el día que cumplía veintiún años, se lamentaba: «La mejor parte de mi vida se ha terminado. ¡Ya no soy joven!». Con treinta años, declaró que esta vez era «realmente el final». Diez años más tarde, explica a Susan (que no había asistido) que su cuadragésimo cumpleaños había sido el peor de su vida, pero que estaba totalmente decidida a aprovechar los pocos años que le quedaban. Y me vuelvo a ver a mí misma, la noche de la fiesta que había organizado para celebrar mis veinte años, incapaz de hablar a mis invitados de otra cosa que no fuera mi angustia por la idea de ser vieja a partir de entonces; realmente el alma de la fiesta; no debieron de lamentarlo cuando se marcharon, los pobres. Ahora me resulta imposible de comprender el estado de ánimo que tenía aquella noche, pero lo recuerdo con total claridad. Estos últimos años, dos grandes figuras que estaban enfrentadas entre sí, Thérèse Clerc, la fundadora de la Maison des Babayagas —una residencia para mayores autogestionada por mujeres— en Montreuil, y la escritora Benoîte Groult (ambas fallecidas en 2016), han hecho emerger la cuestión de la edad en el feminismo francés.[10] Pero es preciso hablar también de ese sentimiento de obsolescencia programada, de pánico a la caducidad que marca toda la existencia de las mujeres y que les es propio: cuesta imaginar a un chico tirado en el suelo, gimiendo que es viejo, en la noche de su vigésimo cumpleaños. «Desde que tengo veintidós años, los periodistas me preguntan: "¿Tiene miedo de envejecer?"», afirma la actriz Penélope Cruz.[11] Barbara Macdonald señalaba en 1986: «El mensaje que reciben las mujeres jóvenes es que es maravilloso ser joven y horrible ser vieja. Pero ¿cómo se puede empezar bien en la vida, si te dicen al mismo tiempo lo terrible que es el fin?».[12]

En gran medida, el pánico a la caducidad de las mujeres se relaciona con su capacidad para tener hijos, claro está. Y, a primera vista, en ese terreno, el miedo parece justificado por los datos biológicos: dificultades mayores para quedarse embarazadas después de los treinta y cinco, riesgos mayores de malformación del bebé después de los cuarenta. Martin Winckler subraya, no obstante, el excesivo alarmismo que mantienen vivo los médicos: «A los treinta y cinco años, ochenta y tres mujeres de cada cien pueden tener un hijo, y con cuarenta, ¡son aún el sesenta y siete por ciento! ¡Eso está lejos del cuadro catastrofista que pintan muchos médicos!».[13] Además, los casos de hombres célebres convertidos en padres a una edad avanzada —como Mick Jagger, que tuvo su octavo hijo en 2016, cuando él tenía setenta y tres años y era ya bisabuelo— crean la ilusión de que, para los hombres, la edad no cuenta. Ahora bien, también su fertilidad decae con el tiempo: se encuentra en su punto álgido entre los 30 y los 34 años, después disminuye poco a poco y, entre los 55 y 59 años, es dos veces más débil. La dificultad para concebir e incluso el riesgo de aborto espontáneo, de anomalías cromosómicas o de enfermedades genéticas del feto aumentan con la edad del padre.[14] Por supuesto, una mujer debe estar también en forma para soportar el embarazo y el parto; pero, después del nacimiento, es mejor que tanto el padre como la madre estén capacitados para cuidar del bebé. No preocuparse más que de la edad de la madre viene a reforzar un modelo en el que la parte extenuante de los cuidados y la educación reposa únicamente sobre ella. (Los últimos hijos de Mick Jagger los crían además sus respectivas madres, de las que él estaba separado ya cuando nacieron. Él se ha contentado con proporcionarles un techo y pasarles una pensión alimenticia acorde con sus medios.)[15] Finalmente, la idea, sin equivalente para los hombres, según la cual no se puede ser una verdadera «mujer» y sentirse realizada si no se es madre engendra una presión suplementaria, que no tiene nada de natural.

Pero la inquietud está también relacionada con el aspecto físico. En cierta medida, el culto a la juventud generalizado afecta a las mujeres y a los hombres, y estos pueden sufrir también los efectos de la edad. Pero la mirada de la sociedad sobre unos y otros es muy distinta. A un hombre no lo descalifican jamás en el plano amoroso y sexual por su edad y, cuando empieza a presentar señales de envejecimiento, no suscita ni las mismas miradas compasivas ni la misma aversión. Nos extasiamos ante el rostro bronceado de Clint Eastwood, de ochenta y siete años de edad en el momento en que escribo. Un estudio ha demostrado que en Hollywood las estrellas femeninas veían aumentar su salario hasta la edad de treinta y cuatro años, y disminuir rápidamente a continuación, mientras que sus compañeros masculinos alcanzaban su salario máximo a la edad de cincuenta y un años y conservaban ingresos estables a partir de entonces.[16] Durante las primarias demócratas para la elección presidencial de 2008 en Estados Unidos, el comentarista conservador Rush Limbaugh declaró, hablando de Hillary Clinton: «¿Realmente este país tiene ganas de ver envejecer a una mujer ante sus ojos día tras día?». En cambio, en el transcurso de los dos mandatos de Barack Obama, el mundo fue testigo enternecido a la vez por el encanecimiento del presidente y por la elegancia con la que lo asumía («Es el efecto que causa la Casa Blanca»). Puede que Rush Limbaugh no se sintiera enternecido, pero al menos jamás habría tenido la idea de convertirlo en un argumento para cargar contra él.

«Los hombres no envejecen mejor que las mujeres; simplemente tienen *permiso* para envejecer.» La llorada Carrie Fisher retuiteó esta reflexión cuando, en 2015, hubo espectadores del nuevo episodio de la saga de *La guerra de las galaxias* que se escandalizaron al constatar que Leia ya no era la morena en biquini intergaláctico de hace cuarenta años (algunos reclamaron incluso que les devolvieran el dinero).[17] A veces nos burlamos de los hombres que se tiñen el pelo: tras la elección de François Hollande, su predecesor Nicolas Sarkozy pregonaba a los cuatro vientos: «¿Conoces tú a algún hombre que se tiña el pelo?» Cinco años más tarde, el antiguo portavoz del presidente «socialista» juraba aún que era falso, a fin de ahorrarle la vergüenza. Pero a nadie le parece ridículo que la mayoría de las mujeres se tiñan. En el transcurso de los últimos seis meses de 2017, en Francia, el 2 por ciento de los hombres de más de cuarenta y cinco años afirmaban haberlo hecho, frente al 63 por ciento de las mujeres.[18] En la época en la que Susan Sontag escribía su artículo, Pablo Picasso, que moriría unos meses más tarde, fue fotografiado en calzoncillos en su estudio, o retozando en traje de baño al lado de su última compañera sentimental, Jacqueline Roque, cuarenta y cinco años menor que él: «No imaginamos a una mujer de noventa años dejándose fotografiar como él al aire libre, en su finca del sur de Francia, vestido únicamente con pantalones cortos y sandalias», comentaba Sontag.[19]

Un engaño

La caducidad de las mujeres se refleja también en la diferencia de edad que se observa en el seno de tantas parejas. En Francia, en 2012, entre los que vivían bajo el mismo techo, el hombre era de mayor edad (aunque fuera solo un año más) en ocho de cada diez casos.[20] En el 19 por ciento de las parejas, el hombre tenía de cinco a nueve años más que la mujer, mientras que la situación inversa no afecta más que al 4 por ciento. Por supuesto, la proporción de parejas en las que la mujer es mayor aumenta con el tiempo: 16 por ciento de las formadas en la década de 2000, contra el 10 por ciento de las formadas en la década de los sesenta. Pero, desde la década de los cincuenta, el número de uniones en las que hay una diferencia de más de diez años casi se ha doblado, pasando del 8 por ciento al 14 por ciento.[21] Algunos admiten sin ambages su gusto por la juventud. Un fotógrafo de cuarenta y tres años, recientemente separado, confiesa por ejemplo: «La idea de comenzar una relación con una mujer de mi edad me bloquea por completo. Una vez, en Tinder, subí el cursor a treinta y nueve años, pero en realidad no lo veía claro.[22] Frédéric Beigbeder, que a la edad de cuarenta y ocho años se casó con una mujer de veinticuatro, afirma que «la diferencia de edad es el secreto de las familias que duran». Dedicó una novela a la relación entre J. D. Salinger y la joven Oona O'Neill, que después se convertiría en esposa de Charlie Chaplin, del que la separaban treinta y seis años. Con setenta y cuatro años, el escritor suizo Roland Jaccard (miembro fundador por cierto de la revista de extrema derecha *Causeur*, firmó conjuntamente con su pareja, Marie Céhère, cincuenta años menor, un relato de cómo se conocieron; él dice haber «observado que las mujeres envejecen en un tiempo récord, y peor que los hombres».[23] Y cuando la revista *Esquire* tuvo una epifanía y decidió homenajear a las «mujeres de cuarenta y dos años», de las que por fin se decreta que no son tan repulsivas, la web Slate replicó con una oda irónica al «hombre de cincuenta y seis años»... es decir, la edad del redactor del artículo de *Esquire*.[24]

El cine contribuye a normalizar este orden de cosas. En 2015, la actriz estadounidense Maggie Gyllenhaal protestó públicamente después de que la hubieran considerado demasiado vieja, con treinta y siete años, para interpretar a la amante de un hombre de cincuenta y cinco.[25] Varios medios de comunicación estadounidenses publicaron gráficos que mostraban la enorme diferencia de edad que aparece rutinariamente en las pantallas, mucho más importante que en la vida real. Veían en ello la señal de que el cine seguía siendo una industria de hombres, que evidenciaba por tanto sus fantasías.[26] El HuffPost procedió de igual manera con el cine francés y publicó asimismo gráficos de lo más elocuentes —en especial para actores como Daniel Auteuil, Thierry Lhermitte o François Cluzet—, aunque las diferencias eran un poco menores que al otro lado del Atlántico. Concluía: «No hemos encontrado ni un solo peso pesado del cine francés actual que hubiera tenido principalmente a mujeres de su edad como parejas en la pantalla».[27] Al presentar la ceremonia de los Globos de Oro en Hollywood en 2014, las humoristas Tina Fey y Amy Poehler resumieron en estos términos la intriga de *Gravity*, película en la que George Clooney y Sandra Bullock interpretaban a dos astronautas: «Esta película explica que George Clooney prefiere quedarse a la deriva en el espacio y morir antes que pasar un solo minuto más encerrado con una mujer de su misma edad».

Cuando, en muy raras ocasiones, una mujer tiene un compañero más joven que ella, la diferencia de edad, lejos de aceptarse con normalidad, se subraya y comenta profusamente. A ella la califican de *cougar*, en inglés, término del que no existe equivalente para los hombres. Un amigo me cuenta que, en la escuela de Primaria de su hija, una alumna enamorada de un niño de una clase inferior ha recibido esa etiqueta... En 2017, el mundo político ofreció una ilustración perfecta de la diferencia de trato. Con veinticuatro años más que su marido, Brigitte Macron ha sido el blanco de incesantes «bromas» y comentarios sexistas. En *Charlie Hebdo* (10 de mayo de 2017), un dibujo de Riss bajo el título de «¡Va a hacer milagros!», mostraba al flamante presidente de la República señalando orgullosamente el vientre redondo de su esposa: de nuevo y como siempre, una forma de reducir a las mujeres a su utilidad procreadora y de estigmatizar a las menopáusicas. Inversamente, Donald Trump ha sido objeto de innumerables burlas que trataban (legítimamente) sobre casi todos los aspectos de su persona, pero jamás sobre los veintitrés años que lo separan de su esposa Melania.[28]

Los libros de mujeres que recientemente han abordado el tema arrojan una cruda luz sobre el grado de misoginia y la violencia de las relaciones de fuerza que pueden darse en las parejas. La protagonista de la deprimente novela de Camille Laurens *Celle que vous croyez*, que se acerca a la cincuentena, se inventa en Facebook la identidad de una seductora soltera de veinticuatro años. El editor la presenta como la historia de una mujer «que no quiere renunciar al deseo».[29] No sé qué supuesto me alucina más: el de que, con cuarenta y ocho años, deberíamos evitar abochornar a todo el mundo al fingir que tenemos todavía una vida amorosa, o el de que «no renunciar» implicaría reducir la edad a la mitad. Sea como sea, creo que el auténtico tema de la novela es el nivel de abyección de sus protagonistas masculinos, todos odiosos. La geógrafa Sylvie Brunel publicó un libro basado en su propia historia:[30] En 2009, cuando dirigía el tristemente famoso «ministerio de Inmigración e Identidad nacional», su marido, Éric Besson, con el que tiene tres hijos, la dejó tras veintiséis años de matrimonio por una estudiante de veintitrés. Recuerda a todas las mujeres igualmente «repudiadas» de su entorno, como Agnès, a quien su marido espetó, cuando ella tenía cuarenta y cinco años, que no era más que una «vaca gorda», antes de hacer todo lo necesario para expulsarla de su casa y poder rehacer su vida con otra, veinte años más joven.

Sylvie Brunel se pregunta si la liberación de las mujeres no ha sido sobre todo la de los hombres: antes de la generalización del divorcio, señala, tenían amantes sin dejar a la esposa, lo que al menos garantizaba a esta una cierta seguridad material. Su exmarido, que tenía prisa por ser libre, le dejó la totalidad de sus bienes, pero ella constata que, para muchas otras, la separación implica un empobrecimiento brutal: «Conozco a un número increíble de mujeres a las que, no solamente han abandonado, sino que deben afrontar la mala fe de un marido avaro, egoísta, pendenciero, que finge ser insolvente y se niega incluso a atender a las necesidades más elementales de sus hijos», hijos que evidentemente quedan bajo su custodia. En general, esas esposas habían asumido la parte esencial de las tareas domésticas y educativas, pero también habían descuidado o sacrificado su carrera. Sylvie Brunel relata que Besson jamás había sabido cómo funcionaba la lavadora y que, cuando lo eligieron para el gobierno municipal, los ciudadanos la paraban en la calle *a ella* para confiarle sus problemas con esta magnífica fórmula: «Como sé que su marido está muy ocupado...». La película de Blandine Lenoir *50 primaveras* (2016), muestra la misma situación, pero en un medio menos burgués. Agnès Jaoui interpreta a una mujer de cincuenta años, madre de dos hijos, que durante mucho tiempo ha llevado la contabilidad de la pequeña empresa de su marido. No queda ningún rastro de sus años de actividad —ninguna cotización en la Seguridad Social en particular—, porque su marido, que la ha dejado para fundar otra familia, jamás consideró útil pagarle una nómina. Cuando llama a la puerta del restaurante en el que había trabajado como camarera, se encuentra en una soledad y una precariedad totales. La separación se convierte en ese momento de la verdad en el que se pone al descubierto el desequilibrio que reinaba en el seno de la pareja, y en el que el ganador arrambla con todo. En Francia, el 34,9 por ciento de las familias monoparentales, es decir, dos millones de personas, viven por debajo del umbral de la pobreza, frente al 11,8 por ciento de las parejas. En el 82 por ciento de los casos se trata de mujeres solas con hijos.[31]

La psicología evolucionista, siempre pronta a justificar las desigualdades por la genética, dejando a un lado la influencia de la cultura por completo,[32] explicará que los hombres están programados para diseminar sus genes entre el máximo de especímenes femeninos jóvenes, es decir, los que presentan todos los signos exteriores de fecundidad, y que deshacerse de los especímenes en estado de premenopausia no es más que un efecto colateral de las exigencias de la perpetuación de la especie, un efecto muy triste, pero al que es necesario resignarse. Sin embargo, la existencia de un solo hombre que ame y desee a una compañera menopáusica —y huelga decir que hay muchos— basta para invalidar esa teoría, a menos que se pretenda detectar en él un defecto genético. Más bien vemos en esta situación la persistencia de un orden patriarcal antiguo. En Francia, hasta 2006, la edad legal para casarse eran los dieciocho años para los chicos, pero los quince para las chicas.[33] Para el sociólogo Éric Macé, la diferencia de edad en las parejas actuales representa la huella de la época «en la que la definición social de las mujeres se hacía a través de la vida conyugal reproductiva»; en la que el hombre, al envejecer, «aumentaba su poder económico y social», mientras que la mujer «perdía su capital corporal: su belleza y su fecundidad».[34] Al parecer ese orden de cosas no se ha dejado atrás. En teoría, las mujeres son ahora libres de ganarse la vida y de acumular también ellas poder económico y social, pero a menudo se lo impide el hecho de que la carga de los hijos recae sobre ellas, es decir, por el hecho de que se las sigue definiendo a través de la «vida conyugal reproductiva». Ahora, la posibilidad de divorciarse con facilidad, aunque evidentemente siga siendo algo bueno, permite a sus parejas abandonarlas en la edad madura por una mujer con el «capital corporal» intacto.

Al estudiar el uso del criterio de la edad en la web de citas Meetic, otra socióloga, Marie Bergström, constató que, a partir de los cuarenta años, tras una separación, los usuarios que buscaban mujeres más jóvenes exclusivamente iban en aumento. Ella lo explica por el hecho de que en general es la exmujer quien tiene la custodia de los hijos, y que su educación recae principalmente sobre ellas. Un hombre de cuarenta y cuatro años, divorciado, cuenta por ejemplo que, al conocerse, su nueva pareja se había preocupado al principio porque él vivía muy lejos. Él le aseguró que eso no sería un problema, porque «nada lo retenía» en la ciudad en la que vivía, aunque era padre de dos hijos adolescentes. «Por amor, habría podido atravesar incluso océanos», dijo... «La separación vuelve jóvenes de nuevo a los hombres —concluye la investigadora—. Solteros y sin hijos a su cargo, están listos para un nuevo inicio y piden mujeres que, "igualmente" jóvenes, sean susceptibles de compartir sus ambiciones.» Un hecho interesante es que este sentimiento de juventud se encuentra también en las mujeres solteras sin hijos, como esa escritora de cuarenta y nueve años que, deseosa de encontrar una nueva pareja, fijó como edad mínima treinta y cinco años, y como edad máxima cincuenta: «Pero no lo tenía muy claro. ¡Miraba las fotos de los hombres de cincuenta y parecían tan viejos!».[35]

La desigualdad entre los sexos vinculada a la edad es a la vez una de las más fáciles de comprobar y una de las más difíciles de refutar. No se puede obligar a la gente a que los signos del envejecimiento les parezcan atractivos, me diréis. En la época en la que Sophie Fontanel tenía como testigos del lento encanecimiento de sus cabellos a sus suscriptores en Instagram, me quedé perpleja ante un comentario que decía: «No nos engañemos: queda horrendo». (Fontanel tiene la inteligencia de considerar que los comentarios agresivos dicen más de quienes los profieren, de su odio hacia sí mismos, que de ella.) Llegados a este punto, ¿cómo no darse cuenta del condicionamiento, de los prejuicios, de la larga historia de representaciones que determinan nuestra mirada y forjan nuestra concepción de lo que es bello o feo? La gente anónima que acosa a las feministas en Twitter les dicen a menudo que son «feas»: «Todas las insumisas son feas», interpreta David Le Breton.[36]

Y la filósofa estadounidense Mary Daly observaba que la «belleza de las mujeres creativas y fuertes» era «"fea" según los criterios de belleza misóginos».[37] Envejecer, es decir, perder su fecundidad, su seducción —al menos según los criterios dominantes— y su papel de suministradora de cuidados para un marido o unos hijos, es ser una insumisa, a pesar suyo incluso. Es despertar el miedo que suscita siempre una mujer cuando «no existe solo para crear otros seres y cuidar de ellos, sino también para crearse a sí misma y cuidar de sí misma», como escribe Cynthia Rich. El cuerpo femenino envejeciendo actúa como «recordatorio del hecho de que las mujeres tienen un "ellas mismas" que no existe más que para los demás».[38] En esas condiciones, ¿cómo no iba a pasar por feo?

El mismo problema se plantea con respecto a la diferencia de edad en las parejas y las mujeres abandonadas cuando alcanzan la mitad o el final de la cuarentena. La opinión generalmente admitida es que se trata de una especie de fatalidad. La banalidad de este escenario contribuye a que sea aceptado. «Mi marido se fue con una más joven. Ja, ja», espeta con amargura Erica, la protagonista de la película de Paul Mazursky *Una mujer descasada* (1978). De todas formas, no vamos a prohibir a los hombres que dejen a una mujer a la que ya no aman, ni tolerar que las feministas agraven más su caso pretendiendo mezclarse en las elecciones amorosas de las personas. Al fin y al cabo, como dijo Woody Allen a propósito de su relación con Soon-Yi Previn, hija adoptiva de su expareja Mia Farrow y treinta y cinco años más joven que él, «el corazón tiene sus razones».[39] Además —hablando más en serio—, la diferencia de edad a favor de los hombres en las parejas está tan profundamente enraizada en las costumbres, que abarca situaciones muy diversas. Incluso cuando la diferencia es muy grande, no se puede excluir la posibilidad de que algunas de esas parejas existan simplemente porque la sociedad lo permite, sin que la edad de cada miembro de la pareja sea determinante en la atracción que ejerce sobre el otro. Imposible pretender que todos los hombres involucrados son cabrones dominantes y todas las mujeres idiotas sumisas u oportunistas; eso implicaría además que debería enfadarme con cerca del 80 por ciento de mi entorno, cuando no conmigo misma, y no quiero hacerlo. No es por ello menos cierto que ese patrón debe ser analizado.

¿Una imagen fija imperecedera?

La serie estadounidense *Broad City* trata sobre las aventuras en Nueva York de dos jóvenes sin blanca, Ilana y Abbi. Al principio de un episodio emitido en octubre de 2017,[40] Ilana descubre la primera cana de Abbi y proclama su envidia: «¡Te estás convirtiendo en bruja! ¡Una bruja elegante y poderosa! ¡Eres mágica!». Abbi no comparte este entusiasmo. Ese mismo día Abbi se encuentra efectivamente con una bruja, como si disfrutara de un nuevo estatus, pero también se cruza con su exnovio, que se pasea con su pareja y el hijo de ambos. Deprimida, se derrumba y se va a ver a una dermatóloga para que le inyecte bótox. (Durante ese tiempo, Ilana se va a consultar a una gran sacerdotisa del sexo, porque no logra llegar al orgasmo desde la elección de Trump.) La dermatóloga tiene cincuenta y un años, pero aparenta veinte menos: «Parecer joven es el segundo trabajo a tiempo completo de muchas mujeres. El trabajo en el que se pierde dinero», dice, alborozada. Asustada por las imágenes del «antes y el después» algo radicales que adornan su consulta, Abbi empieza a lamentar haber ido allí. Antes de huir, declara: «Me parece usted espléndida, y estoy segura de que lo sería igualmente sin todo eso a lo que se somete». Al oír estas palabras, la dermatóloga se troncha de risa, antes de interrumpirse, consternada: «¡Oh, no! Me he reído...», y de palparse la piel del rostro con inquietud. (El episodio termina con un gran aquelarre en el corazón de Central Park, donde se encuentran Ilana, la sacerdotisa del sexo y otras brujas. Abbi lleva a la dermatóloga.)

Para intentar ahorrarse el triste destino de la compañera abandonada y humillada, y más ampliamente el oprobio ligado a la edad, las mujeres que tienen los medios necesarios se afanan efectivamente en mantener su aspecto lo menos cambiado posible. Se someten a ese desafío absurdo: pretender que el tiempo se detenga, y parecer por tanto lo que nuestra sociedad considera la única forma aceptable para una mujer de más de treinta años: una joven embalsamada en vida. La mayor ambición que se puede albergar es la de «conservarse bien». La presión ejercida sobre las celebridades obviamente es especialmente fuerte. Con más se sesenta años, Inès de la Fressange conserva el cuerpo esbelto, el rostro terso y la melena de cabellos castaños de la época en la que desfilaba para Chanel, hace cuarenta años. Seguramente, las supermodelos de la década de los noventa consagran toda su existencia (y buena parte de su fortuna) a conseguir que, en cada una de sus apariciones, el mundo exclame: «¡Vaya! ¡Está igual!». Ese era el sentido asumido por el desfile de Versace de septiembre de 2017, que reunió a Carla Bruni, Claudia Schiffer, Naomi Campbell, Cindy Crawford y Helena Christensen, ataviadas todas con el mismo vestido dorado hiperceñido que resaltaba su silueta siempre esbelta y sus piernas siempre bien contorneadas. Donatella Versace explicó que se había inspirado en una campaña de 1994 en la que Cindy Crawford posó con otras modelos de la época embutida en el mismo vestido. En las redes sociales, algunos vieron en aquel desfile un regreso de las «verdaderas mujeres». Sophie Fontanel comentó: «En el fondo, resulta gracioso que consideren "verdaderas" a mujeres que casi en su totalidad ha remodelado la medicina estética. Lo digo sin maldad, porque cada cual hace lo que quiere y puede. Es solo que, con esa imagen viral, nos ofrecen una visión cómica de la mujer, una mujer que habría cambiado lo menos posible en veinticinco años, sin arrugas, sin nada fofo, sin canas, como si realmente estuviera prohibido cambiar». Y concluía: «La representación de la mujer de cincuenta años, de su belleza, de su libertad, sigue siendo una tierra inexplorada».[41]

En las antípodas de esta lógica, el fotógrafo estadounidense Nicholas Nixon realiza cada año desde 1975 un retrato de grupo en blanco y negro de su esposa, Bebe Brown, y de tres de sus hermanas, Heather, Mimi y Laurie. Documenta así, de forma serena, su envejecimiento, mostrándolo como un objeto de interés y de emoción, dejando imaginar el estado interior de cada una, la relación que tenían unas con otras, los acontecimientos por los que han pasado. «Nos bombardean cada día con imágenes de mujeres, pero las representaciones de mujeres que envejecen de manera visible siguen siendo demasiado raras —señala la periodista Isabel Flower—. Más extraño aún, las mujeres de las que sabemos perfectamente que han envejecido, se nos muestran suspendidas en una juventud quimérica, lindando con lo biónico. Nicholas Nixon se interesa por esas mujeres como objeto de estudio y no solamente como imágenes. Lo que él quiere es mostrar el paso del tiempo, y no desafiarlo. Año tras año, sus fotografías de las hermanas Brown vienen a marcar el ritmo de avance de nuestra propia vida.»[42]

Un hecho notable: la revista estadounidense *Allure* anunció en 2017 que desterraría de sus páginas el calificativo «antiedad», utilizado a propósito de tratamientos o de cosméticos: «Si hay un hecho inevitable en la vida es que envejecemos —escribía su redactora jefe, Michelle Lee—. Cada minuto. Cada segundo. Y envejecer es una cosa maravillosa, pues significa que cada día tenemos la posibilidad de vivir una vida plena y feliz. [...] Las palabras son importantes. Cuando hablan de una mujer de más de cuarenta años, las personas tienden a decir: "Está estupenda... para su edad". La próxima vez que se sorprenda queriendo pronunciar esta fórmula, contemple la posibilidad de decir simplemente: "Está estupenda". [...] No se trata de fingir que todo es formidable en el hecho de envejecer; pero deberíamos dejar de considerar la vida como una colina por cuya pendiente se desciende en caída libre a partir de los treinta y cinco años».[43] ¿Una colección de lugares comunes? Quizá, pero ocurre que esos lugares comunes se convierten en un asunto de vida o muerte. En Suiza, en 2016, la asociación de asistencia al suicidio Exit ayudó a morir a una octogenaria que no sufría ninguna enfermedad incurable, lo que dio pie a una investigación. Su médico explicó que aquella vieja dama, «extremadamente coqueta», «no soportaba envejecer».[44] Tras confirmarse que la señora estaba completamente lúcida, el caso se archivó. Pero ¿veríamos a un hombre pidiendo morir por la misma razón?

En *Une apparition*, Sophie Fontanel enuncia su filosofía: «Las mujeres no están condenadas a permanecer tal como eran en su juventud. Tienen el derecho a enriquecerse con otro aspecto, con otra belleza».[45] (Precisa: «No digo que sea un deber, y cada cual hace lo que mejor le parece». De igual manera, yo me esfuerzo aquí por poner de manifiesto lo que la sociedad espera de nosotras y lo que nos prohíbe ser, sin pretender por ello que sería necesario llevar la contraria de manera sistemática. Ser una mujer no tiene nada de sencillo y cada una de nosotras ejerce su criterio —siempre susceptible de evolucionar, en un sentido u otro— como puede y como desea.) Ni siquiera una feminista irreprochable, valiente, como Benoîte Groult consideraba que la belleza y la juventud pudieran ser dos cosas distintas: «El cuidado de la belleza no es en sí mismo antifeminista», argumentaba para explicar su *lifting*;[46] y teniendo en cuenta lo que contaba sobre la dureza del destino reservado a las mujeres que envejecían en su medio ambiente, nadie puede reprochárselo. Sophie Fontanel, en cambio, reivindica esa distinción: «No busco la juventud, busco la belleza», escribe.[47] Por mi parte, cuando vuelvo a ver mis fotos de cuando tenía veinticinco años, al principio siento una punzada de nostalgia ante mi piel de bebé y mis cabellos totalmente castaños. Pero, pensándolo bien, me prefiero con mis mechas blancas. Me encuentro menos banal. Dejando a un lado la mirada de los demás, a veces perpleja o de desaprobación, me gusta la idea de permitir que mis cabellos se transformen lentamente, que desarrollen sus matices y sus reflejos, con la suavidad y la luminosidad que eso les confiere. La idea de ocultar ese rasgo distintivo con un tinte estandarizado me deprime. Y además, me gusta la impresión de dejarme llevar confiadamente en los brazos del tiempo que pasa, en lugar de cabrearme, de enfurecerme.

La inquieta ansiedad por conservar la apariencia de juventud extrema tiene como efecto polarizar las categorías de «jóvenes» y «viejas». Los cabellos blancos se asocian tanto más con la vejez y la infecundidad por cuanto prácticamente solo se ven en las mujeres de edad avanzada; sin embargo, no es raro que las canas aparezcan desde el final de la veintena, cuando no antes. En otoño de 2017, Sarah Harris, directora de moda de la revista *Vogue* británica, célebre por su larga melena gris, publicó en Instagram una perturbadora foto de ella misma en la maternidad, con su hija recién nacida acurrucada en sus brazos. Afirma que le salieron las primeras canas con dieciséis años y que dejó de teñírselas con veintitantos.[48] Pero, sobre todo, la delirante imposición de la eterna juventud —una de las numerosas cuadraturas del círculo que supuestamente han de resolver— condena a las mujeres a vivir con engaños y avergonzarse de sí mismas. La estadounidense Anne Kreamer publicó en 2007 un libro sobre la aceptación de sus canas. La revelación se produjo cuando tenía cuarenta y nueve años, viendo una foto en la que posaba entre su rubia hija y una amiga de pelo blanco, mientras que ella misma se teñía los suyos desde hacía años sin cuestionárselo. La foto la impactó: «Provocaba la impresión de ser un agujero negro entre Kate, vestida con tonos alegres, y mi amiga Aki, captada cuando estaba a punto de echarse a reír. Mi melena de profundo color caoba y mis ropas oscuras absorbían toda la luz de mi persona. Ver a esa persona, a esa versión de mí misma, fue como recibir un puñetazo en el estómago. En un segundo, todos los años de cuidadosos artificios con el objetivo de conservar lo que yo creía que era un aspecto joven, volaron en pedazos. Solo quedó una mujer de mediana edad, con aire confuso y descuidado, con los cabellos teñidos de un color demasiado oscuro. [...] Kate parecía real. Aki parecía real. Yo parecía aparentar ser una persona que no era.[49] Es también esta imposición del disimulo lo que acabó por deprimir a Sophie Fontanel; «ya no soportaba verme teñida», dice. Esa imposición le arruinaba la vida: al salir del agua, en vacaciones, en lugar de estar completamente a gusto con el baño y el sol, temía que se le vieran las raíces blancas de los cabellos mojados. Esa exigencia que se hace a las mujeres de parecer eternamente jóvenes se le antoja una manera sutil de neutralizarlas: se les obliga a hacer trampas, luego se toman esas trampas como excusa para denunciar su falsedad y descalificarlas.[50] Y en efecto, las actrices, si no quieren atraer comentarios de odio porque han envejecido, deben arriesgarse a convertirse en el hazmerreír de todos si a su médico o su cirujano estético se les va un poco la mano. (Susan Sontag definió a las actrices como «profesionales a las que se les paga mucho dinero para hacer lo que a las otras mujeres se les enseña a hacer como aficionadas».)[51]

Cuando las mujeres empiezan a *responder*

Por otra parte, se plantea una pregunta: ¿y si todos esos esfuerzos no sirvieran para nada? «Aparentar ser joven y ser joven son dos cosas distintas, y cualquiera que mire de cerca distingue la diferencia», escribe Anne Kreamer.[52] Hay cierta perversidad en lanzar a las mujeres a esa carrera perdida de antemano. Por añadidura, incluso cuando una de ellas logra la proeza de conservar el aspecto de los treinta años o, a decir de todos, «sigue estando» espléndida «para su edad», para su pareja, rehacer la vida con una mujer más joven parece representar a menudo una oportunidad irresistible. Las primeras imágenes de *Una mujer descasada*, la película de Paul Mazursky ya citada, muestran a una pareja ideal *a priori*: tras diecisiete años de matrimonio, Erica y Martin, neoyorquinos acomodados, padres de una adolescente, siguen unidos por una gran complicidad. Tienen una vida sexual plena, conversan y ríen juntos. Pero el mundo se desmorona de pronto para Erica cuando su marido, hecho un mar de lágrimas, le confiesa que se ha enamorado de una mujer de veintiséis años. Que ella haya conservado el cuerpo de una joven no ha servido de nada. En la vida real, incluso Sharon Stone, sin duda la famosa que más seriamente se esfuerza en *no envejecer*, y cuyas hazañas en este terreno se alaban regularmente en la prensa femenina o del corazón, ha visto cómo naufragaba su matrimonio al exhibirse su marido con una joven amante. También a Jane Fonda la abandonó su segundo marido por una mujer veinte años más joven. Y después de haberse separado, tras una relación de dieciocho años, de la sublime Monica Bellucci —que tiene dos años más que él—, el actor Vincent Cassel se emparejó de nuevo con una modelo treinta años más joven que él.

En su libro, Sylvie Brunel recuerda la impresión, al dejarla su marido, de no reconocer al hombre con el que había compartido su vida, de encontrarse delante de un extraño. De hecho, cuando un hombre de mediana edad sustituye a su compañera por otra más joven, puede surgir la duda, en retrospectiva, sobre los motivos por los que había mantenido la primera relación. La mujer abandonada puede preguntarse si él no amaría en ella más que su juventud; si antes no valoraba en nada todos los servicios prestados, ni el estatus que le otorgaba la pareja y la paternidad. Pero, sobre todo, se plantea una pregunta: ¿y si no pudiera amar más que a una mujer a la que domine? Porque este esquema implica una doble violencia: con respecto a la esposa desechada, pero también, de manera más sutil, con respecto a la nueva compañera. Hablando de su relación con Soon-Yi Previn, Woody Allen precisaba que no consideraba que la igualdad fuera un requisito previo en una pareja: «A veces la igualdad en una relación es formidable, pero a veces es la desigualdad lo que hace que funcione».[53] Aunque el desequilibrio no sea siempre excesivo, y aunque no siempre se busque (afortunadamente) de manera deliberada, la diferencia de edad aumenta la probabilidad de que el hombre tenga ventaja al menos en uno de estos planos: social, profesional, financiero, intelectual. Por consiguiente, lo que buscan algunos hombres no es quizá tanto un cuerpo femenino joven como lo que este denota: un estatus inferior, una menor experiencia. (La focalización erótica exclusiva en cuerpos jóvenes se basa en una falsa evidencia, puesto que, una vez más, se admite que los cuerpos masculinos de más de cuarenta y cinco años se consideren deseables.)

Tal como se educa y se introduce en sociedad a los hombres, como ya hemos dicho, «no hay una princesa azul». Al contrario, ellos aprenden a desconfiar del amor, a verlo como una trampa, como una amenaza para su independencia, y la pareja, casi como un mal necesario.[54] A las mujeres, en cambio, las condicionan para esperar el amor que las hará felices, que les hará conocer la riqueza y el placer de la intimidad compartida, que hará que se conozcan a sí mismas. Y así, ellas se mostrarán dispuestas a todos los sacrificios, hasta el masoquismo, para que «funcione». Cuando una entra en una relación deseándola con todo su ser, mientras que el otro se compromete a regañadientes, se juntan todos los ingredientes para un engaño. (Sylvie Brunel explica que, en su boda, Éric Besson la humilló públicamente cuestionando en voz alta y clara la obligación de la fidelidad impuesta a los esposos.) Incluso cuando se presten a una relación y creen la ilusión de implicarse en ella, los hombres que hayan integrado ese modelo seguirán estando profundamente solos, en el sentido de que no desearán especialmente la vida compartida a la que aspiran sus parejas. Para ellos será un tostón, una molestia, una amenaza. Todo lo que querrán será que los dejen en paz. Los manuales de psicología que enseñan a sus lectoras el arte de comunicarse con el hombre sin hacer que se enoje, obsesionados como están ellos por la figura de la «acosadora», lo explican perfectamente. Uno de ellos aconseja por ejemplo: «Cuando vuelva a casa extenuado por una larga y fastidiosa jornada de trabajo, no te abalances sobre él para atosigarlo con cuestiones sobre temas tan importantes a tus ojos como el porvenir de vuestra pareja y la calidad de sus sentimientos hacia ti».[55] Una manera de dar a entender que es *ella* sobre todo quien ha solicitado estar ahí, y quien por tanto ha de hacer los esfuerzos. (Por el mismo motivo, se evitará pedirle al hombre que prepare la cena o que baje la basura, o bien, se emplearán mil rodeos, halagos y zalamerías.)

Por consiguiente, para esos hombres, el problema de una compañera que envejece es que ya no puede pasar por representante de la categoría siempre un poco genérica de la «mujer joven», con las cualidades morales de frescura, ingenuidad e inocencia que se asocia con ella de manera más o menos consciente... y no necesariamente con razón, por cierto. Con el tiempo, su dimensión como individuo se hace más nítida. La mujer gana en experiencia, y en confianza. Sin embargo, el umbral de tolerancia es bajo: una mujer segura de sí misma, que afirma sus opiniones, sus deseos y sus rechazos, pasa rápidamente por un mal bicho, una arpía, a los ojos de su cónyuge y de su entorno. (Una amiga me cuenta que, cuando reprende o contradice a su pareja delante de los amigos, estos no dejan nunca de hacerlo notar; en cambio, cuando se produce lo contrario, ni siquiera se dan cuenta.) Valérie Solanas describía así las consecuencias de esta sordina permanente que se impone a las mujeres: «La bondad, la amabilidad, la "dignidad", el sentimiento de inseguridad y el enclaustramiento mental tienen pocas posibilidades de aliarse con el apasionamiento y el humor, cualidades de las que no puede carecer una conversación digna de ese nombre. Y las conversaciones dignas de ese nombre no abundan, dado que solo las mujeres enteramente seguras de sí mismas, arrogantes, exuberantes y sobresalientes son capaces de mantener una conversación intensa y espiritual de auténticas zorras».[56]

Un hombre que no esté interesado en un intercambio de igual a igual preferirá pasar a una mujer más joven. En ella podrá encontrar una admiración incondicional, que juzgará más gratificante que la mirada de aquella que lo conoce íntimamente por haber vivido con él durante diez, quince o veinte años, aunque ella siga amándolo. Defendí ya en *Beauté fatale* la hipótesis de que los amantes de las chicas jóvenes buscaban ante todo mantener un confort mental, citando las palabras de una estrecha colaboradora de John Casablancas (1942-2013), el fundador de la agencia de modelos Elite: «Con dieciocho años, empezamos a reflexionar y a volvernos inteligentes. El día que las chicas se volvían un poco más maduras y empezaban a tener sus propias opiniones, era el fin. John quería ser adulado, mientras que ellas empezaban a replicarle».[57] Ese confort mental integra ese «erotismo de ventrílocuos» tan extendido que solemos confundir con el erotismo sin más.[58] Personaje cuando menos turbio, Casablancas fue objeto en 2016 de una película hagiográfica, alabada por toda la prensa femenina, titulada *Casablancas. El hombre que amaba a las mujeres*... o más bien a las mujeres de menos de dieciocho años, vaya. El cantante Claude François albergaba las mismas intenciones: «Me gustan las chicas hasta los diecisiete, dieciocho años, después empiezo a desconfiar. ¿Si tengo aventuras pasados los dieciocho años? Por supuesto, afortunadamente. Pero después de los dieciocho, desconfío porque empiezan a reflexionar, son más naturales [*sic*]. A veces empieza incluso antes».[59]

Si las cazas de brujas se dirigieron especialmente a mujeres mayores, fue porque estas exhibían una seguridad intolerable. Ante sus vecinos, los curas o los pastores, e incluso ante los jueces y los verdugos, *respondían*, escribe Anne L. Barstow: «Respondían, en una época en la que cada vez más se esperaba de las mujeres que se mostraran sumisas». Podían hacerlo sobre todo porque ya no estaban controladas por un padre, un marido o unos hijos. Se trataba de mujeres «que hablaban alto y claro, que no tenían pelos en la lengua, que tenían un espíritu independiente».[60] No tiene nada de extraño que esas palabras tan temidas, tan mal recibidas, pudieran identificarse con un maligno hechizo. Para el historiador John Demos, el primer motivo de las acusaciones de brujería presentadas contra las mujeres de edad madura o avanzada en Nueva Inglaterra era su «arrogancia», sobre todo con respecto a sus maridos.[61] Encarnar el arquetipo de la arpía, aún tan vivo hoy en día, podía acarrear la muerte. En el siglo XVI, en Inglaterra y en Escocia, la insolencia femenina se castigaba igualmente por medio de la «brida de arpía» (scold's bridle, en inglés), o «brida de bruja»: un dispositivo metálico que ceñía la cabeza, provisto de pinchos que atravesaban la lengua al menor movimiento.

Las guardianas de la linde

En un sentido más amplio, lo que parece insalvable en la edad de una mujer, es la *experiencia*. Eso es lo que envió a la hoguera a tantas ancianas: «El maleficio era un arte. [Las brujas], por tanto, habían tenido que seguir sus lecciones, aprender sus conocimientos, volverse expertas: así pues, naturalmente se sospechaba más de las mujeres mayores que de las jóvenes», explica Guy Bechtel.[62] Los clásicos de los estudios Disney como *Blancanieves y los siete enanitos* o *La bella durmiente* «presentan un enfrentamiento generacional entre viejas brujas y jóvenes bellezas, haciendo así que el valor de una mujer descanse sobre su fertilidad y su juventud, jamás sobre una sabiduría duramente adquirida», señala Kristen J. Soller.[63] He aquí sin duda una de las razones por las que las canas se aceptan bien en los hombres, pero están mal vistas en las mujeres: porque la experiencia que denotan se considera seductora y reconfortante en los primeros, y amenazadora en las segundas. En Francia, el político de derechas Laurent Wauquiez, indignado porque «se arremetiera contra su físico» (gatito...), desmintió haberse teñido el pelo de gris para parecer más experimentado e inspirar más confianza, como había afirmado *Le*

Monde.[64] El simple hecho de que esta sospecha resultara verosímil lo dice todo.

Existe una raíz común entre la palabra alemana *Hexe* («bruja») y las palabras inglesas *hag* (sinónimo de *crone*: «vieja arpía») y *hedge* («seto» y, por extensión, «linde», «límite»). «Originalmente *hag* no tenía un sentido peyorativo: designaba a "la mujer sabia" que habitaba en la linde, en la frontera entre la aldea y el terreno silvestre, entre el mundo humano y el mundo espiritual», explica Starhawk.[65] Con las cazas de brujas, ese saber sagrado y ese poder, antaño admirados, se presentaron como peligrosos, mortíferos. Analizando el cuadro de Hans Baldung *Las Edades y la Muerte* (siglo XVI), en el centro del cual figura una mujer anciana, la historiadora Lynn Botelho señala: «Descendiendo ligeramente, la mirada del espectador encuentra una lechuza, animal generalmente asociado con la noche, la oscuridad y el mal. El fondo del cuadro confirma el presagio nefasto de la lechuza. Es un mundo arrasado, devastado y en ruinas. Muestra árboles muertos cubiertos de musgo y muros destruidos por la guerra. Las nubes tapan el sol. La anciana reina sobre esta escena de apocalipsis, de decadencia y de destrucción, como si ella la hubiera provocado».[66]

La descalificación de la experiencia de las mujeres representa una pérdida y una mutilación inmensas. Incitarlas a cambiar lo menos posible, a frenar los signos de su evolución, es encerrarlas en una lógica que las debilita. Basta con reflexionar un minuto para medir la desquiciada idealización que implica el culto a la juventud. Una de las razones que me hacen huir de la maternidad es que por nada del mundo querría acompañar a un nuevo ser durante esos períodos tan ingratos que son la infancia y la adolescencia, y tener que revivirlos a través de él, verlo pasar por las mismas pruebas, los mismos castigos, tropezar con las mimas desilusiones relacionadas con la inexperiencia, la ingenuidad, la ignorancia. La infancia se caracteriza por una capacidad de percepción y de imaginación fabulosas, que se pueden añorar después toda la vida, pero también por una vulnerabilidad y una impotencia francamente penosas. Hay una especie de deleite en calcular todo lo que se ha comprendido, aprendido y ganado en el curso de los años, y en sentir que esa riqueza aumenta progresivamente.

Obviamente, el discurrir del tiempo también da pie a las desgracias, las decepciones y los remordimientos. Pero, si se tiene la suerte de no haber vivido grandes dramas —o, a veces, aunque se haya vivido alguno—, también aumenta la perspectiva, y con ella, el margen de maniobra, la capacidad de moverse en la propia existencia. Pienso en todo lo que se ha serenado, equilibrado, domesticado en mí, en todos los lastres de los que me he desembarazado, con más o menos escrúpulos y vacilaciones, feliz de tener por fin libertad de acción, de poder ir a lo esencial. Cada suceso, cada encuentro resuena con el eco de los sucesos y los encuentros precedentes, profundizando en su sentido. Las amistades, los amores, las reflexiones ganan en amplitud, evolucionan, se afinan, se enriquecen. El paso del tiempo produce la misma impresión que una excursión por la montaña, cuando te acercas a la cima y empiezas a presentir el paisaje que descubrirás desde lo alto. Sin duda morirás antes de alcanzar la cumbre, pero la mera sensación de proximidad resulta embriagadora. Imitar eternamente la impotencia y la vulnerabilidad de la extrema juventud permite mostrarse dócil ante una sociedad que condena a las mujeres seguras de sí mismas; pero eso obliga a privarse de lo esencial de su poder y de su placer de vivir. Hace unos años, la revista *Marie Claire*, en un artículo cuyo título proclamaba: «¡Más bellas a los cuarenta y cinco que a los veinticinco!», utilizaba un extraño argumento. A las mujeres de cincuenta años les cuesta creer que gusten más que nunca a los hombres, explicaba la periodista, antes de añadir: «Pero cuanto más dudan, más conmueven. Pues es sabido que, en cuestión de seducción, la vulnerabilidad es un arma fatal...». Así pues, aparentemente lo más importante a cualquier edad es conservar la capacidad de hacerse pasar por una pobrecilla indefensa.

Aunque la sociedad la censure, se adquiere una fuerza que, a veces, permite incluso transformar las pruebas más duras de la vida. Aquejada por un cáncer de mama en 1978, cuando tenía cuarenta y cuatro años, es decir, «la edad en que, según la descripción que hacen los medios de comunicación dirigidos al público en general, las mujeres se marchitan y ven debilitarse su identidad sexual», la ensayista y poeta afroamericana Audre Lorde comentaba: «Contrariamente a la imagen difundida por esos medios, yo me percibo a mí misma como una mujer en plena posesión de sus recursos, que ha alcanzado el punto álgido de sus capacidades, de su fuerza física, y que satisface sus deseos de la mejor manera posible. Me he liberado de buena parte de mis ataduras, de los miedos y de la indecisión de mis años jóvenes, y la práctica de la supervivencia, a lo largo de los años, me ha enseñado a apreciar mi propia belleza y a reconocer la de los demás. También he aprendido a apreciar las lecciones que enseña la supervivencia, así como mis propias percepciones. Siento más cosas, y sé valorarlas mejor en su justa medida, y relaciono esta percepción con lo que conozco para moldear mi propia visión del mundo, para trazar una vía susceptible de conducir a verdaderos cambios. En semejante fase de afirmación y de crecimiento, incluso la aparición de un cáncer potencialmente mortal y el trauma de una mastectomía llegan a asimilarse como un estímulo para una existencia más esencial, más dinámica».[67]

Los años aportan un sentimiento de multiplicación, magníficamente interpretado por Gloria Steinem en un pasaje de su libro *Revolución desde dentro: Un libro sobre la autoestima*, escrito cuando ella se acercaba a la sesentena. Recuerda en él sus encuentros fugaces en Nueva York, en los lugares familiares que recorre tras varias décadas, con antiguas versiones de sí misma: «Ella no puede verme en el futuro, pero en cambio yo la veo con total claridad. Me adelanta con paso vivo, inquieta por la idea de llegar tarde a una cita a la que no tiene ganas de acudir. Está sentada a la mesa de un restaurante y derrama lágrimas de ira mientras discute con un amante que no es para ella. Avanza a grandes zancadas hacia mí, vestida con vaqueros y botas de cuero color burdeos que ha llevado durante una década, y recuerdo la sensación exacta de esas botas en mis pies. [...] Se abalanza sobre mí a la salida de una sala de conferencias, hablando, riendo, desbordando optimismo». Apoyándose en el tiempo transcurrido desde entonces, considera ese antiguo ser con sentimientos entremezclados: «Durante mucho tiempo, me impacientó. ¿Por qué perdía tanto el tiempo? ¿Por qué estaba con aquel hombre? ¿Por qué aquella cita? ¿Por qué se olvidaba de decir lo que era más importante? ¿Por qué no era más sabia, más productiva, más feliz? Pero últimamente, he empezado a sentir ternura, un nudo en la garganta hecho de lágrimas, cuando la veo. Me digo: "Lo hizo lo mejor que supo. Sobrevivió; y se esfuerza muchísimo". A veces, me gustaría poder volver atrás en el tiempo y abrazarla».[68]

«La figura preferida de la abyección»

Que se tema a las mujeres mayores por su experiencia no significa, sin embargo, que el cuerpo femenino envejecido no inspire una auténtica aversión, indicadora de la que suscita el cuerpo femenino en general. La Sylvie Brunel real, en su libro, y la Aurore ficticia, en *50 primaveras*, se dan cuenta del horror que parece provocar su edad. Cuando visita a su exmarido, que cuida de las dos niñas pequeñas que ha tenido con su nueva pareja, Aurore ha de quitarse el jersey a causa de un repentino sofoco. Al intentar explicarle las razones, él la interrumpe de inmediato y se tapa las orejas para no oír la palabra «menopausia». Sylvie Brunel explica que un editor al que expuso su proyecto de libro le respondió: «Creo que no tiene nada que ganar hablando de eso. Va a perjudicar su imagen... Hay palabras que simplemente desagradan. "Menopausia" es como "hemorroides", algo de lo que no se habla...». Y que una de sus amigas, que dudaba en seguir un tratamiento contra los trastornos de la menopausia considerado cancerígeno, tuvo que oír a su ginecólogo decirle: «Más vale un cáncer que la menopausia. Un cáncer al menos se cura».[69]

Una de las interpretaciones del guion de la mujer abandonada en la mitad de la vida es que su pareja no soporta ver en ella su propio envejecimiento, como en un espejo. O que espera regenerarse a través de su nueva pareja: «Amar a la generación siguiente es una forma de vampirismo», afirma por ejemplo Frédéric Beigbeder, evocando su «veta de Drácula».[70] Pero se puede formular también otra hipótesis: el hombre ve el envejecimiento de su mujer, pero no el suyo. Porque él no tiene cuerpo. «Los hombres no tienen cuerpo»: es una frase de Virginie Despentes que, en mi opinión, hay que tomarse muy en serio.[71] Ocupar una posición dominante en la economía, la política, las relaciones amorosas y familiares, pero también en la creación artística y literaria, les permite ser sujetos absolutos y convertir a las mujeres en objetos absolutos. La cultura occidental decidió muy pronto que el cuerpo era repugnante y que el cuerpo era la mujer (y viceversa). Teólogos y filósofos proyectaban sobre la mujer el horror que les produce el cuerpo, fingiendo así que, por su parte, carecen de él. San Agustín explica que en el hombre el cuerpo es el reflejo del alma, pero no en la mujer.[72] «El hombre es espíritu, la mujer es sensación», afirma San Ambrosio. Odón de Cluny (muerto en 942) interpela vigorosamente a sus semejantes: «Nosotros, a quienes repugna tocar, con la punta de los dedos siquiera, vómitos y estiércol, ¿cómo podemos desear estrechar entre nuestros brazos a ese saco de excrementos?». Ese desafío y ese arcaísmo siguen muy vivos. En las imágenes artísticas, mediáticas y publicitarias que nos rodean, como antaño, «prácticamente solo hay cuerpos de mujeres», señala David Le Breton.[73] Y la moda de las siluetas perfectas no impide —al contrario— la aversión que produce el cuerpo femenino. Como un eco de Odón de Cluny, el 21 de diciembre de 2015, en el transcurso de un mitin de la campaña presidencial en Estados Unidos, Donald Trump comentaba así una breve ausencia de Hillary Clinton, que había aprovechado una pausa publicitaria durante un debate del Partido Demócrata para ir al lavabo: «Sé a dónde fue. Es demasiado asqueroso, no quiero hablar de ello. ¡No, no lo digan!». (Los estadounidenses se libraron de una buena: por poco les gobierna alguien que va al lavabo.)

Para Jean Delumeau, «la repugnancia con respecto al "segundo sexo" se vio reforzada por el espectáculo de la decrepitud de un ser más cercano que el hombre a la materia y, por tanto, más rápidamente y más visiblemente "perecedero" que el que pretende encarnar el espíritu».[74] No queda claro hasta qué punto da crédito a ese razonamiento, pero es obvio que, considerado fríamente, es aberrante. Por mucho que los hombres «pretendan encarnar al espíritu», están tan «cerca de la materia» como las mujeres, y su decadencia no es ni menos rápida ni menos visible. Simplemente tienen el poder de actuar de manera que no se tenga en cuenta. En la esfera privada, en la calle, en el trabajo, en el Parlamento... pueden hacer saber de forma ruidosa a las mujeres el placer o el desagrado que les produce el espectáculo de su cuerpo o de su atuendo, reprocharles su peso o su edad, sin que jamás se tengan en cuenta su propio cuerpo o su atuendo, su peso o su edad. Para atacar a Hillary Clinton por el hecho de que a veces tenga que aliviar una necesidad natural, Donald Trump ha de pretender, al menos de un modo implícito, que él no tiene ni vejiga ni intestinos. Hace falta para ello un aplomo increíble, que le proporcionan más de dos milenios de cultura misógina. He ahí un ejemplo químicamente puro de la arbitrariedad que permite una posición de dominación: los hombres no tienen cuerpo porque no. Y punto.

Jean Delumeau subraya que «el Renacimiento y el Barroco dejaron, especialmente a través de la pluma de los poetas que pertenecían a la aristocracia —Ronsard, Du Bellay, Agrippa d'Aubigné, Sigogne, Saint-Amant, etc.—, un vil retrato de la mujer vieja y fea, representada las más de las veces como un cuerpo esquelético». Ronsard aconsejaba ya al lector «dejar a la vieja» y «buscarse una nueva».[75] Su poema «Contre Denise sorcière» no es más que una larga letanía de insultos dirigidos a una mujer vieja de Vendômois a la que se había acusado de brujería y a la que habían azotado desnuda. «La vejez femenina se convierte en Occidente en la figura preferida de la abyección», escribe Antonio Domínguez Leiva. Su demonización en los sermones y las pastorales instaura un «código de fealdad física que conducirá directamente al ginecidio del siglo XVI».[76] Ese «código de fealdad» sigue en vigor. En una investigación sociológica sobre el «mundo social de las mujeres mayores», publicada en 1979 en Estados Unidos, una de las entrevistadas contaba por ejemplo que un grupo de niños a los que había sonreído al cruzarse con ellos en la calle, le habían respondido gritándole: «¡Eres fea, fea, fea!».[77]

¿Por qué los cabellos blancos de una mujer llevarían tan a menudo a suponer que se ha «descuidado», si no es porque evocan inmediatamente la imagen de la bruja vestida con harapos? Analizando la forma en que se describía a un grupo de señoras mayores en un artículo de la prensa local de Boston en 1982, Cynthia Rich hacía notar que una de ellas tenía, en palabras de la periodista, «cabellos grises *bien cuidados*»:[78] ¿parecería necesaria esa precisión si se tratara de cabellos rubios o morenos? Sophie Fontanel relata que, cuando dejó de teñirse el pelo, una de sus amigas se horrorizó tanto como si hubiera «dejado de lavarse».[79] En su caso, la presunción de «negligencia» es tanto más reveladora cuanto que está especialmente desencaminada: se aplica a una mujer elegante y cuidada, de buen gusto, que trabaja en el mundo de la moda... Durante el período de transición entre el teñido y el blanco, la falsedad de esa arcaica presunción sumía a las personas con las que se cruzaba en la perplejidad: «Desconcertados, se les iba la mirada hacia mis raíces. Después, también repentinamente, se desviaba de mis cabellos a mi atuendo, como si ahí pudieran encontrar algún indicio de un "abandono" general que yo pudiera padecer. Y que pudiera explicarlo todo. Pero si observaban mi imagen, como se dice, descubrían mi ropa bien planchada, mi coquetería. No había renunciado a nada más que al tinte».[80]

La asociación espontánea de la vejez femenina con la muerte tiene una vigencia notable, como atestigua esta verborrea de una inaudita agresividad que le dirige una periodista italiana: «No ignora que, cuando uno muere, los cabellos y las uñas siguen creciendo, y que el resultado es... Es terrorífico. Causa espanto. Tres centímetros de cabellos blancos te saltan a la cara si se te ocurre reabrir la tapa del ataúd unos días después de la inhumación. Claro que, al mismo tiempo, me dirá que no hay nadie que abra el ataúd, en fin, es raro, gracias a Dios. ¡Y usted quiere pasearse con el ataúd abierto, a la vista de todo el mundo!».[81] De la misma manera, una amiga me sugirió hace poco que, si no soportaba la idea de ver a su madre con el pelo blanco era quizá porque eso la llevaba a pensar en su muerte. Pero ¿quién piensa en la muerte al ver a Richard Gere o a Harrison Ford?

A menudo, además, en la literatura o la pintura encontramos una yuxtaposición espectacular entre las imágenes de seducción femenina y las imágenes de decrepitud o de muerte. Jean Delumeau destaca «la persistencia y la antigüedad del tema iconográfico y literario de la mujer aparentemente afable, pero en la que espalda, senos o vientre son ya podredumbre».[82] En el siglo XIX, Charles Baudelaire retoma ese tema en el poema «Una carroña». Mientras pasea con su amante, su narrador tropieza con la carcasa de un animal en descomposición, que describe regodeándose en todo lujo de detalles. Su reflejo es ver en la carcasa el destino futuro de la mujer que lo acompaña, y no el suyo: «Y sin embargo tú serás similar a esa podredumbre,/A esa horrible infección,/Estrella de mis ojos, sol de mi naturaleza,/Tú, mi ángel y mi pasión!». El método aún no ha desaparecido. Sigue siendo una especie de reflejo narrativo casi automático, como demuestra de nuevo en 2016 una escena de la sexta temporada de *Juego de tronos*. En la intimidad de su habitación, a la luz de una vela, Melisandre, la «bruja roja» que se sirve de sus encantamientos para someter a numerosos personajes masculinos de la serie, se quita su collar y contempla en un espejo lo que es realmente: una vieja encorvada y triste, de ralo pelo cano, de senos caídos y vientre flácido. Podemos ver en estos enfoques una especie de conjuro, de alivio, incluso de triunfo, puesto que ese cuerpo en el que se prevé o en el que se constata el marchitamiento, pierde su atractivo y, por lo tanto, el poder que ejercía sobre el sujeto masculino. Pero también puede significar que el envejecimiento revele la perversidad y la maldad esenciales de la mujer. «Al parecer se cree que la naturaleza acaba siempre por resurgir; que la mujer, bella en su juventud, tarde o temprano recupera su verdadero aspecto, el de alguien cuyo corazón es feo», comenta Guy Bechtel.[83]

El deseo demonizado

También la sexualidad de las mujeres mayores suscitaba en aquella época un miedo especial. No teniendo un derecho legítimo a una vida sexual porque ya no podían tener hijos y a veces eran viudas, pero experimentadas y todavía con deseos carnales, se veían como figuras inmorales y peligrosas para el orden social. Se las suponía amargadas, pues habían perdido el estatus respetado que les daba la maternidad, y celosas de las jóvenes. En el siglo XV, escribe Lynn Botelho, se establece una relación directa «entre las mujeres menopáusicas y las brujas, que subraya la infertilidad de unas y otras».[84] Las perciben como «obsesionadas por el sexo, insaciables hasta el punto de no poder ser satisfechas por simples mortales».[85] Erasmo, en su *Elogio de la locura*, da una descripción elocuente: «Las viejas enamoradas, esos cadáveres que apenas se mueven, que parecen salidos del infierno, y que hieden ya como la carroña, aún tienen deseos: lascivas como perras en celo, no buscan más que los sucios placeres, y afirman con franqueza que sin ellos la vida no vale ya nada». Una vez más, volvemos a encontrar la huella de esa imaginería en las palabras horrorizadas de la periodista italiana a Sophie Fontanel: «¿Cómo ve usted su vida sexual? ¿Se imagina sentada a horcajadas sobre un hombre con esos pelos de bruja? Con el miedo que les tienen los hombres a las mujeres, más les tendrán si los asustamos, a los pobres, ¡no podremos extrañarnos si un día dejan de empalmarse por completo!».[86]

Estas visiones infernales incitan a preguntarse si no se oculta otro significado tras la palabra «descuidado» que con tanta frecuencia se asocia con las canas. En noviembre de 2017, la revista femenina *Grazia* puso a Sophie Fontanel en portada, lo que representaba un progreso digno de ser alabado. Pero, en páginas interiores, un artículo de consejos capilares exigía a las que se sentaran tentadas de imitarla que «eligieran un peinado corto y estructurado, una melena corta como máximo; si no, se ve demasiado descuidado».[87] Es la clásica conminación. Se trata de minimizar la extensión de esa melena ofensiva, pero también de imponer una nítida línea de demarcación entre dos categorías de mujer: de un lado, las que pueden conservar su sensualidad, su deseo de seducción, gracias a cabellos rubios, castaños, pelirrojos o morenos, naturales o teñidos; del otro, las que «renuncian» y que deben indicarlo mediante un estricto corte. Podemos suponer que una cabellera blanca hace resurgir el espectro del aquelarre, de una bruja que da rienda suelta a sus deseos, que escapa a todas las restricciones. Unos años antes, otra revista que hablaba del tema insistiendo más bien en la «disciplina»: «El gris es bonito con un corte preciso y cabellos disciplinados (sin ser necesariamente cortos). Abstenerse de rizados».[88]

«Se supone que los cabellos despeinados, desobedientes o indisciplinados señalan a la bruja», escribe la autora esotérica estadounidense Judika Illes. «Aunque intente mantenerlos bajo control, los cabellos de una bruja escapan al pañuelo donde se niegan a permanecer atados en una cola de caballo».[89] En *Las brujas de Eastwick*, cuando Jane Spofford (Susan Sarandon) asume por fin plenamente sus poderes y sus deseos, deja caer en cascada su impresionante cabellera pelirroja y rizada, antes retenida en una trenza bien apretada. Con su indomable melena blanca, notable a la vez por su color y por su libertad, la cantante Patti Smith, que se contenta con practicar su arte sin preocuparse por mostrar ni lo más mínimo de esos signos de belleza, contención y delicadeza que se espera de las mujeres, tiene todo el aspecto de una bruja moderna. En 2008, la *New York Times Magazine* no pudo evitar preguntarle a esa leyenda viva del rock por qué no utilizaba acondicionador, para *alisar* todo ese pelo, supongo.[90] Por consiguiente —de la misma manera que, a propósito de una soltera, «ridícula» significa en realidad «peligrosa»—, «descuidada» ¿no querrá decir en realidad «liberada», «incontrolable»?

En su descripción de las «viejas enamoradas», Erasmo añadía: «Así que esas viejas cabras persiguen a los machos cabríos jóvenes, y cuando encuentran un Adonis, pagan generosamente su repugnancia y sus fatigas».[91] Aún hoy en día, cuando una mujer famosa de más de cuarenta años tiene un amante más joven, aunque esté lejos de presentar el aspecto de las ancianas descritas más arriba, el vocabulario empleado en la prensa del corazón insinúa claramente que el joven es un gigoló: se habla del *toy boy* («chico juguete») de Sharon Stone, Demi Moore, Robin Wright o Madonna. Cuando estaba casado con Demi Moore, por cierto, el actor Ashton Kutcher, dieciséis años menor que ella, trabajó por diversión en una película titulada *Toy Boy*. Sin embargo, no se acusa —al menos abiertamente— de venalidad a las jóvenes parejas de los hombres mayores famosos, aunque estos se esfuerzan mucho menos que sus homólogas femeninas en conservar una apariencia de juventud.

Cuando la actriz Monica Bellucci, con cincuenta y un años, confesaba encontrar algo «muy erótico» en la «fuerza» que emanaban hombres mayores como Mick Jagger, *Paris Match* mostraba una asombrada incredulidad: «¿Debemos deducir que siente usted el mismo deseo ahora que hace veinte años?».[92] Esta sencilla hipótesis hace temblar los cimientos del mundo. Como la norma dominante ha decidido que las mujeres ya no son seductoras después de los cuarenta y cinco años —y eso siendo generosos—, se da por supuesto ingenuamente que a esa edad su libido se disipa como el humo. Esto implica reducir el deseo que experimentan al que se supone que suscitan: erotismo de ventrílocuos, siempre. Y explica el tabú persistente sobre la sexualidad de las mujeres mayores: como señala Syvie Brunel, cuesta imaginarse a Mona Ozouf[93] jactándose de su ardor sexual intacto como hacía Jean d'Ormesson.[94] Y es especialmente injusto, observaba Susan Sontag, porque las mujeres en general encuentran la plenitud sexual más tarde que los hombres, «no por razones biológicas, sino porque esta cultura las retrasa»: «Privadas de la mayor parte de las válvulas de escape que se ofrecen a los hombres para su energía sexual, necesitan «todo ese tiempo» para librarse de algunas de sus inhibiciones. El momento en que empiezan a descartarlas como personas sexualmente atrayentes es precisamente cuando llegan a la madurez desde el punto de vista sexual. El «doble rasero» del envejecimiento las priva de esos años, entre los treinta y cinco y los cincuenta, que podrían ser los mejores de su vida sexual».[95]

En 2000, en Portugal, una antigua señora de la limpieza, Maria Ivone Carvalho Pinto de Sousa Morais, presentó una denuncia ante el tribunal administrativo de Lisboa. Cinco años antes, cuando tenía cincuenta años, un fiasco quirúrgico la había dejado con dificultades para caminar, dolores intensos y problemas ginecológicos que le impedían toda vida sexual. El tribunal le dio la razón y dictaminó una indemnización que, sin embargo, el Tribunal Supremo rebajó al año siguiente. Los argumentos que dieron para esta revisión fueron los siguientes: «Aun considerando los daños causados a la demandante, creemos que la cantidad asignada como indemnización es excesiva. No se ha establecido de hecho que la demandante haya perdido su capacidad para realizar sus tareas domésticas, [...] y si tenemos en cuenta la edad de sus hijos, seguramente no debe ocuparse más que de su marido, lo que excluye la necesidad de una ayuda doméstica a tiempo completo. [...] Además, no debemos olvidar que en la época de la operación, la demandante tenía ya cincuenta años, que había sido madre dos veces, y que a esa edad, no solamente el sexo no es ya tan importante como en la juventud, sino que además el interés disminuye con el tiempo». En el verano de 2017, el Tribunal europeo de derechos humanos acabó dando la razón a la demandante. No obstante, de los siete jueces europeos, dos (representante uno de Luxemburgo y el otro de Eslovenia) se opusieron, lo que provocó un vivo enfrentamiento entre ellos y sus dos colegas femeninas (representantes de Ucrania y Rumanía respectivamente).[96]

«Inventar la otra ley»

«Nos amamos locamente. Raras veces he conocido una pasión tan física, tan intensa. Desde el momento en que nos encontrábamos, nos devorábamos, literalmente. Podíamos pasar varios días seguidos sin abandonar mi habitación...»

En 50 primaveras, a la protagonista, convertida en mujer de la limpieza, la contratan en una residencia de ancianos autogestionada por mujeres; la Maison des Babayagas de Montreuil, fundada por Thérèse Clerc e inaugurada en 2012, aunque no se nombre en la película. En su vida personal sufre tantos rechazos y decepciones que, un día, mientras friega el suelo, se desmorona y se echa a llorar. Una de las residentes, interpretada por una de las «Babayagas» auténticas, Arghyro Bardia, a la que llaman Iro (fallecida poco después del rodaje), la levanta para consolarla. Después mantienen una larga conversación, en el transcurso de la cual la mujer mayor, de más de setenta años, le relata un recuerdo amoroso. «¿Cuándo fue eso?», le pregunta Aurore, tratando de imaginarlo. Como ella, todos esperan que se trate de un recuerdo de juventud. Respuesta: «Hace tres años. ¡Qué felices fuimos! Y la vida nos separó...». La sorpresa mayúscula de Aurore se lee en su rostro. Cuando más tarde se va y camina por la calle protegida por el paraguas, sonríe para sí. Aun cuando ha soportado un rechazo tras otro, topando sin cesar con prejuicios que la descalificaban, ha abierto sin darse cuenta una puerta secreta hacia un universo donde, según descubre, reinan otras leyes, una fantasía, una libertad, una generosidad que ella no sospechaba que pudieran existir.

En 2006, Thérèse Clerc, que era bisexual, apareció en la (maravillosa) película de Jean-Luc Raynaud *L'Art de vieillir*. (El arte de envejecer). «Son refinadas historias de sexo», explicaba ella con malicia tres años más tarde. «Se la pusimos la semana pasada a jóvenes estudiantes de instituto: se quedaron como aturdidos. Yo les dije: "Escuchad, chicos, ¿tanto os perturba?". Aunque parezca mentira, no conseguimos sacarles nada. Los viejos, en cambio, se lo pasan muy bien...».[97] En una secuencia de la película de Camille Ducellier *Sorcières, mes soeurs*, la propia Thérèse Clerc se masturba delante de la cámara. Fue en 2010; tenía entonces ochenta y tres años. No solo afirmaba tranquilamente su sexualidad, su fuerza vital, sino que la belleza de su asombroso rostro filmado en plano fijo llenaba la pantalla. Devuelve así su vacuidad a todas las imágenes de odio impuestas por la multitud de curas, pintores y escritorzuelos misóginos que durante demasiado tiempo han tenido el monopolio de la palabra y la representación. «Ser bruja es transgredir la ley —dice con voz grave—. Es inventar la *otra ley*.»

También la protagonista de la película de Paul Mazursky, *Una mujer descasada*, encuentra una puerta secreta al universo de su obsolescencia programada. Hundida tras el abandono de Martin, que se ha ido con su Dulcinea de veintiséis años,

Erica se rehace poco a poco. Se anima, vuelve a salir y, después de tantos años en los que solo se acostaba con su marido, decide probar el sexo sin sentimientos, solo que tropieza accidentalmente con un gran amor. En la galería en la que trabaja, conoce a Saul, un pintor carismático y tarambana (encarnado por el actor británico Alan Bates). Los amantes inician entonces un fascinante paso a dos (Jill Clayburgh, que encarna a Erica, ganó con todo merecimiento el premio de interpretación en el Festival de Cannes de 1978). Juegan, se abrazan, giran uno en torno al otro, se descubren; se enfrentan también. En el transcurso de varias escenas, parecen caminar sobre el alambre: se gesta una disputa, estalla, y se insinúa que su historia podría terminar. Pero vuelven siempre *in extremis*. Con una mirada, una chiquillada, una sonrisa, renuevan una complicidad que se antoja irresistible. Al final de una de sus disputas, Erica echa pestes: «¡Los hombres!». A lo que Saul, evidentemente, replica enseguida: «¡Las mujeres!». Cual saltadores de pértiga, encuentran juntos una libertad que les permite salvar el lastre y las trampas de los roles tradicionales de mujer y hombre, pero también de las situaciones que viven; la cena en la que Erica presenta a Saul a su hija adolescente, por ejemplo. En comparación, la pareja formada por Martin con una mujer más joven parece de pronto banal, miserable, constreñida. Aunque al principio Erica siente la marcha de su marido como el fin del mundo, por dolorosa y humillante que pudiera ser, también le ofrece la ocasión de renacer. Para pretender, como hacen algunos, que luchar contra el sexismo de muchos guiones implicaría no producir más que películas puritanas, descriptivas y aburridas, no solo es preciso carecer totalmente de imaginación, sino también ignorar esa parte del cine a la que pertenece *Una mujer descasada*.

En un género completamente distinto, encontramos un ejemplo de derrumbe de la ley patriarcal en un clásico hollywoodiense: *Eva al desnudo* (1950) de Joseph L. Mankiewicz. Margo Channing (Bette Davis) es una sarcástica actriz de personalidad espiritual y rutilante, gran dama de la escena teatral neoyorquina. En la cúspide de su fama, toma bajo su protección a la joven Eve Harrington, una apasionada del teatro, y la introduce en su círculo íntimo. Pero rápidamente se percata de su error. Bajo la admiración humilde y extasiada se esconde una mala pécora sin escrúpulos, resuelta a robárselo todo: sus papeles y también a su pareja, Bill Sampson, que es director teatral.[98] Ahora bien, Margo es frágil: acaba de cumplir cuarenta años y teme ya el declive de su carrera. Además, Bill, del que está muy enamorada, tiene ocho años menos que ella. Lo que ocurre a continuación parece escrito por adelantado. Eva se revela como una actriz prodigiosa, con la frescura que Margo está perdiendo. Correspondería al orden de las cosas que ella triunfara y que apartara a la mujer mayor; la joven anuncia además este objetivo, en términos apenas disimulados, en una entrevista. Podría formar con Bill una pareja más clásica, con mucho futuro, susceptible de seducir a la prensa y al público. Ante esta perspectiva, Margo se siente aterrada, y no consigue ocultarlo. Se enfurece, grita, se emborracha, multiplica los escándalos y agobia a Bill con escenas de celos anticipados. Suponemos que así precipitará el golpe que querría evitar: harto, Bill se refugiará tanto más rápidamente en los brazos de la dulce Eva. Entretanto, él intenta tranquilizar a Margo, expresándole su amor, pero no logra disipar su sentimiento de inseguridad. La acusa de estar paranoica, lo que no es cierto más que en parte: existe una implacable ofensiva por parte de su rival y todos los parámetros parecen listos para que esa ofensiva triunfe. En un raro momento de calma, Margo habla con una amiga y se desespera por ese temperamento que la empuja a «descender en picado sobre una escoba gritando con todas sus fuerzas». Reconoce haber reaccionado de manera excesiva al ver a Eva «tan joven, femenina y vulnerable»: todo lo que ella misma querría ser para su amante, dice. En resumen, le parece imposible que la bruja, la «vieja arpía», gane a la joven aparentemente dócil e inofensiva. Se niega a creer que la relación que hay entre Bill y ella pueda resultar más fuerte que las inflexibles leyes de la sociedad; tiene demasiado miedo a ilusionarse. Sin embargo, cuando Eva se arroja a sus brazos, Bill la rechaza con un desprecio burlón. Y, cuando Margo y él se vuelven a ver, Margo acepta por fin su petición de matrimonio. En escena, Eva conocerá el éxito fulgurante con el que soñaba, pero sin provocar con ello la caída de Margo, y, de paso, habrá vendido su alma.

A veces, también la vida desmiente los prejuicios. Incluso Colette, siendo tan poco conformista, parecía haber aceptado la idea de que la vejez de las mujeres era una degradación irremediable, que las convertía en seres repulsivos. Sus novelas *Chéri* y *El fin de Chéri* (1920 y 1926) narran la relación de Léa, que se acerca a la cincuentena, con un hombre joven que, al cabo de unos años, aunque todavía la ama, la dejará para casarse con una mujer joven. La historia acaba mal. Cinco años después de la ruptura, siguiendo un impulso, Chéri se presenta en casa de Léa, a la que no consigue olvidar. Al volver a verla, se queda traumatizado por su transformación. «Una mujer escribía, de espaldas a mí [...]. Chéri vio una espalda amplia, la nuca rolliza y granulosa, bajo unos fuertes cabellos grises cortados como los de su madre. "Bueno, no está sola. ¿Quién será esta buena mujer?" [...] La señora de los cabellos grises se vuelve, y Chéri recibe en pleno rostro el impacto de sus ojos azules.» El envejecimiento tiene el poder de arrebatar la identidad a las mujeres, vaciarlas de su sustancia: ha sustituido a la antigua Léa por una criatura desconocida, asexuada. «No era monstruosa, pero sí enorme, y con un desarrollo desmesurado de todas las partes de su cuerpo. [...] La falda lisa, la larga chaqueta impersonal entreabierta sobre la blusa blanca con chorrera, anunciaban la abdicación, la retractación normales de la feminidad, y una especie de dignidad sin sexo.» Durante la visita, él le suplica interiormente: «¡Basta! ¡Reaparece! ¡Quítate ese disfraz! ¡Tienes que estar en alguna parte, ahí debajo, puesto que te oigo hablar!».[99] Unas semanas más tarde, en una habitación tapizada con fotografías de una Léa joven, Chéri pone fin a su vida.

Evidentemente, podemos considerar que el drama que traslucía el nuevo aspecto de Léa no era tanto el del envejecimiento femenino como el del abandono, el de la ruptura amorosa. Y que sobre todo revela al joven el error que ha cometido al dejarla: si hubiera sido más valiente, menos cínico (se había casado para aumentar su fortuna), su amante no habría envejecido de esa manera. Es el sufrimiento, la decepción, y no simplemente la edad, lo que la ha transformado así. A lo largo de las semanas de vagabundeo que separan aquel breve y desastroso reencuentro de su suicidio, Chéri se lamenta además pensando en todo el tiempo irremediablemente perdido por su culpa: si se hubiera quedado con ella, «serían tres, cuatro años buenos, centenares, centenares de días y de noches ganados, reservados para el amor...». Pero también es cierto que las dos novelas estaban influidas desde el principio por el horror, el pavor que suscita la figura de la mujer vieja. Por la mañana, en los últimos tiempos de su relación, Léa procuraba ponerse siempre el collar de perlas antes de que Chéri se despertara, para que le disimulara la flacidez del cuello. Al encontrarse con una vieja metomentodo conocida suya, horrenda y grotesca, acompañada por un hombre joven de mirada inexpresiva, tuvo la impresión de ver su imagen futura. Y además, en ese medio mundano, cruel y superficial, donde nadie regala nada, el envejecimiento es un signo de debilidad que no se perdona.

En cualquier caso, la vida de la propia Colette tuvo un sesgo mucho menos trágico. Poco antes de cumplir los cincuenta, tuvo una relación con Bertrand de Jouvenel, el hijo de su marido, que tenía diecisiete años. Después, con cincuenta y dos, conoció a Maurice Goudeket, que tenía entonces treinta y seis años y que se convirtió en su tercer marido. Vivieron juntos hasta la muerte de la escritora, en 1954, con ochenta y un años.[100] En definitiva, la edad despoja a Léa de su identidad, pero su creadora, en cambio, siguió siendo ella misma, en plena posesión de todo lo que la hacía digna de ser amada. Se conservan, por cierto, tantas imágenes de la vejez de Colette como de su juventud, y no son las que desprenden menos encanto: la muestran escribiendo en la cama de su apartamento parisino, con las ventanas abiertas a los jardines del Palais Royal, rodeada de sus gatos, saboreando todavía todo lo que la vida le podía ofrecer, a pesar de los dolores físicos que la aquejaban.

Hoy en día, la posibilidad de que las mujeres envejezcan con buena salud y disfrutando de una situación material decente está gravemente comprometida por el nivel de sus pensiones, inferior al 42 por ciento de media con respecto al de los hombres. Esto se explica porque son ellas sobre todo las que trabajan a tiempo parcial y porque son ellas las que lo dejan todo para cuidar a los hijos; siempre el «techo de las madres».[101] Pero no es necesario que a esa desigualdad objetiva se le añada otra, que las lleve a convencerse de que la edad disminuye su valor. La fuerza de los estereotipos y de los prejuicios puede resultar profundamente desmoralizante; pero ofrece también una posibilidad, la de trazar nuevos caminos. Brinda la ocasión de paladear las alegrías de la insolencia, la aventura, la invención, y de observar quién está dispuesto a acompañarte... evitando así perder el tiempo con los demás. Invita a mostrarse iconoclasta, en la primera acepción de la palabra, es decir, a romper las antiguas imágenes y la maldición que difunden.

Al final de su artículo, en 1972, Susan Sontag escribía: «Las mujeres tienen otra opción. Pueden aspirar a ser sabias, y no simplemente amables; a ser competentes, y no simplemente útiles; a ser fuertes, y no simplemente agraciadas; a tener ambiciones propias, y no solamente en relación con los hombres y los hijos. Pueden envejecer de manera natural y sin vergüenza, protestando así activamente, desobedeciéndolas, contra las convenciones surgidas del "doble rasero" de la sociedad con respecto a la edad. En lugar de ser chicas, jóvenes el mayor tiempo posible, que se convierten después en mujeres de mediana edad humilladas, luego viejas obscenas, pueden convertirse en mujeres mucho antes, y seguir siendo adultas activas, disfrutando de la larga vida erótica de la que son capaces, mucho más tiempo. Las mujeres deberían permitir a su rostro desvelar la vida que han vivido. Las mujeres deberían decir la verdad». Casi medio siglo más tarde, este programa sigue a disposición de todas aquellas que quieran adueñarse de él.

4. PONER EL MUNDO PATAS ARRIBA.
GUERRA A LA NATURALEZA,
GUERRA A LAS MUJERES

En muchos aspectos, soy estúpida.

En toda circunstancia, y desde siempre, cuando se trata de plantear una pregunta idiota, o de dar una respuesta totalmente fuera de lugar a una pregunta, o de formular un comentario absurdo, en todas las ocasiones, soy esa mujer. Ocurre entonces que detecto una mirada de incredulidad posándose en mí y adivino lo que la persona en cuestión está pensando: «Y el caso es que escribe libros, al parecer...», o: «Desde luego, verdaderamente contratan a cualquiera en *Le Monde diplomatique*...». Me acomete entonces el mismo sentimiento de vergüenza que si hubiera tropezado y hubiera efectuado un vuelo raso antes de estamparme contra el suelo delante de una atónita reunión de personas (cosa que, además, *también* soy perfectamente capaz de hacer). Este aspecto de mí misma me exaspera tanto más cuanto se empecina en escapar a todo control. En general, medio segundo después de que las palabras hayan salido de mi boca, comparto ya la consternación de mi o mis interlocutores; pero ya es demasiado tarde. Es más fuerte que yo y, al cabo de casi cuarenta y cinco años de estos golpes de efecto regulares, he llegado a la conclusión de que debo resignarme a vivir con ellos. Pero no es fácil.

Por una parte, esta tontería se debe sin duda a características personales. Una falta total de sentido práctico, relacionada con la escasez de experiencias dramáticas. Una atención un tanto voluble, un nivel de distracción que fascina a todos los que me observan y que aumenta más aún cuando olvido ponerme las gafas, ya que la bruma visual acrecienta la bruma mental en la que me muevo. Una timidez que rápidamente me lleva al pánico y que no favorece unos buenos reflejos. Un carácter general que me permite captar y analizar mejor los elementos de una situación con el máximo de tiempo de reflexión, más que al momento; en pocas palabras: soy de mente lenta. Pero creo que hay también una dimensión relacionada con el género en mi estupidez. Soy impulsiva, emotiva, a veces ingenua. Soy un cliché sexista ambulante, una auténtica cabeza de chorlito, el arquetipo de la mujer irracional. Soy una nulidad en todos los terrenos en los que las mujeres tienen fama de ser una nulidad. En el instituto estuve a punto de repetir por culpa de las Ciencias. No tengo el más mínimo sentido de la orientación. Si tuviera permiso de conducir (dad gracias al cielo porque no lo tengo), sería la gallina de los huevos de oro para el mecánico, que me endilgaría las reparaciones más fantasiosas. En mi vida profesional, mantengo relaciones de intenso desafío recíproco con la economía y la geopolítica, es decir, los típicos bastiones masculinos, más cercanos a las palancas del poder.

Necesité tiempo para comprender que la inteligencia no era una cualidad absoluta, sino que puede tener variaciones espectaculares en función de los contextos en los que nos encontramos y las personas que tenemos delante. Las circunstancias y los interlocutores pueden revelar o atraer partes muy diversas de nosotros mismos, de estimular o inhibir nuestras capacidades intelectuales. Sin embargo, la sociedad asigna a las mujeres y a los hombres dominios de competencia muy distintos y valorados de manera muy diferente, de modo que las primeras se encuentran más a menudo en situación de ser estúpidas. Son ellas las que corren más riesgo de mostrarse deficientes en los terrenos de prestigio, los que se supone que cuentan de verdad, mientras que aquellos en los que ellas han desarrollado sus aptitudes se pasan por alto, se desprecian, o a veces son simplemente invisibles. Ellas también tendrán menos confianza en sí mismas. Nuestra nulidad es una profecía autocumplida. A veces, digo tonterías por ignorancia, pero a veces también las digo porque mi cerebro se paraliza, porque mis neuronas se dispersan como una bandada de estorninos y pierdo los nervios. Soy prisionera de un círculo vicioso: noto la condescendencia o el desprecio de mi interlocutor, entonces digo una burrada, confirmando así esa valoración a los ojos de los demás y a los míos a la vez. El interlocutor en cuestión podría ser lo mismo un colega periodista que el técnico de la lavadora, el cual, nada más llegar, me formula una pregunta sobre el funcionamiento del aparato y, antes incluso de que yo haya tenido tiempo de abrir la boca para responder, la repite con un tono brusco e impaciente, como si fuera muy consciente de tener ante sí a una persona poco inteligente (y sin embargo, y sin que sirva de precedente, me disponía a darle una respuesta sensata). El sexismo se manifiesta en todos los puntos de la escala social, ofreciéndote en un fantástico efecto estéreo el recuerdo permanente de tu profunda debilidad. Y será preciso que me prepare para la vejez, pues, al parecer, solo hay algo más idiota que una mujer, y es una mujer mayor. Cynthia Rich contaba que cuando iba a una tienda de informática con Barbara Macdonald y esta le hacía una pregunta al dependiente, él respondía mirándola a *ella* (Rich estaba entonces en los cuarenta y Macdonald en los sesenta).[1]

Tras siglos en los que los hombres de ciencia o de religión, los médicos, los políticos, los filósofos, los escritores, los artistas, los revolucionarios, los comediantes han reiterado machaconamente la estupidez congénita y la irremediable incompetencia intelectual de las mujeres, justificándolas a conveniencia mediante las más absurdas elucubraciones sobre los defectos de su anatomía, sería realmente asombroso que no nos sintiéramos ligeramente inhibidas. En una letanía impactante que resume los discursos lanzados a lo largo de los siglos sobre las mujeres, la autora estadounidense Susan Griffin escribe:

> Se ha decidido que el cerebro de las mujeres es defectuoso. Que las fibras de su cerebro son débiles. Que, a causa de la menstruación, el aporte de sangre al cerebro se debilita.
>
> Todo el saber abstracto, el saber más complejo, nos advierten, debe reservarse al espíritu sólido e industrioso del hombre. «Por este motivo —añaden—, las mujeres no aprenderán jamás geometría.»
>
> Existe una controversia por saber si es necesario enseñarles aritmética.
>
> A una mujer que posee un telescopio, se le sugiere que se deshaga de él, y que «deje de intentar averiguar qué pasa en la Luna».[2]

Las consideraciones sobre el «espíritu sólido e industrioso» y la prohibición sobre la geometría son de Emmanuel Kant, mientras que la referencia al telescopio procede de una perorata de Crisalio a Filaminta en *Las mujeres sabias* de Molière (1672): «Deberíais quemar todos estos libros inútiles y dejar la ciencia a los doctores de la ciudad; quitarme, para obrar cuerdamente, así como ese largo anteojo que en nuestro granero espanta a las gentes, cien baratijas cuyo aspecto importuna. No ir a buscar qué se hace en la Luna y ocuparos un poco más de lo que se hace en vuestra casa». Las dos citas no son realmente equivalentes, puesto que, en el segundo caso, es un personaje el que habla, y no se trata de reavivar aquí el debate sobre la misoginia de Molière. No obstante, algunas imágenes parecen no morir jamás. Al sumergirme en estas lecturas, una publicidad para una web de venta online me muestra una sección de un cerebro de mujer sobre el que se han escrito estos pensamientos: «La astronomía no me va mucho. Pero la anatomía de mi vecino, sí...». Se trata de vender un telescopio de 49,99 euros.[3]

Estas ideas preconcebidas explican también por qué las mujeres continúan dejándose «explicar la vida» por hombres de una arrogancia absoluta, retomando el título de un famoso texto de Rebecca Solnit.[4] El artículo salió en 2008, al día siguiente de una velada social en la que su interlocutor le había hablado de un libro recientemente publicado sobre el tema del que conversaban, y del que él había leído un resumen en el *New York Times*... sin darse cuenta de que tenía a la autora delante. Mostraba tal seguridad que, por un momento, ella había estado dispuesta a creer que podía habérsele pasado la publicación de un libro importante sobre el mismo tema que el suyo. «Este síndrome —comenta—, es una guerra que casi todas las mujeres afrontan cotidianamente, una guerra que se disputa también en su propio interior, a través de la convicción de ser algo insignificante, la invitación a callarse, una guerra de la que yo misma no me he liberado del todo, a pesar de tener una carrera bastante exitosa como escritora (rica en investigaciones y hechos bien empleados). Al fin y al cabo, por un momento, estuve dispuesta a que el señor Importante y su confianza desmesurada aplastaran mi vacilante certeza.» Al levantarse al día siguiente, redactó su artículo de un tirón y, desde que lo colgó en la red, se extendió como un reguero de pólvora: «Había tocado una fibra sensible. Había herido susceptibilidades». Entre las innumerables reacciones que recibió, se encontraba la de un hombre de cierta edad que vivía en Indianápolis y que le envió un mensaje para decirle «que él no había sido nunca injusto con una mujer, ni en su vida privada ni en el plano profesional», y para reprocharle «que no frecuentara hombres más normales», y que no se hubiera «informado bien siquiera un poco antes de hablar». «Después me daba consejos sobre cómo debía vivir mi vida, e insistía sobre mi "complejo de inferioridad".»

Al final acabas asimilando esta visión sobre ti misma, esta

prueba de tu propia inutilidad, de tu propia incompetencia. Cuando en la calle, turistas absolutamente amables e inocentes me preguntan por una dirección, al menor atisbo de duda, les respondo que sería más sensato que preguntaran a algún otro; pero, en general, en cuanto se alejan, me doy cuenta de que habría sabido indicarles el camino perfectamente. «Sentido de la orientación», «economía»: en cuanto uno de estos conceptos empieza a parpadear en mi cabeza, me entra el pánico, como antaño con la palabra «mates». Hace unos años, unos investigadores de la Universidad de Provenza propusieron a dos grupos de alumnos de escuela primaria que reprodujeran de memoria una figura geométrica bastante compleja. A uno de los grupos les dijeron que se trataba de un ejercicio de «geometría»; al otro, que era un ejercicio de «dibujo». En el primer grupo, las niñas lo hicieron peor que los niños. En el segundo, libres de la sombra aterradora de las matemáticas, y no anticipando por tanto el fracaso, lo hicieron mejor que ellos.[5] Hacia el final del instituto, también yo tuve ocasión de liberarme brevemente de esas limitaciones paralizantes que había acabado por considerar inmutables. Tuve una profesora que vivía su disciplina con pasión, tan paciente como benevolente, muy alejada de los *cowboys* pedantes a los que yo estaba acostumbrada. Inconcebiblemente, gracias a ella, dos años antes de la Maturité (el equivalente suizo del bachillerato), estuve a punto de pasar a ser «buena en matemáticas» y tuve una nota muy decente en el examen. En el oral, después de haber realizado mi demostración sin dificultad, respondí correctamente a una pregunta con trampa, y ella exclamó: «¡Bravo!». Fue hace veinticinco años, y jamás he olvidado ese bravo, tan improbable para mí delante de una pizarra llena de números. Mi estupidez no era una fatalidad, sino vértigo. (En 2014, la iraní Maryam Mirzakhani —fallecida por cáncer tres años más tarde, a la edad de cuarenta años— fue la primera mujer en obtener la medalla Fields, el equivalente del premio Nobel para matemáticos.)

«¿Excelencia en qué?»

Al lado de las disciplinas en las que me sentía perdida, siempre hubo otras con las que me sentía cómoda, que me daban motivos para enorgullecerme. En el instituto, después de haber estado a punto de repetir por culpa de las Ciencias, obtuve el premio de traducción del griego en la Maturité. Pero había aceptado la idea de que estos eran ámbitos de menor categoría, lo que justificaba mi posición como pequeño y dócil satélite intelectual, condenado a girar indefinidamente en torno al Planeta del Verdadero Saber escuchando su bonita música aflautada. No obstante, poco a poco, empecé a cuestionar esa verdad comúnmente admitida. Hoy en día, algunas de mis incompetencias me inspiran siempre un auténtico pesar. Así pues, estoy muy lejos de experimentar el desdén hacia las cosas prácticas que me atribuyen a veces (como a todos los intelectuales), y me siento fatal por ser tan mema en la materia. Pero, aparte de eso, cada vez me cuesta menos tener el valor suficiente para cuestionar los criterios dominantes de la evaluación de la inteligencia.

Siendo lectora, por ejemplo, me enamoré de *Le Monde diplomatique* por sus textos literarios y filosóficos, su visión de la época y la sociedad, sus compromisos, sus firmas de grandes intelectuales, su iconografía sofisticada y desfasada. Veía ahí una especie de periodismo poético que me complacía sobremanera. Cuando empecé a trabajar ahí, me desconcertó la pasión de muchos de mis colegas por las cifras, los mapas, los gráficos, cosas de cuya presencia yo apenas me había percatado hasta entonces. No solo sigo mostrándome hermética, sino que, las raras veces en que me intereso por ellas, o en que un destello de comprensión disipa en parte las tinieblas de mi cerebro, no me siento en absoluto colmada en mi deseo de conocimiento. No niego su utilidad ni su calidad, ni el hecho de que sean muy apreciadas por una parte de nuestros lectores; pero existen también personas, entre las que me cuento, para quienes no significan nada y que prefieren otras maneras de comprender el mundo, no menos ricas en enseñanzas. Al principio me daba vergüenza, pero ahora lo tengo asumido. De una manera general, al envejecer, en el ámbito del saber veo cada vez mejor los límites, los ángulos muertos, las debilidades de los que me miran con depreciación. Cuestiono —al menos en mi fuero interno— a la vez el valor absoluto de mi estupidez ante ellos y el valor absoluto de su inteligencia ante mí, mientras que, para ellos, se da por supuesto. No es de extrañar: ¿por qué iban a molestarse ellos con estas sutilezas, cuando tienen la fortuna de encontrarse del lado bueno de la barrera de la inteligencia? He ahí quizá el motivo por el que escribo libros: para crear yo misma espacios en los que soy competente (en fin... eso espero); para hacer que emerjan temas que a veces ni siquiera se habían constituido o identificado como tales, afirmando su pertinencia, su dignidad.

Cuando se habla del lugar de las mujeres en la universidad, se recurre en general a la proporción de alumnas o profesoras, o a la presencia casi exclusiva de hombres en algunas especialidades. Se deplora el sexismo —por parte de los alumnos y los profesores— o la falta de confianza en ellas mismas que impide a las chicas elegir Física o Informática. Pero a mí me parece que olvidamos demasiado a menudo interrogarnos sobre el contenido mismo de la enseñanza, pasando por alto el hecho de que, para las chicas, entrar en la universidad implica asimilar un conocimiento, unos métodos y unos códigos que se han creado a lo largo de los siglos sin contar con ellas (cuando no *contra* ellas). Si haces notar este problema, enseguida eres sospechosa de esencialismo: ¿acaso pretendes sugerir que las mujeres tienen un cerebro distinto, que tienen una manera «típicamente femenina» de abordar el saber? ¿Que si hubieran podido intervenir, habrían añadido corazoncitos a las fórmulas matemáticas, quizá? No obstante, la acusación de esencialismo es reversible: precisamente porque las mujeres y los hombres *no* constituyen esencias fijas en un espacio abstracto, sino dos grupos que mantienen relaciones dependientes del movimiento y las vicisitudes de la historia, no podemos considerar el saber universitario como objetivo y otorgarle un valor absoluto.

Se acostumbra a decir que la historia la escriben los vencedores; desde hace unos años, por ejemplo, todos los meses de octubre, el día de la Hispanidad ofrece la ocasión de cuestionar cada vez con más fuerza la historia oficial mostrando como, en la expresión «descubrimiento de América», la palabra «descubrimiento» es problemática en sí misma, y recordando que Colón, el valeroso explorador de unos, fue el invasor sanguinario de los otros. En cierta manera, también las mujeres son las perdedoras de la historia, una historia muy violenta, como estas páginas habrán recordado. ¿Por qué han de ser ellas las únicas vencidas que no tengan derecho a un *punto de vista*? Por supuesto, la condición de mujer no determinará jamás un punto de vista único. Podrían encontrarse historiadores que adoptaran un planteamiento feminista, de la misma manera que ciertas historiadoras podrían rechazar la lectura de las persecuciones de brujas en términos feministas. Pero existen también descendientes de colonizados que encuentran atractivos en la colonización, descendientes de esclavos que no tienen el más mínimo interés por el tema de la esclavitud, y blancos que se apasionan por esos dos temas. Por tanto, ¿podemos pretender que el hecho de pertenecer o no al grupo en cuestión no desempeña ningún papel? Como hemos visto, el hecho de que la historia en tanto que disciplina la hayan moldeado los hombres ha tenido su efecto en el tratamiento dado a las cazas de brujas o, más bien, para empezar, en que no se hayan tratado, puesto que durante largo tiempo simplemente han sido ignoradas, o mencionadas de pasada en una nota a pie de página. Un ejemplo más: cuando Erik Midelfort escribe que, en las sociedades que no se sienten cómodas con el concepto de mujeres solteras, las persecuciones de brujas tuvieron un papel «terapéutico», Mary Daly se pregunta dos cosas. En primer lugar, si osarían utilizar el mismo calificativo a propósito de los pogromos contra los judíos o los linchamientos de negros. Y después: ¿terapéutico para quién?[6]

En su libro sobre la autoestima, a principios de la década de los noventa, Gloria Steinem citaba un estudio sobre doscientos mil estudiantes de primer ciclo en Estados Unidos, que ponía en evidencia un aumento notable de la tendencia a la autodescalificación en las jóvenes durante su paso por la universidad, mientras que la autoestima de sus camaradas masculinos bien se mantenía, bien se reforzaba. Muchos universitarios manifestaron entonces una viva resistencia a la diversificación del canon académico para dar mayor presencia a las mujeres y a las minorías. Combatían lo «políticamente correcto» o «PC» que, sin embargo, según señalaba Robin Morgan —una de las fundadoras de WITCH— bien podría haber significado *plain courtesy*: «simple cortesía». Pretendían ser los guardianes de la «excelencia». «Como si la pregunta más importante no fuera: ¿excelencia en *qué*?», comentaba Steinem. Estos estudiantes pisaban el freno porque habían comprendido, según ella, que el cambio no implicaba solamente integrar a las mujeres y a las minorías en los programas académicos, o en una estructura existente, «sino también aprender a mirar con ojos nuevos, a cuestionar la noción misma de "normas" desde cuya perspectiva debía juzgarse cualquier otra experiencia».[7]

Siempre me ha parecido que mi insatisfacción ante la hegemonía de las ciencias puras y ante un cierto modo de abordar el mundo, fría, cuadrada, objetiva, dominante, tenía que ver con mi condición de mujer, pero, no pudiendo precisar esa relación, era reacia a formularla. Seguía siendo el espectro del esencialismo lo que me refrenaba. No quería encontrarme en situación de defender una manera «femenina» de ver y de hacer las cosas; además, me daba perfecta cuenta de que no todas las mujeres eran como yo, de igual forma que también en algunos hombres encontraba mi misma sensibilidad intelectual. Así pues, me contenté con profundizar en una idea que en todos mis ensayos surge de manera obsesiva, sea cual sea el sujeto tratado; aunque escribiera un libro sobre la reproducción de los crustáceos, seguramente encontraría el modo de sacarla a colación. Formulo y reformulo sin cesar una crítica a ese culto a la racionalidad (o más bien lo que se considera racionalidad) que nos parece tan natural que a menudo ni siquiera lo identificamos como tal. Ese culto determina a la vez nuestra forma de ver el mundo, de organizar el conocimiento sobre él, y nuestra manera de intervenir en él, de transformarlo. Nos lleva a concebir el mundo como un conjunto de objetos separados, inertes y sin misterio, percibidos bajo la óptica única de su utilidad inmediata, que es posible conocer de manera objetiva y que han de someterse al servicio de la producción y del progreso. Es un remanente de la ciencia conquistadora del siglo XIX, aun cuando desde entonces la física cuántica ha venido a desbaratar ese optimismo, por no llamarlo arrogancia. La física cuántica nos habla en cambio de un mundo en el que cada misterio esclarecido provoca que surjan otros y en el que, con toda probabilidad, esa búsqueda no terminará jamás; un mundo en el que los objetos no están separados, sino enredados unos con otros; donde hay que enfrentarse más bien con flujos de energía y procesos que con objetos de identidad estable; donde la presencia del observador influye en el desarrollo de la experiencia; donde, lejos de poder acercarse a reglas inmutables, se constata la irregularidad, la imprevisibilidad, los «saltos» inexplicables. Es todo eso lo que hace decir a Starhawk que la física moderna confirma las intuiciones de las brujas. El físico Bernard d'Espagnat creía que, teniendo en cuenta la resistencia al conocimiento final que parecían ofrecer la materia y el mundo, no sería absurdo recurrir de nuevo al arte para obtener atisbos fugaces de lo que siempre escapará a nuestro entendimiento:[8] una conclusión de la que podemos imaginar las consecuencias vertiginosas para la organización del saber a la que estamos acostumbrados...

Aunque un siglo después de esos descubrimientos nos

cueste aceptar sus implicaciones, estas suponen un claro desmentido de una visión del mundo que levantó el vuelo en el siglo XVII, en especial con René Descartes, quien, en unas célebres palabras del *Discurso del método*, soñaba con ver a los hombres convertidos «en dueños y señores de la naturaleza». En una obra fundamental, el geógrafo Augustin Berque analiza los desórdenes nacidos de la postura cartesiana frente al mundo.[9] Jean-François Billeter, por su parte, investiga el recorrido de la «reacción en cadena», es decir, la lenta extensión a todo el planeta, a partir del Occidente del Renacimiento, de una lógica mercantil, fríamente calculadora, presentada de forma errónea como el colmo de la racionalidad.[10] Y Michael Löwy y Robert Sayre demostraron que los románticos, vistos hoy en día como un grupo de dandis exaltados y paliduchos, comprendieron el error fundamental del sistema que se había impuesto. Aunque quisieran explorar y resaltar otras esferas psíquicas, los románticos no manifestaron un rechazo a la razón: pretendían más bien «oponer a la racionalidad instrumental —al servicio del dominio sobre la naturaleza y sobre los seres humanos— una racionalidad humana esencial».[11]

Todos esos pensadores me han ayudado a definir mi incomodidad ante la civilización en la que estamos inmersos; ante su relación con el mundo fatuo, ostentoso, agresivo; ante su creencia ingenua y absurda en la posibilidad de separar el cuerpo del espíritu, la razón de la emoción; ante su narcisismo ciego —incluso alérgico— a todo lo que no sea ella; ante su costumbre de desfigurar su territorio mediante aberraciones arquitectónicas y urbanísticas, o de utilizar un cañón para matar moscas (por no hablar del hecho mismo de matar a la mosca); ante sus aristas demasiado cortantes, sus luces demasiado intensas; ante su intolerancia a la sombra, a la confusión, al misterio;[12] ante la impresión general de mercantilización malsana que se desprende de ella. Esos autores alimentan un sentimiento de pesadumbre, no con respecto a lo que ha sido, sino a lo que podría haber sido. Hasta ahora, jamás había encontrado una manera satisfactoria de hilvanar esa obsesión con mi feminismo, aunque me parecía que había una relación. Pero, con la historia de las cazas de brujas y la interpretación ofrecida por muchas autoras, todo se ha aclarado. Ha sido como si hubiera colocado en su lugar una pieza clave de mi rompecabezas.

La muerte de la naturaleza

Calibán y la bruja, el título del libro de Silvia Federici, hace referencia a un personaje de *La tempestad* de Shakespeare, un ser deforme de piel negra, hijo de una bruja, horrendo tanto moral como físicamente, al que Próspero califica de «esclavo ponzoñoso» y de «fruto de las tinieblas». Calibán simboliza a los esclavos y los colonizados cuya explotación, como la de las mujeres, ha permitido la acumulación primitiva necesaria para el auge del capitalismo. Pero el sometimiento de las mujeres también ha ido paralelo a otro, al que quizá está ligado aún más estrechamente: el de la naturaleza. Esta es la tesis desarrollada en 1980 por la filósofa ecofeminista Carolyn Merchant en *The Death of Nature* (La muerte de la naturaleza),[13] una obra que completa la de Federici. En ella analiza el modo en que, durante el Renacimiento, la intensificación de las actividades humanas, que exigía grandes cantidades de metal y de madera, así como amplias superficies cultivables, y que alteraba la fisonomía de la Tierra a una escala inédita, supuso una transformación idéntica de la mentalidad.

La antigua visión consideraba el mundo como un organismo vivo, a menudo asociado a una figura maternal y fuente de subsistencia. Desde la Antigüedad, una condena —formulada por Plinio el Viejo, Ovidio o Séneca— pesaba en particular sobre la extracción minera, asociada a un acto de agresión motivado por la avaricia (por el oro) o por la sed de matar (por el hierro). En los siglos XVI y XVII, se le añadió la lascivia, denunciada por los poetas Edmund Spenser y John Milton, que aluden a una violación de la Tierra. El imaginario de la época percibe «una correlación directa entre la actividad minera y el hecho de hurgar en los rincones y recovecos del cuerpo de una mujer».[14] La mina se veía como la vagina de la Madre Tierra, y las cavidades donde se encuentran los filones de metal de su seno, como su útero. Los antiguos esquemas mentales, que se habían vuelto insostenibles, poco a poco fueron sustituidos por otros que, al desvitalizar el cuerpo del mundo, disiparon todos los escrúpulos y permitieron una explotación sin freno. De igual manera, el nuevo frenesí comercial requería cantidades ingentes de madera para construir muelles, puentes, esclusas, gabarras, navíos, pero también para fabricar jabón, barriles de cerveza o vidrio. El resultado fue la primera aparición de una preocupación gestora con respecto a una naturaleza considerada como «recurso»: en 1470, en Venecia, una ley decidió que a partir de entonces sería el Arsenal y no los funcionarios de la ciudad, el que organizaría la tala de robles. Merchant resume así el panorama general emergente: «A medida que las ciudades europeas crecían y los bosques reculaban, que se drenaban los pantanos y que se trazaban redes de canales geométricos en el paisaje, que inmensas y potentes ruedas hidráulicas, hornos, fraguas y grúas empezaron a adueñarse del ambiente de trabajo, cada vez más personas empezaban a experimentar una naturaleza alterada y manipulada por las máquinas. La consecuencia fue una lenta pero inexorable alienación en comparación con la relación directa, inmediata y orgánica que hasta entonces había constituido el fundamento de la experiencia humana. La visión mecanicista que se impone entonces postula que el conocimiento del mundo puede ser «certero y coherente»; el desorden de la vida orgánica cede el sitio a la «estabilidad de las leyes matemáticas y de las identidades». En adelante, el mundo se percibe como muerto y la materia como pasiva. El modelo de la máquina, y en especial el del reloj, se impone por doquier. En el *Discurso del método*,

Descartes equipara los animales a los autómatas. Thomas Hobbes —que seguramente estaba al tanto de la primera máquina de calcular ideada por Blaise Pascal en 1642— compara el razonamiento con una simple sucesión de sumas y restas.[15]

Se produjo a la sazón lo que Susan Bordo llama el «drama de un parto»: desprenderse del universo orgánico y maternal de la Edad Media para salir a un mundo nuevo en el que reinan «la claridad, el desapego y la objetividad». El ser humano emerge entonces «como una entidad completamente separada que ha roto todo vínculo de continuidad con el universo con el que compartía el alma en otro tiempo». La filósofa estadounidense ve en ello una «huida lejos de lo femenino, lejos de la memoria de la unión con el mundo maternal, y un rechazo a todos los valores asociados con ella», reemplazados por una obsesión por el distanciamiento, por la separación.[16] Es lo que dice Guy Bechtel en otras palabras: la «máquina para fabricar al hombre nuevo» era también una «máquina para matar a las mujeres antiguas».[17] Aparece entonces un «modelo de conocimiento hipermasculinizado», un «estilo cognitivo masculino», frío e impersonal. Esta interpretación, subraya Bordo, no tiene nada de fantasía feminista del siglo XX: «Los fundadores de la ciencia moderna afirmaban consciente y explícitamente que la "masculinidad" de la ciencia inauguraba una nueva era. Y asociaban la masculinidad con una relación epistemológica con el mundo más limpia, más pura, más objetiva y más disciplinada». El sabio inglés Francis Bacon proclamaba así un «nacimiento masculino del tiempo».[18]

La relación entre el individuo consigo mismo y con el mundo que le rodea se transforma. Se considera que el cuerpo está separado del alma y se repudia: «No soy en absoluto ese ensamblaje de miembros que llamamos cuerpo humano», escribe Descartes (*Discurso del método*). Silvia Federici ve aquí los conceptos que más adelante permitirán convertirlo en el «instrumento adecuado para la regularidad y los automatismos requeridos para la disciplina capitalista».[19] Susan Bordo recuerda que el desprecio hacia el cuerpo —comparado con una prisión o una jaula— en la filosofía occidental se remonta a la Grecia antigua;[20] pero, tanto para Platón como para Aristóteles, explica, el cuerpo y el alma estaban inextricablemente entrelazados, y la segunda no podía escapar del primero más que con la muerte. Descartes, por su parte, va un paso más allá: los convierte en dos sustancias radicalmente distintas. Para él, el espíritu humano «no participa en nada de lo que atañe al cuerpo» (*Discurso del método*).

Al no ser ya percibida como un seno materno, la naturaleza se convierte en una fuerza caótica y salvaje que se ha de domeñar. Y lo mismo puede aplicarse a las mujeres, señala Carolyn Merchant. De ellas se dice que están más próximas a la naturaleza que los hombres, y que son más apasionadas sexualmente que ellos (la maquinaria represiva funcionará tan bien que, hoy en día, ellas pasan por ser *menos* sexuales que los hombres). «La bruja, símbolo de la violencia de la naturaleza, desencadenaba tormentas, causaba enfermedades, arruinaba las cosechas, impedía la procreación y mataba a los niños pequeños. La mujer que provocaba desórdenes, como la naturaleza caótica, debía ser sometida a control.» Una vez frenadas y domesticadas, ambas podían reducirse a una función decorativa, convertirse en «recursos psicológicos y recreativos para el agotado marido-emprendedor».[21]

Francis Bacon (1561-1626), considerado como el padre de la ciencia moderna, encarna de manera impactante el paralelismo entre esas dos dominaciones. Durante una década, fue un consejero cercano al rey Jaime I, y ocupó diversos cargos en la cima del poder, sobre todo el de procurador general. Jaime I, autor de un tratado sobre demonología, había modificado la legislación desde su ascensión al trono de Inglaterra: a partir de entonces, no solo se castigaría con la muerte cualquier práctica de la brujería y no únicamente la que sirviera para matar. Para Carolyn Merchant, en sus libros Bacon preconiza implícitamente aplicar a la naturaleza los mismos métodos que a las sospechosas de brujería. La imaginería a la que recurre para determinar sus objetivos y sus métodos científicos deriva directamente de los tribunales de justicia —o de la sala de torturas— donde él había pasado tanto tiempo. Recomienda someter a un interrogatorio a la naturaleza para obligarla a desvelar sus secretos: no debemos creer, escribe, que «la inquisición de la naturaleza esté prohibida en modo alguno»; al contrario, debe ser «reducida a la esclavitud», «encarcelada» y «moldeada» mediante las artes mecánicas.[22] El lenguaje actual conserva aún la huella de esta postura conquistadora, teñida de una sexualidad viril y agresiva: se habla de un «espíritu penetrante» o, en inglés, de *hard facts*, de hechos «duros», es decir, indiscutibles.[23] Se encuentra incluso en un filósofo ecologista como el estadounidense Aldo Leopold (1887-1948), que escribe: «Un ecologista es alguien que tiene la conciencia, humildemente, de que, con cada hachazo, inscribe su firma sobre la faz de su tierra».[24]

En el siglo XIX, la naturaleza, domesticada al fin, podrá representarse con los rasgos de una mujer dócil que ya no ofrece resistencia a los asaltos de la ciencia. Una obra del escultor francés Louis-Ernest Barrias (1841-1905) conocida como *La naturaleza desvelándose*, representa a una mujer con el pecho al descubierto, retirando con un delicado gesto el velo que le cubre la cabeza. Resulta difícil no pensar, viéndola ahora, en los carteles de propaganda franceses que, durante la guerra de Argelia, incitaban a las argelinas a quitarse el velo («¿Acaso no eres hermosa? ¡Quítate el velo!»), así como en la ley de 2004 que prohibía en la escuela llevar la cabeza cubierta con un pañuelo. Al parecer es intolerable que la mujer —y con mayor razón la mujer «indígena»— y la naturaleza, sometidas a la misma lógica, pretendan ocultar lo que sea a la mirada patriarcal occidental. La práctica que consistía en afeitar enteramente «vello y cabellos» del cuerpo de las sospechosas de brujería para permitir la inspección exhaustiva tenía como enunciado esa exigencia de verlo todo para dominarlo mejor.

Dreuf, Popokoff y los otros

La calle en la que se encuentra la consulta del doctor Dreuf, del que ya hemos hablado, se llama calle de la Escoptofilia, también llamada «pulsión escópica», y descrita por Sigmund Freud como el placer que se obtiene mirando a una persona que se halla en una situación de objeto, en relación con una sensación de control. Dicha calle se encuentra en la ciudad (ficticia) de Tris. En el momento en que comienza la historia, cae la noche. El médico está en su despacho, un pequeño cuarto polvoriento; los estantes de la biblioteca están adornados con tarros de vidrio amarillento en los que flotan «unos úteros conservados en formol y unos senos de mujeres», así como un feto femenino abortado.[25] A esa hora, el ama de llaves del ginecoanalista ha empezado ya a prepararle su cena. Acaba de llegar la penúltima paciente del día y se ha tumbado en el diván. Es su primera visita. Se llama Eva y ha venido a la consulta de «este hombre que goza de un gran renombre, un experto indiscutible», porque padece un extraño mal: se siente poseída por la voz y el destino de centenares de mujeres de todas las épocas. En el transcurso de una consulta muy larga, en una especie de trance, por su boca hablan sucesivamente una pecadora bíblica, una monja encerrada en un convento, una anciana condenada a la hoguera por bruja, una joven campesina violada en el bosque cuando recogía leña, una aristócrata reducida a la inmovilidad y que se ahoga por culpa de sus pesadas ropas, una esposa internada a la fuerza por su marido, una prostituta fallecida tras un aborto clandestino.

Dreuf la escucha —más o menos—, a ratos aburrido, distraído, burlón, exasperado, inquieto, irritado. Se pregunta qué debe hacer con esa histérica: ¿enviarla al manicomio o simplemente atiborrarla de medicamentos? «Claro, claro», farfulla en voz baja mientras ella despotrica. El recuerdo de las mujeres que le asustaron o humillaron durante su juventud desfila por la cabeza de ese hombre con pinta de gnomo, que se aferra a su ciencia y sus fórmulas matemáticas para conjurar el terror que le inspira el género femenino: «El paraíso multiplicado por la monja, el fruto elevado a la hoguera y la raíz de la chica mancillada menos el terreno de lodo y la puta, nos da...». Cuando en el relato de su paciente aparece un cazador de brujas, él recuerda con emoción, súbitamente atento, que su propio maestro, Popokoff, descendía de un «largo linaje de eminentes cazadores de brujas». Pide a la mujer que le describa a ese hombre. «Es un personaje extremadamente desagradable —responde Eva—. Lleva grandes botas de cuero, sostiene un largo y duro bastón, y viste un inmenso abrigo negro como la noche. Tiene su edad, doctor, y... sí... Sí, se lo aseguro, ¡hay algo en él que me recuerda a usted, doctor Dreuf!» El rostro del médico se ilumina, halagado, antes de volver a ensombrecerse, porque le parece haber percibido un «leve temblor burlón» en la voz de la analizada.

Si bien en su novela, la escritora sueca Mare Kandre (1962-2005) apuntaba sobre todo a Sigmund Freud y el psicoanálisis, el objetivo de esta deliciosa sátira son el médico y el hombre de ciencia. La medicina parece haber sido el escenario principal en el que se ha librado la guerra de la ciencia moderna contra las mujeres. La medicina tal como la conocemos se ha construido sobre su eliminación física: las cazas de brujas tuvieron como primer objetivo a las sanadoras, como hemos visto antes. Apoyándose en la experiencia, las sanadoras eran mucho más competentes que los médicos oficiales, muchos de los cuales eran lamentables Diafoirus,[26] pero aprovecharon igualmente la eliminación de aquella competencia «desleal», apropiándose de muchos de sus hallazgos. No obstante, desde el siglo XIII, es decir, mucho antes del inicio de las cazas de brujas, con la aparición de escuelas de medicina en las universidades europeas, la profesión médica se había prohibido a las mujeres. En 1322, la facultad de la ciudad llevó a Jacqueline Félicie de Almania, una noble florentina que se había instalado en París, ante los tribunales por el ejercicio ilegal de la medicina. Seis testigos afirmaron que ella los había curado, y uno de ellos declaró que «sabía más del arte de la cirugía y de la medicina que los más grandes médicos o cirujanos de París», pero eso no hizo más que agravar su caso porque, como mujer, simplemente se suponía que no debía ejercer.[27] El destino de la recopilación llamada *Trotula*, dedicada a las enfermedades ginecológicas y bautizada así en referencia a Trota, una famosa sanadora de Salerno, muestra bien el proceso de eliminación de las mujeres, no solo de la práctica, sino también de la creación de la literatura médica. Compilada a finales del siglo XII, la *Trotula* pasó por varias vicisitudes y acabó aterrizando en 1566 en las manos de un editor alemán que la incorporó a una antología más amplia, el *Gynaeciorum libri*. Poniendo en duda la identidad de Trota, lo atribuye a un médico llamado Eros. «Así, la lista de los autores griegos, latinos y árabes reunidos en el *Gynaeciorum* acusa una extraordinaria homogeneidad: son todo hombres que disertan sobre el cuerpo femenino y hacen alarde de ser los auténticos poseedores del saber ginecológico», concluye Dominique Brancher.[28] En Estados Unidos, donde la profesión médica es aún más masculina que en Europa, la exclusión de las mujeres se produjo más tarde, en el siglo XIX. El abuso de autoridad del hombre (de) blanco surgido de la clase media provocó una resistencia encarnizada, sobre todo a través del Movimiento Popular para la Salud, pero finalmente salió victorioso.[29]

El anónimo médico de un hospital francés que en 2017, en el canal Europe 1, afirmaba con orgullo que les «tocaba el culo» a sus colegas femeninas «para divertirse», sería seguramente menos gracioso si una de ellas, compartiendo su preocupación por «relajar el ambiente», se atreviera a palparle sus partes, o a propinarle una palmada en las nalgas.[30] El famoso «espíritu del estudiante de medicina» y la «necesidad de relajarse», sempiternamente invocados para justificar el acoso sexista[31] que han sufrido las doctoras por parte de sus colegas y superiores, disimulan con toda probabilidad la hostilidad que provoca su presencia. Enmascaran la convicción de que ellas no deberían estar allí, que son unas intrusas, perpetuando así un resentimiento que viene de muy atrás. Cuando en 2018, una decena de internos, en su mayoría mujeres, hicieron campaña para que retiraran un fresco pornográfico del muro del comedor de los internos en el hospital Purpan de Toulouse, algunos de sus colegas se mostraron reticentes, pues consideraban ese «arte típico de los estudiantes de medicina» como «parte integral de la historia de la medicina»:[32] no puede quedar más claro... De la misma forma, una cirujana relata este comentario de su jefe en el momento en que acababa su turno, al inicio de su carrera: «Quizá tenga futuro en esta profesión, niña. Es la primera mocosa a la que no consigo hacer llorar en el quirófano».[33]

También las pacientes son víctimas de este ambiente cuartelario. De ello dan fe las reflexiones sobre su cuerpo cuando están dormidas en el quirófano, o este episodio vivido por una joven en la consulta de su ginecólogo: «La última vez, mientras yo iba a pedirle una nueva cita a la secretaria, él entró en el despacho de su colega y se puso a describirle mis senos. Les oí reír. La secretaria se quedó petrificada, comprendí que no era la primera vez que oía algo parecido. No regresé jamás».[34] Como el ejército, la medicina es un cuerpo profesional donde parecen reinar una hostilidad innata hacia las mujeres y un culto a las actitudes viriles; tienen horror a los comportamientos de «nenaza». Pero lo que no puede sorprender en absoluto en una institución consagrada al ejercicio de la violencia, asombra más en una disciplina en la que se trata de *curar*.

Aunque cueste creer, la medicina aún concentra en la actualidad todos los aspectos de la ciencia nacida en la época de las cazas de brujas: el espíritu de conquista agresivo y el odio a las mujeres; la creencia en la omnipotencia de la ciencia y de quienes la ejercen, pero también en la separación entre el cuerpo y el espíritu, y en una racionalidad fría, desprovista de toda emoción. Para empezar, perpetúa esa voluntad de subyugación, de dominación, cuyo surgimiento ha investigado Carolyn Merchant. A veces hasta la caricatura: en diciembre de 2017, un cirujano británico fue juzgado por haber grabado sus iniciales con láser en el hígado de dos pacientes durante un trasplante de órganos.[35] Y esa actitud tiene tendencia a exacerbarse con pacientes femeninas. Para empezar, como señala Florence Montreynaud, «los órganos femeninos están jalonados de nombres masculinos», cual banderas plantadas en las diferentes partes de nuestra anatomía: «Los conductos que unen los ovarios con el útero se llamaron hasta 1997 trompas de Falopio, cirujano italiano del siglo XVI, antes de convertirse en trompas uterinas. Las bolsitas situadas en los ovarios, dentro de las que madura un óvulo cada mes desde la pubertad hasta la menopausia son los folículos de De Graaf, médico holandés del siglo XVII. Las glándulas que segregan el líquido que lubrica la vulva y la entrada de la vagina llevan el nombre de Bartolino, anatomista danés del siglo XVII. Asimismo, en el siglo XX, una zona de placer situada dentro de la vagina recibió el apelativo de punto G, inicial del médico alemán Ernst Gräfenberg. Imaginemos el equivalente en el hombre: los cuerpos cavernosos de Émilienne Dupont en el pene, o el canal de Catherine de Chaumont...».[36]

Este dominio está lejos de ser abstracto. El mundo médico parece muy preocupado por ejercer un control permanente sobre el cuerpo femenino y de asegurarse un acceso ilimitado. Como en una repetición incansable del proceso de domesticación conjunta de la naturaleza y de las mujeres, al parecer sigue siendo necesario reducir ese cuerpo a la pasividad, asegurarse su docilidad. Martin Winckler pone en tela de juicio por ejemplo el «ritual inmutable», la «obligación sagrada» que representa en Francia para todas, desde la pubertad e incluso teniendo una salud perfecta, la consulta ginecológica anual. Según él, no está en absoluto justificada: «La idea según la cual sería necesario practicar "desde el inicio de la actividad sexual y después cada año" un examen ginecológico, un examen de los senos y un frotis "para no dejar pasar nada" (se sobreentiende:

un cáncer del cuello uterino, de ovarios o de mama) es médicamente infundada, sobre todo para las mujeres de menos de treinta años, en las que los cánceres son muy raros y, en cualquier caso, no se detectan en una consulta "rutinaria". ¡Y cuando, al cabo de un año, la paciente va bien, el médico puede renovar la receta [de los anticonceptivos] sin examinarla! ¿Por qué? Muy sencillo: si la mujer está bien, la probabilidad de que le encuentre "algo" es casi inexistente. Entonces, francamente, ¿para qué incordiarla?». Sí, ¿para qué? Puede ocurrir incluso que ese ritual caiga en lo sórdido: Winckler explica el caso de dos adolescentes a quienes su médico, que era también el alcalde de su municipio, les impuso un examen de senos y un examen ginecológico cada tres meses.[37] Pero su motivo parece ante todo profundamente ideológico. La bloguera y escritora Marie-Hélène Lahaye subraya el elocuente título de un comunicado de los ginecólogos y obstetras franceses que, en junio de 2016, se opusieron a una extensión de las competencias de las comadronas independientes: denunciaban unas medidas que dañaban la «supervisión médica» de las mujeres... Por su parte, Mary Daly ve en este ritual una forma de mantener a todas las mujeres en un estado de ansiedad —comparable al que va ligado a las normas de belleza— que absorbe parte de sus energías.[38]

Muchos médicos están tan convencidos de sus derechos, que pueden caer en la ilegalidad sin tan siquiera tener conciencia de ello. En 2015, se descubrió en Internet una nota interna de la Facultad de Medicina de Lyon-Sud que invitaba a los estudiantes de ginecología a entrenarse en la práctica del tacto vaginal en pacientes dormidas de la sala de quirófano. En las redes sociales, explica Marie-Hélène Lahaye, muchos médicos y estudiantes se ofendieron cuando se les recordó que todo gesto médico precisaba el consentimiento de la paciente o el paciente, y que la introducción de dedos en la vagina era equivalente a una violación. Algunos adujeron que no había «nada de sexual» y que a ellos no les producía «ningún placer», proponiendo así una revisión como mínimo temeraria de la definición de violación. Otros llevaron su desfachatez al extremo de argumentar que, si respetaban el procedimiento y pedían la autorización de las pacientes, se arriesgaban a que estas se negaran... A fuerza de leer y de oír que los tactos vaginales y rectales eran gestos anodinos desprovistos de todo carácter sexual, Marie-Hélène Lahaye sugirió en Twitter que, en ese caso, los estudiantes de medicina podían practicarlos entre ellos: «Reconozco que no desperté un gran entusiasmo».[39]

Otro ritual problemático: el desfile de miembros del personal médico que, cuando una mujer está a punto de dar a luz, se presentan sucesivamente para introducir dos dedos en la vagina y evaluar la dilatación del cuello del útero, sin pedirle autorización, ni tan siquiera informarle previamente, y a veces sin una excesiva delicadeza. Lahaye invita a imaginar el equivalente para otras partes del cuerpo: estás en el dentista y, de manera regular, unos desconocidos entran en la consulta para venir a meterte los dedos en la boca; o bien vas a ver a un especialista para un examen rectal y una decena de personas se turnan para introducir el dedo en tu ano... «Semejante práctica —concluye—, es inconcebible en el conjunto de las disciplinas médicas, salvo en obstetricia, la que consiste en acceder al sexo de las mujeres.»[40] Se manifiesta ahí, de forma exacerbada, el supuesto según el cual el cuerpo de una mujer pertenece a todo el mundo salvo a ella, supuesto que se da en mayor o menor medida en toda la sociedad, y que explica por qué se supone que una no debe molestarse demasiado si le ponen la mano en el culo, por ejemplo.

Todas las fabuladoras

Antes de ir más lejos, es necesario precisar que no eludo la inmensa dedicación de un gran número de profesionales de la salud, en condiciones de trabajo a menudo extremadamente duras. Como muchos pacientes o allegados de pacientes, estoy en deuda con ellos, y detestaría darles la impresión de ser ingrata o injusta. Pero los recortes presupuestarios y la lógica de la rentabilidad no son quizá los únicos obstáculos que encuentran en su lucha para defender la idea que tienen de su trabajo: se topan también, sean o no conscientes de ello, con una lógica estructural, heredada de la manera en que se construyó su profesión a lo largo de la historia; una lógica que abrazan plenamente aquellos de sus colegas que se muestran despectivos, agresivos y misóginos. Mary Daly llega incluso a considerar que la ginecología es la continuación de la demonología por otros medios: el médico, como el cazador de brujas, puede argüir que no hace más que intentar salvar a la mujer de un mal al que su frágil naturaleza la expone especialmente; un mal llamado Diablo en otro tiempo, y hoy en día, la Enfermedad.[41] Y, en efecto, resulta difícil de negar la larga historia de violencias que la medicina ha infligido a las mujeres, que no pretendo exponer aquí. Citemos solamente la extirpación de ovarios sanos, ideada en la década de 1870 y practicada a gran escala para remediar un apetito sexual juzgado «excesivo» o para corregir un «comportamiento indisciplinado» (en general en el contexto conyugal), así como la ablación del clítoris (en Estados Unidos la última ablación de clítoris registrada se practicó en 1948 a una niña de cinco años para «curarla» de la masturbación;[42] o también la lobotomía, que permitía «devolver al paciente a su familia en un estado inofensivo, como un auténtico animal doméstico», con pacientes femeninas en una aplastante mayoría de los casos.[43]

Actualmente los casos de malos tratos y de violencia[44] se unen a una negligencia y una desfachatez que, combinadas con el ansia de beneficios y el cinismo de los laboratorios farmacéuticos, tienen efectos criminales. En los últimos años, un número impresionante de escándalos sanitarios ha transformado la vida de algunas pacientes en un calvario, cuando no las ha matado: las prótesis mamarias francesas PIP, vendidas a millares en el mundo, cuya silicona se filtra al interior del cuerpo; los implantes de esterilización Essure (laboratorios Bayer), cuyo metal parece destrozar el organismo de algunas mujeres; las píldoras anticonceptivas de tercera y cuarta generación, que aumentan gravemente el riesgo de trombosis, de embolia pulmonar y de accidente vascular cerebral;[45] las prótesis vaginales Prolift (laboratorios Johnson & Johnson), destinadas a tratar las caídas de órganos, que han resultado ser auténticos instrumentos de tortura, hasta el punto de que una víctima declara: «Jamás tuve valor para suicidarme, pero deseaba con todas mis fuerzas no despertarme al día siguiente».[46] Podemos añadir a la lista el Mediator de Servier, antidiabético que ha matado entre quinientas y dos mil personas y que se recetaba sobre todo como inhibidor del apetito, es decir, principalmente a mujeres, así como el Levothyrox: en la primavera de 2017, los laboratorios Merck cambiaron la fórmula de ese medicamento que suplía las deficiencias de la tiroides y que tomaron tres millones de personas en Francia, el 80 por ciento de ellas, mujeres; la nueva fórmula provocó efectos secundarios extremadamente dolorosos e incapacitantes a millares de personas.

Tras la Segunda Guerra Mundial, se produjo también el escándalo del Dietilestilbestrol o DES, un medicamento que supuestamente prevenía los abortos espontáneos y que provocó en las hijas de las pacientes problemas de fertilidad, embarazos de riesgo, abortos espontáneos, malformaciones y cánceres. Dejó de recetarse en 1971 en Estados Unidos, y en 1977 en Francia, donde, comercializado por los laboratorios UCB Pharma, se administró a doscientas mil mujeres. Los efectos se harán notar en tres generaciones. También afectaron a los varones. En 2011, un joven con un 80 por ciento de discapacidad obtuvo una indemnización ante la justicia: el DES que tomó su abuela en 1958 provocó una malformación uterina a su hija que, en 1989, dio a un luz a un gran prematuro.[47] De igual manera, la taliomida, comercializada entre 1956 y 1961 para aliviar las náuseas en mujeres embarazadas, provocó malformaciones en unos diez mil bebés de todo el mundo. El grupo Diageo pagó millones de dólares de indemnización en 2012 a una australiana nacida sin brazos ni piernas.[48]

También se están empezando a medir hasta qué punto los prejuicios sobre las mujeres perjudican a su asistencia médica. «Con iguales síntomas, a una paciente que se queja de opresión en el pecho se le recetarán ansiolíticos, mientras que a un hombre lo enviarán al cardiólogo», explica por ejemplo la neurobióloga Catherine Vidal.[49] De igual manera, son muchas las que sufren un martirio durante años cuando empiezan con la menstruación antes de que se les detecte una endometriosis. Esa enfermedad afecta a una de cada diez mujeres en edad de procrear y, sin embargo, apenas ahora empieza a conocerse mejor. En Francia, fue objeto de una campaña nacional de sensibilización en 2016.[50] A menudo, estas disfunciones tienen que ver con el famoso «está en su cabeza», el «claro, claro...» que farfulla el doctor Dreuf, con la imposibilidad de hacerse oír, de conseguir que te tomen en serio, como se constató una vez más con la crisis del Levothyrox. De la paciente se sospecha siempre que se lo imagina, que exagera, que es ignorante, demasiado sensible, irracional. (¿Hace falta que diga que raras veces suelto tantas tonterías por minuto como delante de un médico desagradable?) «Algunos estudios llaman la atención sobre el sexismo inconsciente de los médicos, que cortan la palabra a las mujeres con mayor frecuencia que a los hombres», señala Martin Winckler.[51] Tras considerar durante tanto tiempo a las mujeres como débiles, enfermas y deficientes por naturaleza —en el siglo XIX, en la burguesía, se las trataba como a inválidas crónicas, exigiéndoles que permanecieran en cama, hasta volverlas locas de aburrimiento—, la medicina parece haber cambiado de opinión. Ahora se sospecha que todos sus males son de origen «psicosomático». En pocas palabras, han pasado de estar «físicamente enfermas» a estar «mentalmente enfermas».[52] Una periodista estadounidense considera que el éxito actual de la industria del bienestar —yoga, detox, batidos y acupuntura— entre las mujeres acomodadas, a menudo motivo de burla, se explica por la descalificación y la deshumanización que experimentan las mujeres en el seno del sistema médico dominante. Esa industria, señala, «se especializa en la creación de espacios acogedores con luces tenues, donde se siente mimada y relajada, y donde el cuerpo femenino es la referencia».[53] «Pienses lo que pienses del detox y de los que venden sus productos —dice una de sus colegas—, se trata básicamente de personas que se preocupan por ti, que saben lo frágiles que son el bienestar y la salud, y que quieren que tengas una buena vida.»[54]

A principios de 2018, la serie médica estadounidense *Anatomía de Grey* ilustró de manera ejemplar lo mal que se acoge a las mujeres en el sistema convencional. Convencida de estar sufriendo un ataque al corazón, Miranda Bailey, una de las protagonistas de la serie, se presenta en las Urgencias del hospital más cercano.[55] El médico que la atiende se muestra escéptico y rechaza hacerle los exámenes más profundos que ella reclama. Asistimos entonces al enfrentamiento entre una médica negra y un colega blanco, licenciado en Yale, condescendiente y lleno de desprecio. Las posibilidades de que crean a Bailey disminuyen aún más cuando se ve obligada a admitir que sufre de un trastorno obsesivo compulsivo: le envían un psiquiatra. Por supuesto, el médico blanco se dará cuenta finalmente de que ella tenía razón y el espectador —y más aún la espectadora— podrá saborear la derrota de la arrogante eminencia. El episodio se inspira en la experiencia de una de las guionistas de *Anatomía de Grey*, a la que un día un médico llamó «judía neurótica».[56] Pero, en el momento de su difusión, se hacía también eco de la historia que acababa de relatar la tenista Serena Williams: le había resultado increíblemente difícil hacerse oír cuando, después de dar a luz en septiembre de 2017, había notado los primeros síntomas de una embolia pulmonar, hasta el punto de haber estado al borde de la muerte. Su historia puso de relieve el hecho de que Estados Unidos tiene la tasa más alta de mortalidad materna del mundo desarrollado, y que esa tasa es aún mayor entre las mujeres negras: «Las complicaciones derivadas del embarazo matan entre tres y cuatro veces más a mujeres negras que a mujeres blancas no hispanas, y los bebés nacidos de madres negras mueren con el doble de frecuencia».[57] Esto se debe a que tienen unas condiciones de vida peores, que implican un peor seguimiento médico y al estrés agudo que sufren, pero también a los prejuicios racistas que hacen que aún las tomen menos en serio. Así pues, ocurre incluso cuando se trata de una paciente rica y célebre, y que posee, por añadidura, un perfecto conocimiento de su cuerpo, en tanto que deportista de alto nivel. Dos casos trágicos han demostrado los mortíferos efectos de ese mismo desprecio en Francia: la muerte, en diciembre de 2017, de Naomi Musenga, joven de Estrasburgo de origen congoleño de la que se burlaron las operadoras del Samu cuando intentó obtener ayuda, pero también en 2007, cerca de Perpiñán, la de Noélanie, una niña de origen tahitiano víctima de un intento de estrangulamiento por parte de sus compañeros de clase que la tachaban de «morena»; los médicos se negaron a atenderla, afirmando que «fingía».[58]

Nacimiento de una solidaridad subliminal

«Odio a los médicos. Los médicos están de pie, los pacientes están tumbados. [...] Y los médicos de pie desfilan al pie de la cama de los pobres que están tumbados y que van a morir, y los médicos les lanzan a la cara sin verlos palabras grecolatinas que los pobres tumbados no comprenden jamás, y los pobres tumbados no osan preguntar para no molestar al médico de pie que apesta a ciencia y que oculta su propio miedo a la muerte repartiendo sin pestañear sus frases definitivas y sus antibióticos aproximativos como un papa en el balcón esparciendo la palabra y el jarabe de Dios sobre el mundo a sus pies.» Poco antes de la muerte por cáncer de Pierre Desproges en 1988, me sentí identificada al leer esta acusación, pronunciada en el *Tribunal des flagrants délires*. En 1988, yo tenía quince años; así de precoces fueron mis malas experiencias con la profesión médica. A causa de un problema de salud detectado cuando tenía doce años, había ido pasando de un especialista a otro durante mucho tiempo. Mujer, joven, tímida e ignorante, frente a hombres maduros con la aureola de todo el prestigio de la ciencia: tuve una clara idea de la relación de poder violentamente asimétrica tan bien descrita por Mare Kandre. Me recuerdo a mí misma, medio desnuda en la consulta, examinada de arriba abajo por médicos que hablaban de mí como si yo no estuviera y que me manipulaban con rudeza, sin la menor consideración hacia mi pudor de adolescente. Recuerdo unas manos blandas y frías, del olor de su aliento y su *aftershave*, de batas blancas rozando mi piel desnuda. Después, en la edad adulta, sufrí una operación ginecológica que supuestamente se podía realizar sin anestesia, y que me lo hizo pasar realmente mal. Se enfadaron conmigo, porque consideraron que era una blandengue. Como el espéculo me hacía daño, la médica se molestó: me gané un comentario venenoso, gratuito y fuera de lugar que me suponía incapaz de tolerar nada dentro de la vagina (porque un espéculo, como sabemos todas, es realmente agradable). Aunque suelo ser una paciente más bien dócil, me rebelé: forcejeé cuando me pusieron a la fuerza una mascarilla sobre la cara para poder dormirme y acabar. Exigí que me dejaran respirar un minuto antes de ponérmela. Solo una enfermera pareció compadecerse de mí; las otras estaban fuera de quicio por el tiempo que les hacía perder.

En estos últimos tiempos, en Francia, los blogs y las redes sociales han hecho emerger la cuestión del maltrato médico, por ejemplo a través del Tumblr *Je n'ai pas consenti* (No he dado mi consentimiento).[59] El activismo en las redes se extendió, y los medios de comunicación se centraron sobre todo en el tema de la violencia obstétrica, lo que llevó a la secretaria de Estado encargada de la igualdad entre mujeres y hombres, Marlène Schiappa, a encargar un informe sobre el tema en el verano de 2017.[60] Esta primera liberación de la palabra presentaba muchos puntos en común con el movimiento #MeToo, que iba a nacer unas semanas más tarde, a rebufo del caso Weinstein, para denunciar el acoso y las agresiones sexuales. En los dos casos, hemos asistido a un gran impulso colectivo para intentar cambiar la relación de fuerzas, para imponer que se tenga en cuenta la subjetividad y las vivencias de las mujeres, para subvertir por fin las mil y una artimañas retóricas que permiten minimizar constantemente la violencia que sufren las mujeres. Los relatos de las demás, su determinación a no dejarse dominar, las convencen a todas de su propia legitimidad para rechazar ciertos comportamientos. Le autorizan a asimilar su repugnancia, haciendo que calle por fin la vocecita que hasta entonces les decía: «No, eres tú, que eres demasiado sensible, demasiado mojigata, demasiado pudorosa, demasiado blandengue...». Produce cierta euforia, es estimulante, hacer caer así los muros entre experiencias aisladas; o ver en una pantalla a una Miranda Bailey luchando por hacer oír sus argumentos, negándose a dejarse intimidar, cuando una misma ha experimentado el peso abrumador de la autoridad médica. Me doy cuenta de que la esperanza de cambiar las cosas me ha conducido a interesarme activamente por el tema, cuando antes no pedía otra cosa que olvidar las experiencias dolorosas.

Apoyándome en esa solidaridad subliminal, me siento ahora un poco menos paralizada ante médicos desagradables (por suerte también a veces me encuentro con algunos absolutamente amables). Y constato que a ellos no les gusta. Son capaces de tomarse una sencilla pregunta sobre lo que están haciendo, formulada con suma amabilidad, como una afrenta inadmisible, un crimen de lesa majestad. Al parecer un buen paciente es un paciente que se queda callado. Y enseguida te sueltan el argumento más contundente: ese procedimiento sobre el que tú osas formular una pregunta, bien pudiera ser que

te salvara la vida. Una de mis amigas dio a luz en una maternidad de París «histórica», pionera en tomar en consideración el
bienestar de las pacientes y, sin embargo, se sorprendió mucho
por la forma en que se desarrollaron los acontecimientos, por
cómo la asustaron y la brusquedad con que la trataron. Un
tiempo después del nacimiento de su hijo, al volver para una
consulta, intentó poner el problema sobre la mesa. Sus interlocutores detuvieron en seco sus quejas, replicándole: «Usted
se encuentra bien y su hijo también, ¿qué más quiere?». El
argumento es extraño. La salud de mi amiga era buena, había
tenido un embarazo normal, no era sorprendente que tanto
ella como su hijo se encontraran bien; incluso era lo menos
importante. Pero, como escribe Marie-Hélène Lahaye, agitar
el espectro de la muerte «es la mejor arma para disuadir a las
mujeres de aspirar al respeto por su cuerpo y para mantener
su sumisión al poder médico».[61] Si creemos lo que dice Martin
Winckler, es también la mejor arma para disuadir a los estudiantes de medicina de hacer demasiadas preguntas sobre las
prácticas que se les enseña, aterrorizándolos: «Si no aprendes
los procedimientos correctos, los pacientes morirán».[62] A menudo, la amenaza es muy exagerada, en especial tratándose de
mujeres embarazadas, que no están enfermas. Pero a veces es
muy real. Delante de un médico, siempre estamos en posición
de debilidad: porque se padece una enfermedad más o menos
grave, y posiblemente mortal; porque él tiene unos conocimientos de los que nosotros carecemos, y porque si alguien
tiene poder para salvarnos, es él;[63] porque estamos tumbados
y él está de pie, como decía Desproges. Pero esta situación de
vulnerabilidad debería servir para que el médico mostrara un
mínimo de consideración, no para que el enfermo cierre la
boca. Además, esa vulnerabilidad tiene tendencia a exacerbar
todas las emociones: hace que el mal trato sea tanto más hirien-
te, y suscita una gratitud eterna cuando te encuentras con un
médico que se comporta con simpatía y delicadeza.

Tratar al paciente como a una persona

Seguimos soñando, intentando imaginar lo que podría ser la medicina occidental actual si aquel abuso de poder —contra las sanadoras, contra las mujeres en general, y contra todos los valores asociados con ellas— no se hubiera producido. Tras la expulsión de la profesión médica, en un principio, como hemos dicho, a las mujeres se les permitió regresar en calidad de enfermeras. La enfermera, señalan Barbara Ehrenreich y Deirdre English, es la Mujer idealizada, dulce, maternal, abnegada, igual que el médico es el Hombre idealizado, con la aureola del prestigio de la ciencia; los escritores de novelas románticas no se equivocan. A él le corresponde establecer el diagnóstico y prescribir el tratamiento; a ella, el acompañamiento y los cuidados cotidianos. Al fin y al cabo, el gran hombre no va a «desperdiciar su talento y su costosa formación universitaria con los fastidiosos detalles de los cuidados a los enfermos».[64] Winckler describe así la perpetuación de esta división de las tareas en la educación dispensada a los médicos franceses: su formación tiene como objetivo principal hacerles adquirir las «posturas que respaldan la autoridad de los médicos sobre todos los demás ciudadanos», en lugar de enseñarles «gestos destinados a aliviar a los que sufren. Los cuidados son asunto de las enfermeras, las comadronas, las quinesiólogas, las psicólogas. A los médicos les corresponde el saber y los poderes que se derivan de él».[65]

Ahora bien, señalan Ehrenreich y English, «curar, en su sentido más completo, consiste en aportar a la vez remedios y cuidados, en ser médico y enfermera. Las sanadoras de antaño habían combinado las dos funciones y eran apreciadas por ambas».[66] A su regreso a Barbados tras sus oscuros años en Salem, Tituba, la bruja cuyo destino imaginó Maryse Condé, se estableció de nuevo como sanadora; un día le llevaron a una joven esclava rebelde a la que los doscientos cincuenta latigazos infligidos por su amo casi habían matado: «Hice que tumbaran a Iphigene (ese era su nombre) sobre un jergón en un rincón de mi habitación, a fin de que no se me escapara ni uno de sus suspiros», dice.[67] El conocimiento del paciente, la atención permanente que se le presta, son parte integral del tratamiento. Obligan también a ver al paciente como una persona, más que como un cuerpo pasivo, inerte, intercambiable. Este segundo planteamiento, que perpetúa la separación entre el cuerpo y el alma o espíritu, favorece el maltrato al deshumanizar al enfermo. Es este planteamiento el que, unido a la mentalidad dominadora antes descrita, explica que se pueda manipular al paciente con total desvergüenza —como un simple automatismo—, o hablar de él como si no estuviera presente.

Colocarse en pie de igualdad con el paciente, aproximarse a él como un todo, no solo implica no separar su cuerpo de su espíritu, sino también tratar su cuerpo con mucha más benevolencia que la desplegada por un gran sabio apasionado de la pureza racional. El cuerpo, a la luz del nuevo paradigma cuyo advenimiento hemos visto antes, actuaba como recordatorio molesto y humillante de la animalidad del ser humano. Para Silvia Federici, la obsesión de la época de las cazas de brujas por los excrementos en particular se explica por «la necesidad burguesa de regular y limpiar el cuerpo-máquina de todo elemento que pudiera interrumpir su actividad» y por el hecho de que simbolizan los «humores mórbidos» que supuestamente contenía el cuerpo: para los puritanos, esos humores «se convirtieron en el signo visible de la corrupción de la naturaleza humana, una especie de pecado original que debía ser combatido, subyugado, exorcizado. De ahí la utilización de purgas, vomitivos y lavativas administrados a los niños o a los "poseídos" para hacerles expulsar sus maleficios».[68] Jules Michelet afirma que, inversamente, las brujas procedían a la «recuperación del vientre y de las funciones digestivas». «Osadamente, ellas manifestaban: "Nada es impuro ni inmundo". [...] Nada es impuro más que el mal moral. Todo lo físico es puro;

nada puede apartarse de la consideración y el estudio, prohibiéndolo por culpa de un vano espiritualismo, y menos aún por una boba repugnancia.» Según él, esta actitud reflejaba la mentalidad de la Edad Media que, practicando una jerarquía de lo «alto» y lo «bajo», juzgaba el espíritu noble y el cuerpo innoble, el cielo noble y el abismo innoble: «¿Por qué? "Porque el cielo está en lo alto". Pero el cielo no está ni alto ni bajo. Está por encima y por debajo. El abismo, ¿qué es? Nada en absoluto. La misma estupidez sobre el mundo, y el pequeño mundo del hombre. Este es un todo; todo está conectado con todo. Aunque el vientre sea el servidor del cerebro y lo alimente, el cerebro, al ayudar constantemente a prepararle el azúcar de la digestión, trabaja igualmente para él».[69]

Aceptar considerar al paciente como una persona, como un igual, es también exponerse a experimentar empatía, es decir —horror— emoción. Sin embargo, conforme al mito del hombre de ciencia frío y desapegado, a los aspirantes a médicos se les enseña también a negar sus emociones. «Todo se desarrolla como si, durante sus prácticas hospitalarias, se esperara de ellos que no se impliquen, que permanezcan emocionalmente lo más distantes posible de sus pacientes. Lo que, por supuesto, es imposible», señala Winckler. A menudo, se «insensibilizan» en el transcurso de sus estudios, como un escudo defensivo, porque están estresados, desbordados, desamparados ante el sufrimiento del que son testigos, y porque la postura de superioridad que se les inculca implica aparentar fortaleza y, por lo tanto, permanecer impasibles. Algunos pacientes han aprendido incluso a sentirse más tranquilos con esta actitud o, al menos, a suponer que no impide ser un buen médico. Una idea que Winckler se encarga de desmentir: «No existe el médico "frío, distante, pero competente"».[70]

La idea de que los médicos puedan mostrar sus emociones parece aterrarles, a ellos y a ciertos pacientes, como si la revelación de su humanidad y su vulnerabilidad pudiera privarles de sus competencias, reducirles a la impotencia; lo que por supuesto indica en qué se apoyan esas competencias en nuestra mente. Nos parece imaginar un torrente que lo arrastraría todo a su paso, transformando a los médicos en piltrafas aturulladas e impidiéndoles hacer su trabajo. Sin embargo, recuerdo al oncólogo que trató a uno de mis allegados enfermo de cáncer. En sus últimas visitas, cuando se hizo evidente que no podría mantener a su paciente con vida mucho más tiempo, llegó a tener lágrimas en los ojos. Me conmoví profundamente cuando me lo contaron más adelante; me sentí consolada en mi duelo. Esas lágrimas daban fe de que el médico había visto a un hombre delante de él, y no solo un caso. ¿Qué podría ser más natural, tratándose de alguien a quien visitaba desde hacía años? Ese reconocimiento de una humanidad común no le convertía ni mucho menos en peor médico, al revés. ¿Qué mensaje envía, por el contrario, una impasibilidad total ante el sufrimiento? ¿Sería un psicópata el modelo inconfeso del buen médico? ¿Y reprimir las emociones permite realmente protegerse de ellas?

Cuando la irracionalidad no está del lado que se cree

De todas las disciplinas médicas, es la obstetricia la que perpetúa de la forma más evidente la guerra contra las mujeres a la par que los sesgos de la ciencia moderna. «La bruja y su equivalente, la comadrona, se encontraban en el centro simbólico del combate por el control de la materia y la naturaleza, esencial para las nuevas relaciones establecidas en las esferas de la producción y de la reproducción», escribe Carolyn Merchant.[71] Dos instrumentos permitieron dejar de lado a las comadronas y asegurar un nuevo mercado a los médicos «legales», es decir, del sexo masculino: el espéculo y el fórceps. El primero fue inventado en la década de 1840 por un médico de Alabama, James Marion Sims, que realizó sus experimentos con esclavas; a una de ellas, llamada Anarcha, le hizo sufrir una treintena de operaciones sin anestesia. «El racismo y el sexismo están integrados en el propio objeto; piensa en ello la próxima vez que tengas los pies en los estribos», espeta la periodista canadiense Sarah Barmak, autora de un libro sobre la manera en que las mujeres vuelven a ser dueñas de su sexo hoy en día.[72] El fórceps, por su parte, fue inventado mucho antes, en el siglo XVI, por Peter Chamberlen, un hugonote emigrado a Inglaterra. En el siglo siguiente, en 1670, su sobrino Hugh quiso hacer una demostración de su uso delante de François Mauriceau en el hospital Hôtel-Dieu de París, pero la operación fue un desastre: se saldó con la muerte de la madre y del bebé. En Inglaterra, se clasificó como instrumento quirúrgico, y la práctica de la cirugía estaba prohibida a las mujeres... Las comadronas, que acusaban a los médicos de utilizarlo de manera peligrosa, protestaron en vano.[73] Su demanda contra Peter Chamberlen III, en 1634, no tuvo efecto. Una violenta campaña de denigración las acusó de incompetencia y obscurantismo. A finales del siglo XVII, el parto había quedado enteramente en manos masculinas.[74] En Francia, en 1760, Elizabeth Nihell, comadrona inglesa que ejercía en el Hôtel-Dieu, afirmó no haber visto jamás un nacimiento que requiriera de la ayuda de un instrumento. En su *Traité sur l'art de l'obstétrique*, acusaba a los cirujanos de emplear el fórceps por razones de conveniencia personal, para acortar el esfuerzo.[75]

Por una siniestra ironía, los médicos y los cirujanos se deshicieron de las comadronas acusándolas de suciedad. Ahora bien, entre los siglos XVII y XIX, en las primeras maternidades, donde no parían más que las mujeres de las clases populares, la fiebre puerperal hacía estragos. En febrero de 1866, por ejemplo, murieron un cuarto de las mujeres que habían dado a luz en el hospital maternidad de París. El médico estadounidense Oliver Wendell Holmes explica que en Viena, hacia 1840, las metían a pares en los ataúdes para disimular la hecatombe.[76] En 1797, la fiebre puerperal mató también a la intelectual y feminista inglesa Mary Wollstonecraft[77] tras el nacimiento de su segunda hija (la futura Mary Shelley, autora de *Frankenstein*). A mediados del siglo XIX, Ignaz Philipp Semmelweis, que ejercía como médico en el hospital de Viena, descubrió el origen de esa «epidemia»: después de diseccionar cadáveres, los médicos iban a atender los partos sin haberse lavado las manos... Cuando obligó a todos sus colegas a lavárselas antes de entrar en la sala de partos, la tasa de mortalidad descendió. Semmelweis se sentía atormentado por la culpabilidad: «Solo Dios conoce el número de pacientes que, por mi culpa, han ido a parar prematuramente a la tumba». Pero su hallazgo provocó la indignación de sus colegas, ofendidos por la idea de que sus manos pudieran transmitir la muerte. En el transcurso de los años que siguieron, Semmelweis vio cómo se le cerraban todas las puertas. Aquejado de depresión, murió en 1865 en una institución psiquiátrica de Viena. Desde 1795, un médico escocés, Alexander Gordon, había emitido una hipótesis similar a la suya, sin encontrar el menor eco; y Holmes, que llegó a las mismas conclusiones, sufrió idénticos ataques: lo trataron de irresponsable y de arribista que pretendía hacerse notar...[78] El lavado sistemático de las manos no se instauró hasta veinte años después de la muerte de Semmelweis.

En su libro *Accouchement: les femmes méritent mieux* (Parto: las mujeres merecen algo mejor), Marie-Hélène Lahaye no se contenta con denunciar la violencia en la obstetricia: independientemente del comportamiento individual, más o menos benevolente, de los médicos, las comadronas y las enfermeras, Lahaye muestra con detalle todo lo aberrante y discutible en la manera de venir al mundo y/o parir de la mayoría de las personas. Invita a hacer una revisión completa de nuestra manera de concebir y de organizar el nacimiento, a la que estamos tan acostumbrados que ni siquiera imaginamos que se pueda hacer de otra forma. Sin embargo, son muchas las cosas que deberían cuestionarse, empezando por la norma de la posición tumbada boca arriba, que es la menos cómoda para la mujer y para el bebé, puesto que les priva de la ayuda de la gravedad. El médico uruguayo Roberto Caldeyro-Barcia decía que era la peor posición, «después de la suspensión por los pies».[79] En esta postura, en definitiva, no hay más que un protagonista: el médico colocado entre las piernas de la parturienta, a la que roba toda la atención. En resumidas cuentas, es el equivalente de la posición del misionero en el acto sexual, ambas consideradas como las únicas «apropiadas» y que escenifican a «un hombre activo y esforzado sobre una mujer pasiva tumbada y abierta de brazos y piernas».[80] Es significativo que fuera Luis XIV quien, en 1663, cuando su amante, Louise de la Vallière, se disponía a dar a luz, le pidiera al médico que la colocara tumbada boca arriba «para que él pudiera asistir al nacimiento oculto tras una cortina». Siempre esa obsesión por mirar... Cinco años más tarde, el médico del rey, Mauriceau —el mismo ante el cual Hugh Chamberlen había hecho su demostración fallida del uso del fórceps—, recomendaba esa posición en su influyente tratado sobre el parto.

El esbozo de otro mundo

De un lado, la sala de partos tal como la conocemos: ruidosa, intensamente iluminada, con su personal médico que se afana en todos los sentidos y sus parturientas debidamente neutralizadas, retenidas por la monitorización, a las cuales se les impone una posición y unos procedimientos siempre idénticos, es decir, un modelo de organización «a lo Ford, de trabajo en cadena y de estandarización», señala Marie-Hélène Lahaye.[81] (Adrienne Rich, que en *Nacemos de mujer*, en 1976, sostenía una idea muy similar, señala que ciertamente se necesita ayuda durante un parto, pero que «hay una diferencia entre recurrir a esa ayuda y reclamar que te anulen».)[82] Por el otro, la «sala natural» de una clínica, donde se desarrolla el parto de la propia autora, en presencia de su comadrona y de su compañero sentimental. «En la penumbra, y con una relajante música de fondo —relata—, adopté libremente las posturas que dictaba mi cuerpo, moviéndome como una pantera entre las instalaciones, agarrándome como una mona a los aparatos a mi disposición. No sentía dolor, sino un increíble poder. Soltaba gritos de fuerza, alaridos de energía, gemidos de inmensidad.» Al leer estas dos descripciones, tengo la impresión de encontrar en el primer lugar todos los rasgos de la civilización ostentosa que me produce un gran desasosiego, como ya he dicho, y de ver en el segundo un esbozo de lo que podría ser otro mundo, que tendría con la naturaleza —y con las mujeres— relaciones más serenas. Dos universos muy diferentes en los que acoger a un nuevo ser humano; dos formas de anunciar claramente sus intenciones...

El planteamiento de Lahaye también es interesante para mi discurso, porque no reivindica una posición irracional frente a una medicina que sería racional: al contrario, lo que hace es cuestionar su pretendida racionalidad. Su libro está lleno de notas y de referencias científicas. Si aboga por que las mujeres recuperen el dominio del parto, no es en nombre de un supuesto «instinto» que les permitiría saberlo todo sobre el proceso: el parto, dice, es un «conjunto de reflejos», algo que el cuerpo sabe hacer solo, como vomitar, «pero con un resultado mucho más satisfactorio», y para el que sobre todo necesita que lo dejen tranquilo. Muestra también que el estrés provocado por el protocolo hospitalario crea los problemas que este mismo se jactará luego de resolver: «El ruido de la monitorización, y la estridente alarma que suena si se desplaza un sensor, pueden provocar un aumento de la adrenalina en la mujer. Ahora bien, la producción de adrenalina se opone a la producción de oxitocina, la hormona que genera, entre otras cosas, la contracción del útero, y que es indispensable para el parto. Las contracciones se volverán entonces menos eficaces. Para compensarlo, el equipo médico puede decidir inyectar una dosis de oxitocina, lo que modifica la naturaleza de las contracciones y aumenta el dolor, por falta de liberación de otra hormona, la endorfina. La madre puede sentir entonces la necesidad de una epidural para combatir el dolor, lo que provoca su inmovilización, factor que puede conducir a una nueva ralentización del parto». Esta lógica lleva a concluir que, entre las que dicen: «Estaría muerta si no hubiera dado a luz en el hospital», un buen número de las mismas deberían decir más bien: «En el hospital, estuvieron a punto de matarme». Contrariamente a la idea recibida, no es el protocolo para los partos en el hospital lo que hizo bajar la mortalidad materna: «La caída de la mortalidad en los partos entre 1945 y 1950 es sobre todo el resultado de la mejora de las condiciones de vida, de la higiene y del progreso de la medicina en general, más que del intervencionismo obstétrico en el momento del parto».

A pesar de su actividad paralela como hechiceras, que podemos observar con escepticismo, las sanadoras que fueron víctimas de las cazas de brujas estaban ya del lado de la razón, mucho antes que los médicos oficiales de la época, «más peligrosos y menos eficaces», afirman Barbara Ehrenreich y Deirdre English. En la facultad, los médicos estudiaban teología, a Platón y a Aristóteles; recurrían a sangrías y sanguijuelas. Aun siendo vana, su pretensión de curar topó además con la reticencia de las autoridades religiosas, para las que interfería con los designios de Dios. En el siglo XIV, tenían el derecho de ejercer, pero debían demostrar que «la atención que prestaban al cuerpo no ponía el alma en peligro». («De hecho, los registros que conservamos de su formación médica hacen que parezca más probable que fuera *el cuerpo* lo que ponían en peligro», comentan Ehrenreich y English con sorna.) Si bien la medicina oficial reservada a los ricos se toleraba, las sanadoras en cambio no se beneficiaban de la misma indulgencia. Ellas rechazaban activamente el fatalismo que el clero quería inculcar en el pueblo ante la enfermedad, y que Jules Michelet resume en estos términos: «Habéis pecado, y Dios os castiga.

Dad gracias; menos castigo tendréis en la otra vida. Resignaos, sufrid, morid. La Iglesia tiene sus oraciones para los muertos».[83] De igual forma, las mujeres debían sufrir al traer hijos al mundo para expiar el pecado original. Las sanadoras las aliviaban con cornezuelo, hongo del que aún hoy en día se derivan ciertos medicamentos administrados durante y después del parto. Numerosas plantas que ellas utilizaban siguen formando parte de la farmacopea moderna. «Fueron las brujas las que desarrollaron una comprensión profunda de los huesos y los músculos, de las plantas y los medicamentos, mientras que los médicos sacaban sus diagnósticos de la astrología.»[84] En otras palabras, la audacia, la sagacidad, el rechazo a la resignación y a las viejas supersticiones no estuvieron necesariamente del lado que creemos. «Tenemos pruebas abundantes de que las supuestas "brujas" figuraban entre las personalidades más profundamente científicas de su tiempo», escribía ya en 1893 Matilda Joslyn Gage.[85] Asociarlas con el Diablo implicaba que habían sobrepasado los límites a los que se les exigía que se atuvieran, y que habían usurpado las prerrogativas masculinas. «La muerte por tortura era el método de la Iglesia para reprimir el intelecto de las mujeres, pues se consideraba que, en sus manos, el conocimiento era maléfico.»[86]

La rebelión de las «buenas mujeres histéricas»

Hoy en día, evidentemente el rechazo del orden simbólico instaurado en el Renacimiento no se limita al terreno médico. Retomemos el ejemplo del destierro de las emociones y de su atribución despectiva a las mujeres, y solo a ellas; una lógica especialmente marcada en los médicos, pero presente en toda la sociedad. En 1985, la militante afroamericana Cora encabezaba la lucha contra la implantación de un vertedero de desechos radioactivos en el condado pobre y negro de Halifax, en

Virginia, donde ella vivía. Explicaba que al principio se había sentido vejada cuando los representantes de las autoridades —hombres blancos— la habían tachado de «ama de casa histérica». Después había reflexionado y, en la reunión siguiente, al repetir ellos el insulto, les había replicado: «Tienen toda la razón. Somos unas histéricas, y cuando se trata de una cuestión de vida o muerte, sobre todo de la mía, me pongo histérica. Si los hombres no se ponen histéricos, entonces es que están mal de la cabeza».[87] En resumen, las emociones no siempre nos pierden: a veces, por el contrario, cuando les hacemos caso, son las que nos salvan. No solo ocurre cuando quieren hacernos vivir en las proximidades de un vertedero radioactivo, sino también en las situaciones de acoso o de maltrato antes mencionadas, por ejemplo. Al dar crédito a lo que ellas mismas sienten —repugnancia, cólera, rechazo, rabia—, a las señales de alarma que llenan su cuerpo y su espíritu, las víctimas pueden encontrar la fuerza para defenderse, cuando detrás de la voz de la razón se esconde en realidad la de la autoridad, paralizante, intimidatoria.

Por supuesto las emociones también pueden cegarnos, volvernos manipulables. Pero no nos protegeremos de ese riesgo fingiendo ignorarlas, puesto que, de todas formas, seguirán estando ahí. Al dar las gracias en el inicio de su libro a todos los que contribuyeron a su reflexión, Susan Griffin precisa que ella entiende la palabra «reflexión» tal como está construida en la caligrafía china, «cerebro» y «corazón» unidos.[88] El filósofo Michel Hulin, en lo que a él respecta, recuerda que es ilusorio aspirar a una racionalidad pura, libre de cualquier afecto. Debemos tener en cuenta que, en la raíz de toda disciplina intelectual, incluso la más estricta, la más rigurosa, hay una preferencia afectiva, aunque no sea más que la que nos hace preferir «lo ordenado a lo caótico, lo claro a lo confuso, lo completo a lo incompleto, lo coherente a lo contradictorio». Hulin escribe: «En lo más profundo, la afectividad, con su inevitable dimensión de parcialidad, se halla en el centro mismo del acto de comprender, en el sentido de que una conciencia absolutamente neutra e inaccesible a toda consideración de valores se limitaría a dejar las cosas en el estado en que se nos presentan». Y concluye: «Es sobre la cambiante superficie de la preferencia afectiva sobre la que descansa el edificio entero de nuestras construcciones teóricas en todos los ámbitos del saber».[89]

Analizándolo con mayor detenimiento, hay algo de pueril en esa pretensión tan inverosímil de una racionalidad inmaterial, pura, transparente, objetiva. Pueril y profundamente temerosa. Frente a un personaje que carece de dudas, seguro de sí mismo, de su saber y su superioridad —sea médico, erudito, intelectual o parroquiano de un bar—, cuesta imaginar que esa postura pueda disimular una inseguridad esencial. Y sin embargo, es una hipótesis que merece ser contemplada, como nos indica Mare Kandre al sacar a la luz, en la novela antes citada, al niño aterrorizado oculto tras el gran hombre de ciencia. Debemos recordar además que, originalmente, la actitud cartesiana frente al mundo nació para evitar una inmensa desestabilización. Al demostrar que la Tierra giraba alrededor del Sol, Copérnico había dado un vuelco a la cosmogonía de la época; un vuelco multiplicado por el dominico Giordano Bruno (1548-1600), que postuló la infinitud del universo, dejando atrás el «universo cerrado y cómodo del imaginario medieval», como escribe Susan Bordo. Al mismo tiempo, las primeras versiones del telescopio catapultaron al observador hacia los abismos celestes. A partir de ese momento, «el universo abrió sus fauces». La tarea de Descartes consistió en responder a la ansiedad nacida de ese estallido, en efectuar el viaje «desde la duda y la desesperación hasta la certeza y la esperanza». Como reaccionando por despecho o para defenderse, frente a ese universo percibido a partir de entonces como vasto y vacío, indiferente y frío, forjó una actitud de máximo desapego. Su genialidad consistió en transformar una experiencia «de pérdida y alejamiento» en un motor para el conocimiento y el progreso humano. Al término de la operación, «el espantoso paisaje de un universo infinito se había convertido en el iluminado laboratorio de la ciencia y de la filosofía modernas».[90]

Las y los que hoy en día ven inconvenientes en vivir en ese laboratorio topan a menudo con la incomprensión y la desaprobación de sus contemporáneos. Se les reprocha que vuelvan a cuestionar una sociedad tecnológica de la que, por otra parte, dependen, y cuyas comodidades aprecian, aunque ese argumento vaya perdiendo importancia a medida que la crisis ecológica muestra unos efectos cada vez más directos y evidentes. Esta lógica recuerda los intentos por hacer callar a las pacientes que critican el sistema médico, con el pretexto de que su salud y a veces su vida dependen de él. Es una lógica que nos culpabiliza y que nos condena a la sumisión, a la resignación. ¿Pueden hacernos responsables de la sociedad en la que hemos nacido y con respecto a la cual nuestro margen de maniobra es inevitablemente limitado? Usar ese argumento para prohibir que la critiquemos conduce a mordernos la lengua ante las catástrofes, a desbaratar nuestro pensamiento y, a un nivel más amplio, a ahogar la imaginación, las ganas y la capacidad de recordar que las cosas no están condenadas a ser como son.

También resulta asombroso que muchas personas parezcan no imaginar siquiera que la historia podría haber sido distinta, que el progreso habría podido tener otra cara y que habríamos podido —que aún podríamos— disfrutar de los beneficios sin soportar los inconvenientes. Una actitud cruelmente resumida en la máxima, o más bien el chantaje que proclama: «La era nuclear o la edad de piedra» (y como resultado seguramente tendremos las dos cosas). Así, al término de su historia realmente minuciosa sobre las cazas de brujas en Europa, que no oculta ningún horror, que reconstruye el desarrollo de los acontecimientos, y analiza con agudeza su significado cultural, Guy Bechtel llega a la sorprendente conclusión según la cual, en esencia, no se puede hacer una tortilla sin romper los huevos. De hecho, considera que ese episodio se inscribía en el contexto de una «revolución» y que las revoluciones, aduce, «no pueden llevarse a cabo más que con la aniquilación de las posturas contrarias y de quienes las sostienen (o quienes se pretende que las sostienen)». Afirma: «El movimiento que quiso matar a las brujas, inconscientemente, claro está, es también el que más adelante hizo nacer y pensar a Montesquieu, Voltaire y Kant». En definitiva, da su bendición a la lógica que él mismo resume con estas palabras: «Matar a las mujeres antiguas para fabricar al hombre nuevo».[91] Ilustra así el hecho de que, una vez más, los historiadores de las cazas de brujas son a su vez producto del mundo que persiguió a las brujas, y que siguen siendo prisioneros de la mentalidad que esa persecución construyó. Un punto de vista muy distinto del de Barbara Ehrenreich y Deirdre English, que no solo recuerdan las tragedias individuales —las aspiraciones reprimidas y el empuje coartado de las víctimas—, sino también todo aquello de lo que se ha privado la sociedad por perseguirlas, todo lo que impidieron que ellas desarrollaran y transmitieran. Ehrenreich y English hablan de un «inmenso desperdicio de talento y de conocimientos» e invitan «a recuperar, o al menos a señalar, lo que se ha perdido»...[92]

La necesidad de Bechtel de introducir a toda costa la espantosa historia que acaba de reconstruir en el relato virtuoso del advenimiento del progreso le lleva a formular hipótesis cuando menos traídas por los pelos: «Es probable que a la injustificable masacre de las brujas se le debiera a la larga, al menos en parte, un cambio de la mentalidad hacia una mayor racionalidad, una mayor justicia, el reforzamiento de los derechos de defensa, la concienciación sobre los derechos del hombre», escribe. O cómo justificar lo que en la misma frase se acaba de calificar de «injustificable»... El análisis de Matilda Joslyn Gage (en 1893, no lo olvidemos) parece mucho más verosímil: «Durante ese periodo, el pensamiento de la gente se moldeó en una sola dirección. La lección principal que enseñaba la Iglesia, según la cual era preciso traicionar a los amigos para asegurarse la salud propia, dio pie a que naciera un intenso egoísmo. Todo sentimiento humanitario se perdió en los esfuerzos de todos y cada uno por asegurarse la salvación propia a expensas de la de los demás, incluso los más allegados por lazos de sangre o afecto. La piedad, la ternura, la compasión fueron erradicadas. La honestidad abandonó a la cristiandad; el miedo, el dolor y la crueldad adquirieron un dominio absoluto. [...] El desprecio y el odio a las mujeres se inculcaron con mayor ahínco; el amor al poder y la traición figuraron entre las lecciones de egoísmo que daba la Iglesia. Se perdió la reverencia a las personas mayores. Las penas y sufrimientos de una larga vida no despertaban ya ninguna simpatía en los corazones».[93] Un marco propio para apaciguar las peligrosas aspiraciones humanistas.

Idear dos liberaciones a la vez

Aunque el orden simbólico que rendía culto al desapego y a la objetividad se forjara sobre todo contra las mujeres y todo lo asociado con ellas, es obvio que, más tarde —y con mayor razón hoy en día, cinco siglos después de su nacimiento—, se emancipó de esa lógica. Tanto en las interacciones cotidianas como en la vida intelectual, ha sido ampliamente cuestionado, tanto de manera incidental como deliberada, y muchas veces se pone en tela de juicio dejando a un lado toda referencia a una lógica de género. Aunque haya hombres y mujeres (yo, por ejemplo) que encarnen hasta la caricatura cada uno de los extremos, es decir, la masculinidad positivista y la feminidad sensible, respectivamente, son muchos los hombres que critican ese sistema y muchas las mujeres que lo abrazan. Pero se puede elegir también cuestionarlo desde un punto de vista feminista. Numerosos personajes de brujas expresan un desacuerdo lúcido y resuelto con la visión de mundo apoyada por quienes las aplastan bajo sus botas. «Ella me enseñó que todo vive, todo tiene un alma, un aliento. Que todo debe ser respetado. El hombre no es un amo que recorre su reino a caballo», dice la Tituba de Maryse Condé a propósito de la vieja esclava que le transmitió su saber.[94]

Algunas pensadoras realizan esta crítica retomando por su cuenta la asociación entre las mujeres y la naturaleza que antaño hacían los filósofos, y avalando por tanto la idea de que las mujeres serían más «naturales» que los hombres, que tendrían afinidades especiales con el mundo salvaje. La más célebre defensora de esta tesis, aunque no haga referencia a la formación de la ciencia moderna y no pertenezca en sentido estricto al ecofeminismo, es sin duda Clarissa Pinkola Estés, autora del superventas *Mujeres que corren con los lobos*.[95] He aquí de nuevo el esencialismo que suscitó vivas polémicas en el seno —o quizá sobre todo alrededor— del movimiento ecofeminista, algunas de cuyas corrientes fueron acusadas de apoyar una visión de ese género. El movimiento nació en la década de los ochenta, cuando en los países anglosajones hubo militantes que relacionaron la explotación de los recursos con la dominación que ellas padecían. Pero ¿podemos realmente contentarnos con rechazar ese esencialismo, como hace por ejemplo Janet Biehl, que trabajó junto al teórico ecosocialista Murray Bookchin?[96] Según la filósofa Catherine Larrère, «para liberar a las mujeres de la dominación que pesa sobre ellas, no basta con deconstruir su naturalización para devolverlas al lado de los hombres: el de la cultura. Eso sería como realizar el trabajo a medias, y dejar abandonada a la naturaleza. La causa de la naturaleza saldría perdiendo, pero de igual manera la de las mujeres».[97] Las ecofeministas, explica Émilie Hache, quieren volver a adueñarse de ese cuerpo que ha sido demonizado (huelga decirlo), degradado y vilipendiado durante siglos, y dedicarse a él y celebrarlo; quieren también poder cuestionar la relación beligerante con la naturaleza que se ha desarrollado en paralelo. El problema que se les plantea podría resumirse así: «¿Cómo (re)construir una relación con una naturaleza de la que hemos sido excluidas y de la que nos hemos excluido porque nos han identificado con ella a la fuerza y de manera negativa?».[98]

Al mismo tiempo, rechazan que la «naturaleza» sirva de pretexto para imponerles un destino o un comportamiento regulado como la maternidad o la heterosexualidad. La experiencia poco conocida de «regreso a la tierra» de comunidades separatistas lesbianas en la década de los setenta en Oregón[99] es una buena muestra de esa actitud (además de ser motivo para dejar catatónicos a los que, en Francia, pierden los estribos ante la mera idea de que las mujeres —o las víctimas de racismo— organicen una reunión de dos horas que no sea mixta). «¿Por qué dejar a los heterosexuales el monopolio de una sexualidad "natural" y pensar que los movimientos *queer* no pudieron desarrollarse más que en las ciudades, lejos de la naturaleza y contra ella?», se pregunta Catherine Larrère, que no ve «motivos para construir el feminismo sobre la negación de la naturaleza».[100] De igual forma, ¿por qué reinventar un vínculo con la naturaleza habría de implicar imponer a las mujeres una maternidad que no desean, violando su soberanía sobre su propio cuerpo? Históricamente, además, como ya hemos visto, la guerra contra la naturaleza ha ido de la mano de la guerra contra quienes pretendían controlar su fecundidad. Eso demuestra la estupidez de los católicos reaccionarios de hoy que basan su cruzada antiabortista en una supuesta «ecología integral», y quieren, según las lamentables palabras de su figura más destacada en Francia, Eugénie Bastié, «defender a la vez a los pingüinos y a los embriones».[101] La ecología es un buen pretexto...

Émilie Hache lo constata con pasmo: basta con que ciertas actrices ecofeministas celebren el cuerpo de las mujeres o se refieran a la diosa para «provocar alaridos escandalizados» y granjearse acusaciones de esencialismo. «¿Qué ha ocurrido para que toda referencia al cuerpo, es decir, al cuerpo femenino, se haya vuelto imposible?», se pregunta. ¿Una demostración de las mil y una artimañas de la misoginia, de su profundidad y su tenacidad, quizá? Hache invita a una mayor amplitud de miras: «En lugar de ver en ello la afirmación de una esencia y la reiteración del discurso patriarcal, debemos interpretar esos textos como actos de curación y emancipación (*empowerment*), como tentativas pragmáticas de reparación cultural tras siglos de denigración de las mujeres y de reconexión con la tierra/naturaleza».[102] Hache lamenta que la ansiedad desmesurada que provoca el fantasma del esencialismo logre inhibir el pensamiento y la acción. Pero sobre todo, lo que cristaliza, la virulencia de las críticas, representa según ella una manera de castigar al movimiento ecofeminista por su audacia. Porque indiscutiblemente audacia no le falta. Se necesita mucha para cuestionar no solo la suerte que te ha tocado, sino también el orden global en el que esta se inscribe. En mi opinión, esta audacia se inscribe en la misma lógica que la observada desde hace unos años a propósito de las agresiones sexuales o el maltrato médico. Simplemente es una mera prolongación: se trata siempre de obligar al mundo a escuchar por fin su relato y su punto de vista sobre las cosas, de desvelar el otro lado del decorado y de sacarlo a la luz pública.

«Vuestro mundo no me interesa»

Un episodio del caso Weinstein, en invierno de 2018, me ha parecido como un caso de libro a ese respecto. Esperado desde hacía tiempo, el testimonio de la actriz Uma Thurman[103] pulverizó completamente ese monumento a la cultura pop que era *Kill Bill* (2003-2004), dirigida por Quentin Tarantino y producida por la compañía de Harvey Weinstein, Miramax. Hasta entonces, nos la habían presentado como una película feminista, que mostraba a una heroína invencible, llena de recursos, sexi y fuerte a la vez, interpretada por una actriz destacada de Hollywood y unida a su director por una inquebrantable complicidad. Al finalizar el relato de Uma Thurman, nos encontramos ante la espantosa historia de una actriz que, tras haber sufrido una violación a la edad de dieciséis años, había sido agredida sexualmente, como decenas de compañeras suyas, por el productor de la película. En cuanto a Tarantino, tras haber mostrado hacia ella un comportamiento francamente enfermizo a lo largo de todo el rodaje, estuvo a punto de matarla al empujarla a ejecutar ella misma una peligrosa escena al volante de un coche que se estrelló contra un árbol; accidente del que ella misma publicó un vídeo en Instagram, como contrapunto amargo a la película, tras haber tenido que insistir durante años para que el director se lo hiciera llegar. Lejos de confundirla con la guerrera gloriosa que interpretaba en la pantalla, o con la estrella etérea y voluptuosa, perfeccionada por el pilates y los cuidados de belleza que nos vendían en las revistas, Thurman aparecía como una mujer con problemas, que sufría daños en la nuca y en las rodillas por culpa de ese episodio. Incluso la foto que ilustraba la entrevista en *The New York Times*, mostrando a una cuarentona a la que ciertamente se veía acomodada, privilegiada, pero humana, corriente, con el semblante algo fatigado, contrastaba con la imaginería monótona e irreal del Photoshop habitual. De golpe, con su testimonio y muchos otros, se presentía hasta qué punto el mundo visto por las mujeres era distinto del mundo que nos venden todos los días. Lo que recibió el apelativo convencional de «liberación de la palabra» tuvo casi el efecto de un sortilegio, de una fórmula mágica, que desencadenó tormentas y tempestades, sembrando el caos en nuestro universo familiar. Los grandes mitos de nuestra cultura cayeron como fichas de dominó, y los que en las redes sociales nos atribuían una voluntad de censura cuando transmitíamos esos brutales cambios de perspectiva dejaban traslucir sin duda su pánico al notar que el suelo fallaba bajo sus pies. Yo misma, que he crecido con esos mitos, aceptándolos plenamente —en ocasiones tengo todavía el reflejo de querer citar un chiste de Woody Allen—, no sentí menos pánico que ellos. Pero, al contrario que ellos, viví ese colapso como una liberación, un avance decisivo, como una transformación del universo social. Teníamos la sensación de que una nueva imagen del mundo luchaba por abrirse paso.

Vuestro mundo no me interesa: el culto a la diosa practicado por Starhawk y otras brujas representa quizá la forma más radical de afirmarlo y de ponerle remedio, aunque en un primer momento pueda parecer un capricho de la New Age. Aunque vivimos en sociedades muy secularizadas, y aunque muchas mujeres y hombres no creen ya en Dios, explica la ecofeminista Carol P. Christ, las religiones patriarcales han moldeado nuestra cultura, nuestros valores y nuestras representaciones, y seguimos impregnados de un modelo de autoridad masculina, nacido directamente de ellas: «La razón de la efectiva persistencia de los símbolos religiosos reside en el hecho de que a la mente le horroriza el vacío. Los sistemas simbólicos no pueden rechazarse simplemente; deben ser reemplazados.[104] Por consiguiente, para una mujer, practicar el culto de la diosa, alimentarse de sus imágenes, es sustituir una representación por otra. Es volver a centrarse, permitirse ser una misma la fuente de su propia salud, utilizar los recursos propios, en lugar de recurrir siempre a figuras masculinas legítimas y providenciales. Una amiga que jamás había oído hablar del culto neopagano a la diosa me confía que, cuando necesita sentirse en contacto con su propia fuerza, se imagina a sí misma con los rasgos de la diosa del mar que aparece en *Ponyo en el acantilado*, la película de animación de Hayao Miyazaki (2008); una figura dulce y poderosa a la vez, que le va al pelo, puesto que la maternidad es una dimensión muy importante en su vida (la diosa es la madre de Ponyo).

En 2017, la artista afrocubana Harmonia Rosales reinterpretó el fresco de Miguel Ángel *La creación de Adán*, pintado en la bóveda de la Capilla Sixtina del Vaticano. Sustituyó a Adán y a Dios, representados con los rasgos de dos hombres blancos, por dos mujeres negras, y bautizó su obra como *La creación de Dios*: una manera de pregonar que el rey está desnudo. Su cuadro da vértigo. Nos hace comprender que las representaciones a las que estamos acostumbrados y que nos han moldeado son arbitrarias, discutibles, relativas. El libro de Susan Griffin *Woman and Nature* produce el mismo efecto: al elaborar el catálogo de las grandes verdades con respecto a los hombres, las mujeres, la naturaleza, el conocimiento, el universo, etc., que se han impuesto a lo largo de los siglos, y contentarse con presentarlo a nuestro examen crítico, la autora nos invita a verlas con nuevos ojos, a identificar los prejuicios que subsisten en nuestra mente.[105] Una invitación increíblemente estimulante para la libertad y la invención, estimulante y necesaria, porque el sistema que nos ha sido legado está exánime.

En 1980, Carolyn Merchant formuló este diagnóstico al final de *The Death of Nature*: «Hay que volver a poner el mundo patas arriba» (*The world must once again be turned upside down*).[106] Escribió estas palabras al día siguiente del accidente ocurrido en la central nuclear de Three Mile Island, en Pensilvania, en marzo de 1979. Si quisiéramos determinar hoy en día lo que podría justificar semejante conclusión, el único problema sería la abundancia de posibilidades. Poner el mundo patas arriba no es un asunto baladí. Pero puede suscitar un inmenso deleite —el deleite de la audacia, de la insolencia, de la afirmación vital, del desafío a la autoridad— en dejar que nuestro pensamiento y nuestra imaginación sigan los caminos por los que nos llevan los susurros de las brujas. En intentar precisar la imagen de un mundo que garantizaría el bienestar de la humanidad mediante un acuerdo con la naturaleza, sin obtener sobre ella una victoria pírrica; de un mundo en que la libre exaltación de nuestros cuerpos y nuestras mentes no se equiparará nunca más a un aquelarre infernal.

NOTAS

1. LAS HEREDERAS. INTRODUCCIÓN

1. GRIPE, Maria, *Los hijos del vidriero*, Club Círculo de Lectores, Barcelona, 2005.

2. *Cf.* CHOLLET, Mona, *Beauté fatale. Les nouveaux visages d'une aliénation féminine* (2012), La Découverte, «La Découverte Poche/Essais», París, 2015.

3. El cuento «La bruja de la calle Mouffetard» se incluye en *Los cuentos de la calle Broca*, de Pierre Gripari. Espasa, Barcelona, 1998.

4. Superheroína de una serie de 52 novelas juveniles creada en 1961 por Georges Chaulet.

5. BECHTEL, Guy, *La sorcière et l'Occident. La destruction de la sorcellerie en Europe des origines aux grands bûchers*, Plon, París, 1997.

6. «Dans le sillage des sorcières de Bruegel», *Arte Journal*, Arte, 8 de abril de 2016.

7. Guy BECHTEL, *La sorcière et l'Occident*, *op. cit.*

8. *Ibidem.*

9. D'EAUBONNE, Françoise, *Le sexocide des sorcières*, L'Esprit frappeur, París, 1999.

10. BECHTEL, Guy, *La sorcière et l'Occident, op. cit.* En otros casos, se observa una simetría entre el antisemitismo y la simple misoginia: en Alemania, ciertos rumores pretendían que los hombres judíos, por el hecho de estar circuncidados, sangraban todos los meses (véase BARSTOW, Anne L., *La caza de brujas en Europa*, Susaeta Ediciones, Madrid, 1999).

11. BECHTEL, Guy, *La sorcière et l'Occident, op. cit.*

12. BARSTOW, Anne L., *La caza de brujas en Europa, op. cit.*

13. *Ibidem.*

14. BECHTEL, Guy, *La sorcière et l'Occident, op. cit.*

15. FEDERICI, Silvia, *Calibán y la bruja: mujeres, cuerpo y acumulación originaria*, Traficantes de Sueños, Madrid, 2010.

16. BECHTEL, Guy, *La sorcière et l'Occident, op. cit.*

17. *Ibidem.*

18. BARSTOW, Anne L., *La caza de brujas en Europa, op. cit.*

19. *Ibidem.*

20. BECHTEL, Guy, *La sorcière et l'Occident, op. cit.*

21. KARLSEN, Carol F., *The Devil in the Shape of a Woman. Witchcraft in Colonial New England*, W.W. Norton & Company, Nueva York, 1998.

22. BARSTOW, Anne L., *La caza de brujas en Europa, op. cit.*

23. LE BRAS-CHOPARD, Armelle, *Les putains du diable. Le Procès en sorcellerie des femmes*, Plon, París, 2006.

24. DELUMEAU, Jean, *El miedo en Occidente (siglos XIV-XVIII): una ciudad sitiada*, Taurus, Barcelona, 2012.

25. BECHTEL, Guy, *Las cuatro mujeres de Dios*, Ediciones B, Barcelona, 2001.

26. ARNOULD, Colette, *Histoire de la sorcellerie* [1992], Tallandier, París, 2009.

27. Citado por BARSTOW, Anne L., *La caza de brujas en Europa, op. cit.*

28. KARLSEN, Carol F., *The Devil in the Shape of a Woman, op. cit.*

29. EHRENREICH, Barbara y ENGLISH, Deirdre, *Brujas, comadronas y enfermeras: historia de las sanadoras*, Lasal, Barcelona, 1984.

30. BARSTOW, Anne L., *La caza de brujas en Europa, op. cit.*

31. MUCHEMBLED, Robert, *Les derniers bûchers. Un village en France et ses sorcières sous Louis XIV*, Ramsay, París, 1981.

32. DUPARC, Agathe, «Anna Göldi, sorcière enfin bien-aimée», *Le Monde*, 4 de septiembre de 2008.

33. BARSTOW, Anne L., *La caza de brujas en Europa, op. cit.*

34. DUPARC, Agathe, «Anna Göldi, sorcière enfin bien-aimée», art. cit.

35. «En Norvège, un monument hommage aux sorcières», HuffPost, 18 de junio de 2013.

36. GAGE, Matilda Joslyn, *Woman, Church and State. The Original Exposé of Male Against the Female Sex*, 1893.

37. SOLLEE, Kristen J., *Witches, Sluts, Feminists. Conjuring the Sex Positive*, ThreeL Media, Los Ángeles, 2017.

38. MORGAN, Robin, «WITCH hexes Wall Street», *Going Too Far. The Personal Chronicle of a Feminist*, Random House/Vintage Paperbacks, Nueva York, 1977.

39. MORGAN, Robin, «Three articles on WITCH», *Going Too Far, op. cit.*

40. Para una tabla detallada (e ilustrada) de la evolución de las brujas y de sus variantes culturales a través de las épocas, *cf.* PROUST TANGUY, Julie, *Sorcières! Le sombre grimoire du féminin*, Les Moutons électriques, Montélimar, 2015.

41. Recomiendo la interpretación de la cantante quebequesa Pauline Julien, que puede encontrarse en YouTube.

42. STARHAWK, *Femmes, magie et politique*, traducido del inglés (Estados Unidos) por Morbic, Les Empêcheurs de penser en rond, París, 2003.

43. Bajo el título *Rêver l'obscur. Cf.* ZARACHOWICZ, Weronica, «Tous sorcières!», *Télérama*, 8 de abril de 2015.

44. El autor de esta iniciativa la justificó de manera penosa invocando la proximidad de Halloween. De esa forma invalidó sus argumentos, que sin embargo eran pertinentes: Hillary Clinton se opuso durante mucho tiempo al matrimonio gay y, como secretaria de Estado, apoyó el golpe de Estado de 2009 en Honduras, favoreciendo los asesinatos de opositores, como la militante ecologista y feminista Berta Cáceres, asesinada en marzo de 2016. Marie SOLIS, «La página oficial de la campaña de Bernie Sanders invitó en cierto momento a apoyar "Bern the Witch"», Mic.com, 11 de marzo de 2016.

45. BARSTOW, Anne L., *La caza de brujas en Europa, op. cit.*

46. SOLLEE, Kristen J., *Witches, Sluts, Feminists, op. cit.*

47. MÆL, «*Tremate tremate, le streghe son tornate!* Tremblez tremblez, les sorcières sont de retour! - Introduction à la sorcellerie», Simonæ.fr, 11 de septiembre de 2017.

48. STARHAWK, *La danza en espiral*, Obelisco, Barcelona, 2012.

49. CHOLLET, Mona, *La tyrannie de la réalité* [2004], Gallimard, «Folio Actuel», París, 2006; *Chez soi. Une odyssée de l'espace domestique* [2015], La Découverte, «La Découverte Poche/Essais», París, 2016.

50. STARHAWK, *Femmes, magie et politique, op. cit.*

51. STARHAWK, «Une réponse néopaïenne après le passage de l'ouragan Katrina», en *Reclaim,* recopilación de textos ecofeministas elegidos y presentados por Emilie Hache, traducida del inglés por Émilie Notéris, Cambourakis, «Sorcières», París, 2016.

52. @witchpdx en Instagram, 7 de septiembre de 2017.

53. MICHEL, Manon, «Le jour où Lana del Rey est devenue une sorcière anti-Trump», LesInrocks.com, 27 de febrero de 2017.

54. MAR, Alex, *Witches of America,* Sarah Crichton Books, Nueva York, 2015.

55. FAIFE, Corin, «How witchcraft became a brand», Buzz-Feed.com, 26 de julio de 2017.

56. BAUDRILLARD, Jean, *La sociedad de consumo: sus mitos, sus estructuras,* Siglo XXI, Madrid, 2009.

57. K-H, «K-Hole #5. A report on doubt», Khole.net, agosto de 2015.

58. Presentación por parte de Lili Barbery, autora del blog Lilibarbery.com, «Lili's Week List #5», 18 de octubre de 2017.

59. DALY, Mary, *Gyn/Ecology. The Metaethics of Radical Feminism* [1979], Beacon Press, Boston, 1990.

60. EAUBONNE, Françoise d', *Le sexocide des sorcières, op. cit.*

61. BECHTEL, Guy, *La sorcière et l'Occident, op. cit.*

62. BARSTOW, Anne L., *La caza de brujas en Europa, op. cit.*

63. LE BRAS-CHOPARD, Armelle, *Les putains du diable, op. cit.*

64. BARSTOW, Anne L., *La caza de brujas en Europa, op. cit.*

65. LE BRAS-CHOPARD, Armelle, *Les putains du diable, op. cit.*

66. FEDERICI, Silvia, *Calibán y la bruja, op. cit.*

67. BECHTEL, Guy, *La sorcière et l'Occident, op. cit.*

68. GAGE, Matilda Joslyn, *Woman, Church and State, op. cit.*

69. Revivían así una antigua tradición encarnada en especial por Horacio u Ovidio, autores también de textos infames sobre el cuerpo de las ancianas.

70. FEDERICI, Silvia, *Calibán y la bruja, op. cit.*

71. *Ibidem.*

72. CHOLLET, Mona, *Chez soi, op. cit.*

73. WULWEK, Diane, «Les cheveux gris ne se cachent plus», *Le Monde 2,* 24 de febrero de 2007.

74. FONTANEL, Sophie, *Une apparition,* Robert Laffont, París,

2017. *Cf.* CHOLLET, Mona, «La revanche d'une blande», La Méridienne.info, 24 de junio de 2017.

75. Citado por TRAISTER, Rebecca, *All the Single Ladies. Unmarried Women and the Rise of an Independent Nation*, Simon & Schuster, Nueva York, 2016.

76. Dispositivo intrauterino, abusivamente llamado en francés *stérilet*, derivado de *stérile* «estéril».

77. HOUSTON, Pam, «The trouble with having it all», in DAUM, Meghan (dir.), *Selfish, Shallow, and Self-Absorbed. Sixteen Writers on the Decision Not to Have Kids*, Picador, Nueva York, 2015.

78. FONTANEL, Sophie, *Une apparition, op. cit.*

79. *The Mindscape of Alan Moore*, documental realizado por DeZ VYLENZ, 2003.

1. UNA VIDA PROPIA.
LA PLAGA DE LA INDEPENDENCIA FEMENINA

1. Secuencia recuperada en el documental de Peter KUNHARDT, *Gloria, In Her Own Words*, HBO, 2011.

2. TRAISTER, Rebecca, *All the Single Ladies, op. cit.*

3. Evidentemente, eso no significa que antes el matrimonio no hubiera sido nunca criticado. *Cf.* por ejemplo, CLEYRE, Voltairine de, *Le mariage est une mauvaise action* [1907], Éditions du Sextant, París, 2009.

4. TRAISTER, Rebecca, *All the Single Ladies, op. cit.*

5. COOTZ, Stephanie, *A Strange Stirring. «The Femenine Mystique» and American Women at the Dawn of the 1960s*, Basic Books, Nueva York, 2011.

6. *Cf.* GREENIDGE, Kaitlyn, «Secrets of the South», Lennyletter.com, 6 de octubre de 2017.

7. Citado por TRAISTER, Rebecca, *All the Single Ladies, op. cit.*

8. *Cf.* HALIMI, Serge, *Le grand bond en arrière* [2004], Fayard, París, 2006.

9. GORE, Ariel, *We were witches*, Feminist Press, Nueva York, 2017.

10. MARTINDALE, Mike, «Michigan rapist gets joint custody», *The Detroit News*, 6 de octubre de 2017.

11. *Cf.* WACQUANT, Loïc, «Quand le président Clinton "férome" la pauvreté», *Le Monde diplomatique*, septiembre de 2016.

12. TRAISTER, Rebecca, *All the Single Ladies, op. cit.*

13. Secuencia recuperada en el documental de Peter KUN-HARDT, *Gloria. In Her Own Words, op. cit.*

14. KAY, Eve, «Call me Ms», *The Guardian*, Londres, 29 de junio de 2007.

15. Osez le feminisme! («¡Atreveos al feminismo!») es una asociación feminista francesa que se originó en un periódico publicado por primera vez en 2009. Chiennes de garde («Perras guardianas») es una asociación francesa que combate el sexismo verbal. *(N. de la T.)*

16. GIROD DE L'AIN, Alix, «Après vous Mademoiselle?», *Elle*, 19 de octubre de 2011.

17. SCHNEIDER, Claire, «N'appelez plus les féministes "Mademoiselle"!», Marieclaire.fr, 27 de septiembre de 2011.

18. HAVRILESKY, Heather, «Tell me not to get married!», *Ask Polly*, TheCut.com, 27 de septiembre de 2017.

19. Citado por DEBEST, Charlotte, *Le Choix d'une vie sans enfant*, PUR, «Le sens social», Rennes, 2014.

20. STEINEM, Gloria, *Revolución desde dentro: Un libro sobre la autoestima*, Editorial Anagrama, Barcelona, 1995.

21. Fundador en 1920 del concurso «La mujer más bella de Francia», precursor de Miss Francia.

22. SOUBIRAN, André, *Veinte cartas a una mujer de hoy en día*, Ediciones Destino, Barcelona, 1972. Citado por FLAHAULT, Érika, *Une vie à soi. Nouvelles formes de solitude au féminin*, PUR, «Le sens social», Rennes, 2009.

23. Se trata de una adaptación de la primera novela de Miles Franklin (1879-1954) pionera del feminismo autraliano.

24. Uno de los iconos de la cultura australiana, paisaje de grandes extensiones con vegetación escasa y muy poco poblado. *(N. de la T.)*

25. Citado por LISLE, Laurie, *Without Child. Challenging the Stigma of Childlessness*, Ballantine Books, Nueva York, 1996.

26. JONG, Erica, *Miedo a volar*, Alfaguara, Barcelona, 2017.

27. STEINEM, Gloria, *Mi vida en la carretera*, Ediciones Alpha-Decay, Barcelona, 2016.

28. FESSLER, Leah, «Gloria Steinem says Black women have always been more feminist than White women», *Quartz*, 8 de diciembre de 2017.

29. FLAHAULT, Érika, *Une vie à soi, op. cit.*

30. DAAM, Nadia, «À quel moment les femmes célibataires

sont-elles devenues des "femmes à chat"?», Slate.fr, 16 de enero de 2017.

31. DAAM, Nadia, *Comment ne pas devenir une fille à chat. L'art d'être célibataire sans sentir la croquette*, Mazarine, París, 2018.

32. ILLES, Judika, *The Weiser Field Guide to Witches. From Hexes to Hermione Granger, from Salem to the Land of Oz*, Red Wheel/Weiser, Newburyport, 2010.

33. GAGE, Matilda Joslyn, *Woman, Church and State, op. cit.*

34. FALUDI, Susan, *Reacción: la guerra no declarada contra la mujer moderna*, Anagrama, Barcelona, 1993.

35. *Ibidem.*

36. *Ibidem.*

37. Citado por FLAHAULT, Érika, «La triste image de la femme seule», en BARD, Christine (dir.), *Un siglo de antifeminismo: el largo camino de la emancipación de la mujer*, Biblioteca Nueva, Madrid, 2008.

38. FALUDI, Susan, *Reacción, op. cit.*

39. FLAHAULT, Érika, *Une vie à soi, op. cit.*

40. Arrugas que van de la nariz hacia las comisuras de la boca, objetivo preferente de la cirugía estética.

41. MCMILLAN, Tracy, «Why you're not married», HuffPost, 13 de febrero de 2011.

42. *Cf.* CHOLLET, Mona, «L'hypnose du bonheur familial», *Chez soi, op. cit.*, capítulo 6.

43. FRETTS, Bruce, «*Fatal Attraction* oral history: rejected stars and a foul rabbit», *The New York Times*, 14 de septiembre de 2017.

44. FALUDI, Susan, *Reacción, op. cit.*

45. FRETTS, Bruce, «*Fatal Attraction* oral history: rejected stars and a foul rabbit», art. cit.

46. FALUDI, Susan, *Reacción, op. cit.*

47. *Ibidem.*

48. «Les sorcières», Hors-Serie.net, 20 de febrero de 2015.

49. «Au Ghana, des camps pour "sorcières"», *Terriennes*, TV5 Monde, 11 de agosto de 2014, http://information.tv5monde.com/terriennes.

50. BRAIBANT, Sylvie, «*La Nuit des béguines*, une historie de femmes puissantes et émancipées au Moyen Âge, racontée dans un livre», *Terriennes*, TV5 Monde, 13 de octubre de 2017, http://information.tv5monde.com/terriennes.

51. Citado por BECHTEL, Guy, *Las cuatro mujeres de Dios*, *op. cit.*

52. KINER, Aline, *La nuit des béguines*, Liana Levi, París, 2017.

53. *Cf.* LECOQ, Titiou, «"Elle s'appelait Lauren, elle avait 24 ans": une année de meurtres conjugaux», *Libération*, 30 de junio de 2017.

54. *Cf.* Tumblr: *Les mots tuent*, http://information.tv5monde.com/terriennes.

55. A primera vista, *Embrujada* presenta un escenario similar; pero, al menos, la serie ofrece un contrapunto a través del personaje de Endora, la madre de Samantha, consternada por la docilidad de su hija y por el bobo de su yerno.

56. LE BRAS-CHOPARD, Armelle, *Les putaines du diable*, *op. cit.*

57. GROSSMAN, Pam, «Avant-propos», en KITAISKAIA, Taisia y HORAN, Katy, *Brujas literarias: 30 escritoras que conjuraron la magia de la literatura*, Ed. Martínez Roca, Madrid, 2018.

58. Al igual que en el caso de la acción contra la Bolsa, pasado el tiempo Robin Morgan juzga severamente aquella protesta, sobre todo porque los ratones habían «asustado y humillado a las asistentes y a sus madres, sin hablar del modo en que había asustado y humillado a los propios ratones». MORGAN, Robin, «Three articles on WITCH», *Going too Far, op. cit.*

59. COSNIER, Colette, «¡Aquí nos tiene, mariscal! o *Brigitte* de Berthe Bernage», en BARD, Christine (dir.), *Un siglo de antifeminismo, op. cit.*

60. DONATH, Orna, *Madres arrepentidas: una mirada radical a la maternidad y sus falacias sociales*, Reservoir Books, Barcelona, 2016.

61. LECOQ, Titiou, *Liberées. Le combat féministe se gagne devant le panier de linge sale*, Fayard, París, 2017.

62. RICH, Adrienne, *Nacemos de mujer*, Cátedra, Madrid, 1996.

63. ABÉCASSIS, Éliette, *Un feliz acontecimiento*, Editorial Malabar, Barcelona, 2007.

64. EHRENREICH, Barbara y ENGLISH, Deirdre, *Complaints de Disorders: The Sexual Politics of Sickness*, Feminist Press, Nueva York, 1973.

65. RICH, Adrienne, *Nacemos de mujer, op. cit.*

66. MAIER, Corinne, *No Kid: Cuarenta buenas razones para no tener hijos*, Península, Barcelona, 2008.

67. LECOQ, Titiou, *Libérées, op. cit.*

68. EHRENREICH, Barbara y ENGLISH, Deirdre, *Brujas, comadronas y enfermeras, op. cit.*

69. BLANCHETON, Julia, «Un tiers des femmes travaillent à temps partiel», *Le Figaro*, 8 de julio de 2016.

70. «Répartition femmes/hommes par métiers: l'étude de la Dares», Secretaría de Estado a cargo de la igualdad entre mujeres y hombres, 13 de diciembre de 2013, www.egalite-femmes-hommes-gouv.fr.

71. FEDERICI, Silvia, *Calibán y la bruja, op. cit.*

72. AZZOUZI, Rachida El, «Marie Pezé: "Les violences sexuelles et sexistes sont dans le socle de notre societé"», Mediapart.fr, 12 de mayo de 2016.

73. Citado por HUSTON, Nancy, *Journal de la création*, Actes Sud, Arles, 1990.

74. JONG, Erica, *Miedo a volar, op. cit.*

75. Citado por HOUSTON, Pam, «The trouble with having it all», en DAUM, Meghan (dir.), *Selfish, Shallow, and Self-Absorbed, op. cit.*

76. *Cf.* BAJOS, Nathalie y FERRAND, Michèle, «La contraception, levier réel ou symbolique de la domination masculine», *Sciences sociales et santé*, vol. 22, n.º 3, 2004.

77. Por supuesto, el principio de la orden contradictoria también se aplica aquí. En 2010, en el Lot, a Odile Trivis le retiraron la custodia de su hijo de tres años, que criaba ella sola, porque estaba «demasiado apegada» a él. Que tuviera razones para ello —durante el embarazo había tenido que afrontar a la vez la separación del padre del niño y la lucha contra un cáncer—, al parecer no se tuvo en consideración. ¿Cabe deducir que el exceso de celo en el papel maternal se vuelve censurable cuando no beneficia a una pareja? PERRIN, Antoine, «Une mère séparée de son fils car elle l'aime trop», BFMTV.com, 28 de diciembre de 2010.

78. RICH, Adrienne, *Nacemos de mujer, op. cit.*

79. Citado por CHAPERON, Sylvie, «Justicia para el "segundo sexo"», en BARD, Christine (dir.), *Un siglo de antifeminismo, op. cit.*

80. Citado por FLAHAULT, Erika, *Une vie à soi, op. cit.*

81. DUNN, Jancee, «Women are supposed to give until they die», Lennyletter. Citado por IRELAND, Mardy S., *Reconceiving Women. Separating Motherhood from Female Identity*, Guilford Press, Nueva York, 1993.om, 28 de noviembre de 2107.

82. Les Chimères, *Maternité esclave,* 10/18, París, 1975.

83. Citado por IRELAND, Mardy S., *Reconceiving Women. Separating Motherhood from Female Identity*, Guilford Press, Nueva York, 1993.

84. Les Chimères, *Maternité esclave, op. cit.*

85. TRAISTER, Rebecca, *All the Single Ladies, op. cit.*

86. Citado por JOUBERT, Lucie, *L'Envers du landau. Regard extérieur sur la maternité et ses débordements*, Triptyque, Montreal, 2010.

87. LOISEAU, Nathalie, *Choisissez tout*, Jean-Claude Lattès, París, 2014; RICHARDS, Amy, *Opting In. Having a Child Without Losing Yourself*, Farrar, Straus and Giroux, Nueva York, 2008.

88. No existe, por el momento, ningún estudio sobre el reparto de tareas en las parejas homosexuales.

89. APPANAH, Nathacha, «La petite vie secrète des femmes», *La Croix*, 18 de mayo de 2017.

90. JONG, Erica, *Miedo a los cincuenta*, Punto de Lectura, Barcelona, 2000.

91. Entrevista en *The Paris Review*, n.º 145, invierno de 1997.

2. EL DESEO DE LA ESTIRILIDAD. SIN HIJOS, UNA POSIBILIDAD

1. Les Chimères, *La maternité esclave, op-cit.*

2. RICH, Adrienne, *Nacemos de mujer, op. cit.*

3. MAIER, Corinne, *No kid, op. cit.*

4. Citado por TRAISTER, Rebecca, *All the Single Ladies, op. cit.*

5. En Estados Unidos, la contracepción y el aborto se prohibieron a finales del siglo XIX. La contracepción siguió prohibida hasta 1965 y el aborto hasta 1973.

6. CONDÉ, Maryse, *Yo, Tituba, la bruja negra de Salem*, El Aleph Editores, Barcelona, 1999.

7. «Mère infanticide en Gironde: l'accusée évoque un "enfermement" et un "déni total"», Paris-Match.com, 21 de marzo de 2018.

8. RICH, Adrienne, *Nacemos de mujer, op. cit.*

9. Collectif, *Réflexions autour d'un tabou: l'infanticide*, Cambourakis, «Sorcières», París, 2015. Aunque no estemos de acuerdo con todas sus conclusiones, la obra tiene el mérito de es-

timular la reflexión sobre un tema que no se ha considerado jamás.

10. MICHELET, Jules, *La bruja,* Editorial Maxtor, Valladolid, 2014.

11. PAPADIAMANTIS, Alexandros, *La asesina,* Periférica, Cáceres, 2010.

12. BECHTEL, Guy, *La sorcière et l'Occident, op. cit.*

13. Collectif, *Réflexions autour d'un tabou: l'infanticide, op. cit.*

14. BARSTOW, Anne L., *La caza de brujas en Europa, op. cit.*

15. Fuente: www.gunviolencearchive.org.

16. «En 2015, un décès sur six dans le monde était lié à la pollution», HuffPost, 20 de octubre de 2017.

17. VERGÈS, François, *Le ventre des femmes. Capitalisme, racialisation, féminisme,* Albin Michel, Bibliothèque Idées, París, 2017.

18. LISLE, Laurie, *Without Child, op. cit.*

19. MORELL, Carolyn M., *Unwomanly Conduct. The Challenges of Intentional Childlessness,* Routledge, Nueva York, 1994.

20. MAIER, Corinne, *No kid, op. cit.*

21. DUCELLIER, Camille, *Sorcières, mes soeurs,* Larsens Production, 2010, www.camilleducellier.com.

22. DELAUME, Chloé, *Une femme avec personne dedans,* Seuil, «Fiction & Cie», París, 2012. Pero también, en la misma colección, *Les sorcières de la République* (novela), 2016.

23. DEBEST, Charlotte, MAZUY, Magali y Équipe de l'enquête fecond, «Rester sans enfant: un choix de vie à contre-courant», *Population & Sociétés,* n.º 508, febrero de 2014.

24. DEBEST, Charlotte, *Le choix d'une vie sans enfant, op. cit.*

25. DUPONT, Gaëlle, «Natalité: vers la fin de l'exception française», *Le Monde,* 16 de enero de 2018.

26. Dossier «The childfree life», *Time Magazine,* 12 de agosto de 2013.

27. KIPNIS, Laura, «Maternal instincts», en DAUM, Meghan (dir.) *Selfish, Shallow, and Self-Absorbed, op. cit.*

28. BEAUJOUAN, Eva, *et al.,* «La proportion de femmes sans enfant a-t-elle atteint un pic en Europe?», *Population & Sociétés,* n.º 540, enero de 2017.

29. DEBEST, Charlotte, *Le choix d'une vie sans enfant, op. cit.*

30. LISLE, Laurie, *Without Child, op. cit.*

31. SAFER, Jeanne, «*Beyond Motherhood*», en DAUM, Meghan (dir.), *Selfish, Shallow, and Self-Absorbed, op. cit.*

32. HOUSTON, Pam, «The trouble with having it all», en DAUM, Meghan (dir.) *Selfish, Shallow, and Self-Absorbed, op. cit.*

33. GOTMAN, Anne, «Victimisation et exigences de validation», *Pas d'enfant. La volonté de ne pas engendrer*, Éditions de la MSH, París, 2017.

34. SALKIND, Betsy, «Why I didn't have any children this summer», en MANTEL, Henriette (dir.), *No Kidding. Women Writers on Bypassing Parenthood*, Seal Press, Berkeley, 2013.

35. Willem Holtrop, conocido como Willem, es un dibujante satírico holandés famoso por sus ilustraciones para la revista *Charlie Hebdo* o el periódico *Libération. (N. de la T.)*

36. SOLNIT, Rebecca, «The mother of all questions», *Harper's Magazine*, octubre de 2015.

37. FITOUSSI, Michèle, «Le pire de Maier», *Elle*, 25 de junio de 2007.

38. CARROLL, Laura, *Families of Two. Interviews With Happily Married Couples Without Children by Choice*, Xlibris, Bloomington, 2000.

39. *Ibidem.*

40. Citado por SALLE, Muriel y VIDAL, Catherine, *Femmes et santé, encore une affaire d'hommes?*, Belin, «Égale à égal», París, 2017.

41. *Ibidem.*

42. *Ibidem.*

43. WEIGEL, Moira, «The foul reign of the biological clock», *The Guardian*, 10 de mayo de 2016.

44. LISLE, Laurie, *Without Child, op. cit.*

45. LE BRETON, David, «Le genre de la laideur», prólogo a SAGAERT, Claudine, *Histoire de la laideur féminine*, Imago, París, 2015.

46. WINCKLER, Martin, *Les Brutes en blanc: la maltraitance médicale en France*, Flammarion, París, 2016.

47. *Ibidem.*

48. KANDRE, Mare, *Quinnan och Dr Dreuf*, Albert Bonniers, Estocolmo, 1994.

49. JONG, Erica, *Miedo a los cincuenta, op. cit.*

50. SERRE, Geneviève, «Les femmes sans ombre ou la dette impossible. Le choix de ne pas être mère», *L'Autre*, vol. 3, n.º 2, 2002.

51. DEBEST, Charlotte, *Le choix d'une vie sans enfant, op. cit.*

52. SERRE, Geneviève, «Les femmes sans ombre ou la dette impossible», art. cit.

53. JOUBERT, Lucie, *L'Envers du landau, op. cit.*

54. CAZOT, Véronique y MARTIN, Madeleine, *Et toi, quand est-ce que tu t'y mets ?*, vol. 1, *Celle qui ne voulait pas d'enfant*, Fluide.G, París, 2011.

55. «What Elizabeth Gilbert wants people to know about her choice not to have children», HuffPost, 10 de octubre de 2014.

56. *Las vacaciones del señor Hulot* es una comedia dirigida y protagonizada por Jacques Tati en 1953. *(N. de la T.)*

57. *Cosmopolitan*, septiembre de 2006.

58. Citado por MANTEL, Henriette, *No Kidding, op. cit.*

59. THOMAS, Chantal, *Cómo soportar la libertad*, Tusquets Editores, Barcelona, 1999.

60. BEAUVOIR, Simone de, *La plenitud de la vida*, Random House Mondadori, Barcelona, 2006.

61. STEINEM, Gloria, *Mi vida en la carretera, op. cit.*

62. *Ibidem. Cf.* también «Ruth's song (porque ella no pudo cantarla)», en STEINEM, Gloria, *Outrageous Acts and Everyday Rebellions*, Holt, Rinehart and Winston, Nueva York, 1983.

63. JOUBERT, Lucie, *L'Envers du landau, op. cit.*

64. LISLE, Laurie, *Without Child, op. cit.*

65. Según estudios de género modernos, la *maternidad* sería concretamente la capacidad de las mujeres para gestar y parir hijos, mientras que el *maternaje* sería un aprendizaje psicoafectivo por parte del adulto con respecto a los hijos. *(N. de la T.)*

66. DEBEST, Charlotte, *Le choix d'une vie sans enfant, op. cit.*

67. SOLNIT, Rebecca, «The mother of all questions», art. cit.

68. «Virginia Woolf (4/0). Un lieu pour les femmes», *La Compagnie des auteurs*, France Culture, 28 de enero de 2016.

69. GROSSMAN, Pam, «Avant-propos», en KITAISKAIA, Taisia y HORAN, Katy, *Literary Witches, op. cit.*

70. SNITOW, Ann, «Motherhood: reclaiming the demon texts», en RETI, Irene (dir.), *Childless by Choice. A Feminist Anthology*, HerBooks, Santa Cruz, 1992.

71. LISLE, Laurie, *Without Child, op. cit.*

72. DELPHY, Christine, «La maternité occidentale contemporaine: le cadre du désir d'enfant», en DESCARRIES, Francine y CORBEIL, Christine, *Espaces et temps de la maternité*, Éditions du Remue-Ménage, Montréal, 2002.

73. DEBEST, Charlotte, *Le choix d'une vie sans enfant*, op. cit.

74. SAFER, Jeanne, «*Beyond Motherhood*», en DAUM, Meghan (dir.), *Selfish, Shallow, and Self-Absorbed*, op. cit.

75. DEBEST, Charlotte, *Le choix d'une vie sans enfant*, op. cit.

76. THOMAS, Chantal, *Cómo soportar la libertad*, op. cit.

77. Sin mencionar siquiera las acusaciones de violación que hay en su contra, *cf.* BRASSART, Alain, «Les femmes vue par Woody Allen», *Le Monde diplomatique*, mayo de 2000.

78. SERRE, Geneviève, «Les femmes sans ombre ou la dette imposible», art. cit.

79. La legalización de la esterilización voluntaria se produjo en 2001.

80. *J'ai décidé d'être stérile*, documental web de ROCCO, Hélène, HADOUX, Sidonie, DEROIDE, Alice y MARLIER, Fanny, www.lesinrocks.com, 2015.

81. JOUBERT, Lucie, *L'envers du landau*, op. cit.

82. DEBEST, Charlotte, *Le choix d'une vie sans enfant*, op. cit.

83. MAIER, Corinne, *No kid*, op. cit.

84. FITOUSSI, Michèle, «Le pire de Maier», art. cit.

85. La frase original en francés alude a la expresión *faire un enfant dans le dos* y se refiere normalmente a la situación en la que una mujer engaña a un hombre diciendo que toma precauciones sin ser cierto, para quedarse embarazada de él. En este caso, la propia mujer la utiliza hablando de sí misma de manera sarcástica. *(N. de la T.)*

86. LE BLEVENNEC, Nolwenn, «Être mère et le regretter: "Je me suis fait un enfant dans le dos"», Rue89, 28 de junio de 2016.

87. *Ibidem.*

88. DONATH, Orna, *Regretting Motherhood*, op. cit. Lo mismo para las citas siguientes, salvo que se indique lo contrario.

89. «Regretter d'être mère? "L'amour n'est jamais à debattre"», Rue89, 1 de julio de 2016.

90. HENDERSON, Danielle, «Save yourself», en DAUM, Meghan (dir.), *Selfish, Shallow, and Self-Absorbed*, op. cit.

91. HUNEVEN, Michelle, «Amateurs», en DAUM, Meghan (dir.), *Selfish, Shallow, and Self-Absorbed*, op. cit.

92. RICH, Adrienne, *Nacemos de mujer*, op. cit.

93. LE BLEVENNEC, Nolwenn, «Être mère et le regretter: "Je me suis fait un enfant dans le dos"», art. cit.

94. DEBEST, Charlotte, *Le choix d'une vie sans enfant*, op. cit.

95. HENDERSON, Danielle, «Save yourself», en DAUM, Meghan (dir), *Selfish, Shallow, and Self-Absorbed, op. cit.*

96. RICH, Adrienne, *Nacemos de mujer, op. cit.*

3. LA EMBRIAGUEZ DE LAS CUMBRES.
DESMONTAR LA IMAGEN DE LA «VIEJA ARPÍA»

1. RICH, Cynthia, «Ageism and the politics of beauty», en MACDONALD, Barbara (con RICH, Cynthia), *Look Me in the Eye. Old Women, Aging and Ageism*, Spinsters Ink., San Francisco, 1983.

2. «The Crone issue», *Sabat*, primavera-verano de 2017, www.sabatmagazine.com.

3. «Barbara's introduction», en MACDONALD, Barbara (con RICH, Cynthia), *Look Me in the Eye, op. cit.*

4. MACDONALD, Barbara, «Do you remember me?», en MAC-DONALD, Barbara (con RICH, Cynthia), *Look Me in the Eye, op. cit.*

5. *Ibidem.*

6. *Ibidem.*

7. En la página web de *Vanity Fair*, 3 de febrero de 2017.

8. «Cynthia's afterword», en MACDONALD, Barbara (con RICH, Cynthia), *Look Me in the Eye, op. cit.*

9. SONTAG, Susan, «The double standard of aging», *The Saturday Review*, 23 de septiembre de 1972.

10. *Cf.* RENNES, Juliette, «Vieillir au féminin», *Le Monde diplomatique*, diciembre de 2016.

11. DOMINGUEZ, Klhoé, «Pénélope Cruz agacée par l'obsession pour l'âge de Hollywood», *Paris-Match*, 9 de octubre de 2017.

12. SWALLOW, Jean, «Both feet in life: interviews with Barbara Macdonald and Cynthia Rich», en Collectif, *Women and Aging. An Anthology by Women*, Calyx Books, Corvallis, 1986.

13. WINCKLER, Martin, *Les Brutes en blanc, op. cit.*

14. LEPORTOIS, Daphnée, «L'anormal silence autour de l'âge des pères», Slate.fr, 2 de marzo de 2017.

15. «À 73 ans, Mick Jagger est papa pour la huitième fois mais séparé de la maman», Gala.fr, 8 de diciembre de 2016.

16. PATER, Irene E. de, JUDGE, Timothy A. y SCOTT, Brent A., «Age, gender, and compensation: a study of Hollywood movie stars», *Journal of Management Inquiry*, 1 de octubre de 2014.

17. SAID-MOORHOUSE, Lauren, «Carrie Fisher shuts down body-shamers over *Star Wars: The Force Awakens* appearance», CNN.com, 30 de diciembre de 2015. Para esta película, la productora había exigido a la actriz que perdiera quince quilos, lo que podría ser uno de los factores que explicara su muerte por ataque al corazón el 27 de diciembre de 2016, a la edad de sesenta años. EGLASH, Joanna, «Carrie Fisher autopsy: did *Star Wars* weight loss, drugs, bipolar disorder contribute to death at 60?», Inquisitr.com, 2 de enero de 2017.

18. FAURE, Guillemette, «Teinture pour hommes, l'impossible camouflage?», *M le Mag*, 29 de diciembre de 2017.

19. SONTAG, Susan, «The double standard of aging», art. cit.

20. DAGUET, Fabienne, «De plus en plus de couples dans lesquels l'homme est plus jeune que la femme», *Insee Première*, n.º 1613, 1 de septiembre de 2016.

21. COCQUEBERT, Vincent, «L'irrésistible attrait pour la jeunesse», *Marie Claire*, septiembre de 2016.

22. *Ibidem.*

23. *Ibidem.*

24. «Breaking news: les femmes de 42 ans sont belles», Meufs, 11 de julio de 2014, http//m-e-u-f-s. tumblr.com.

25. WAXMAN, Sharon, «Maggie Gyllenhaal on Hollywood ageism: I was told 37 is "too old" for a 55-year-old love interest», TheWrap.com, 21 de mayo de 2015.

26. *Cf.* BUCHANAN, Kyle, «Leading men age, but their love interests don't», Vulture.com, 18 de abril de 2013; INGRAHAM, Christopher, «The most unrealistic thing about Hollywood romance, visualized», *Wonkblog*, 18 de agosto de 2015, www.washingtonpost.com.

27. «Et dans le cinéma français les hommes tombent-ils amoureux de femmes de leur âge?», HuffPost, 22 de mayo de 2015.

28. BOUTIN, Clément, «Les hommes sont-ils eux aussi victimes d'"age-shaming"?», LesInrocks.com, 17 de junio de 2017.

29. LAURENS, Camille, *Celle que vous croyez*, Gallimard, «Blanche», París, 2016.

30. BRUNEL, Sylvie, *Manuel de guérilla à l'usage des femmes*, Grasset, París, 2009.

31. «Famille monoparentale rime souvent avec pauvreté», Inegalites.fr, 30 de noviembre de 2017.

32. *Cf.* JONAS, Irène, *Moi Tarzan, toi Jane. Critique de la réha-*

bilitation scientifique de la différence hommes/femmes, Syllepse, París, 2011.

33. BOZON, Michel y RENNES, Juliette, «Histoire des normes sexuelles: l'emprise de l'âge et du genre», *Clio*, n.º 42, dosier «Âge et sexualité», 2015.

34. Citado por BOUTIN, Clément, «Les hommes sont-ils eux aussi victimes d'"age-shaming"?», art. cit.

35. BERGSTRÖM, Marie, «L'âge et ses usages sexués sur les sites de rencontres en France (années 2000)», *Clio*, n.º 42, dosier «Âge et sexualité», 2015.

36. LE BRETON, David, «Le genre de la laideur», prólogo a SAGAERT, Claudine, *Histoire de la laideur féminine, op. cit.*

37. DALY, Mary, *Gyn/ecology, op. cit.*

38. RICH, Cynthia, «The woman in the tower», en MACDO-NALD, Barbara (con RICH, Cynthia), *Look Me in the Eye, op. cit.*

39. *Time Magazine*, 24 de junio de 2001.

40. «Witches», *Broad City*, temporada 4, episodio 6, Comedy Central, 25 de octubre de 2017.

41. FONTANEL, Sophie, «Les super-models défilent pour Versace: l'image la plus virale de la mode», *L'Obs*, 25 de septiembre de 2017.

42. FLOWER, Isabel, «Looking at Nicholas Nixon's forty-third portrait of the Brown sisters», *The New Yorker*, 12 de diciembre de 2017.

43. LEE, Michelle, «*Allure* magazine will no longer use the term "anti-aging"», Allure.com, 14 de agosto de 2017.

44. TALOS, Christine, «Elle ne supportait pas de vieillir, Exit l'a aidée à partir», *La Tribune de Genève*, 6 de octubre de 2016.

45. FONTANEL, Sophie, *Une apparition, op. cit.*

46. Citado por RENNES, Juliette, «Viellir au féminin», art. cit.

47. FONTANEL, Sophie, *Une apparition, op. cit.*

48. «Sarah Harris: "I've had grey hair since I was 16"», *The Telegraph*, 16 de septiembre de 2016.

49. KREAMER, Anne, *Going Gray. What I Learned about Beauty, Sex, Work, Motherhood, Authenticity, and Everything Else that Really Matters*, Little, Brown and Company, Nueva York, 2007.

50. «Dans le genre de... Sophie Fontanel», entrevista con Géraldine Serratia, Radio Nova, 14 de mayo de 2017.

51. SONTAG, Susan, «The double standard of aging», art. cit.

52. KREAMER, Anne, *Going Grey, op. cit.*

53. *Time Magazine*, 24 de junio de 2001.

54. *Cf.* Con respecto a este tema, el cómic de STRÖMQUIST, Liv, *Les sentiments du prince Charles* [2016], Rackham, París, 2016.

55. Citado por JONAS, Irène, *Moi Tarzan, toi Jane, op. cit.*

56. *Ibidem.*

57. Citado por GROSS, Michael, *Top Model. Les secrets d'un sale business*, A Contrario, París, 1995.

58. CHOLLET, Mona, *Beauté fatale, op. cit.*

59. *Cloclo, 40 ans, ultimes révélations*, TMC, 31 de enero de 2018.

60. BARSTOW, Anne L., *Witchcraze, op. cit.*

61. Citado por BARSTOW, Anne L., *Witchcraze, op. cit.*

62. BECHTEL, Guy, *La sorcière et l'Occident, op. cit.*

63. SOLLER, Kristen J., *Witches, Sluts, Feminists, op. cit.*

64. JEUDY, Bruno, «Laurent Wauquiez: l'horizon se dégage», *Paris-Match*, 11 de octubre de 2017.

65. STARHAWK, *La danza en espiral*, Obelisco, Barcelona, 2012.

66. BOTELHO, Lynn, «*Les Trois Âges et la Mort* du peintre Hans Baldung (XVIᵉ siècle)», *Clio*, n.º 42, dosier «Âge et sexualité», 2015.

67. LORDE, Audre, *The Cancer Journals*, Aunt Lute Books, San Francisco, 1980.

68. STEINEM, Gloria. *Revolución desde dentro, op. cit.*

69. BRUNEL, Sylvie, *Manuel de guérilla à l'usage des femmes, op. cit.*

70. LAMBERTERIE, Olivia de, «Immortel Frédéric Beigbeder», *Elle*, 29 de diciembre de 2017.

71. DESPENTES, Virginie, *Teoría King Kong*, Melusina, Barcelona, 2009.

72. DELUMEAU, Jean, *El miedo en Occidente, op. cit.*

73. LE BRETON, David, «Le genre de la laideur», prólogo a SAGAERT, Claudine, *Histoire de la laideur féminine, op. cit.*

74. DELUMEAU, Jean, *El miedo en Occidente, op. cit.*

75. Citado por SAGAERT, Claudine, *Histoire de la laideur féminine, op. cit.*

76. *Ibidem.*

77. MATTHEWS, Sarah H., *The Social World of Old Women*, Sage Publications, Beverly Hills, 1979. Citado por RICH, Cynthia,

«Aging, ageism and feminist avoidance», en MACDONALD, Barbara (con RICH Cynthia), *Look Me in the Eye, op. cit.*

78. RICH, Cynthia, «The women in the tower», en MACDONALD, Barbara (con RICH, Cynthia), *Look Me in the Eye, op. cit.*

79. «Sophie Fontanel, une beauté jaillisante», MaiHua.fr, diciembre de 2015.

80. FONTANEL, Sophie, *Une apparition, op. cit.*

81. *Ibidem.*

82. DELUMEAU, Jean, *El miedo en Occidente, op. cit.*

83. BECHTEL, Guy, *La sorcière et l'Occident, op. cit.*

84. BOTELHO, Lynn, «*Les Trois Âges et la Mort* du peintre Hans Baldung (XVIe)», *Clio*, n.º 42, dosier «Âge et sexualité», 2015.

85. BARSTOW, Anne L., *Witchcraze, op. cit.*

86. FONTANEL, Sophie, *Une apparition, op. cit.*

87. LAFARGE, Gabrielle, «Alors, heureuse?», *Grazia*, 17 de noviembre de 2017.

88. PÉTRY, Valentine, «La couleur de l'argent...», *L'Express Styles*, 19 de marzo de 2014.

89. ILLES, Judika, *The Weiser Field Guide to Witches, op. cit.*

90. SHEILA, «Patti Smith forced to explain her hair to NYT», Gawker.com, 11 de julio de 2008.

91. Citado por SAGAERT, Claudine, *Histoire de la laideur féminine, op. cit.*

92. JUCAUD, Judy, «Monica Bellucci: "Quelque chose d'érotique chez les hommes d'expérience"», *Paris-Match*, 7 de septiembre de 2016.

93. Historiadora francesa nacida en 1931. *(N. de la T.)*

94. Novelista y cronista francés (1925-2017). *(N. de la T.)*

95. SONTAG, Susan, «The double standard of aging», art. cit.

96. BRAIBANT, Sylvie, «Quand la justice européenne doit réaffirmer le droit des femmes de plus de cinquante ans à une sexualité épanouie», *Terriennes*, TV5 Monde, 10 de agosto de 2017, http://information.tv5monde.com.

97. ACHIN, Catherine y RENNES, Juliette, «La vieillesse: une identité politique subversive. Entretien avec Thérèse Clerc», *Mouvements*, n.º 59, dosier «La tyrannie de l'âge», 2009.

98. Feminista en algunos aspectos, la película sigue siendo bastante convencional en su recurso al cliché de la rivalidad femenina.

99. COLETTE, *Chéri*, Acantilado, Barcelona, 2018.

100. BENOIT, Claude, «L'art de "bien vieillir" chez deux grandes femmes de lettres: George Sand et Colette», *Gérontologie et societé*, vol. 28, n.º 114, 2005.

101. «Les inégalités face aux retraites», Inegalites.fr, 5 de septiembre de 2013.

4. PONER EL MUNDO PATAS ARRIBA. GUERRA A LA NATURALEZA, GUERRA A LAS MUJERES

1. «Cynthia's introduction», en MACDONALD, Barbara (con RICH, Cynthia), *Look Me in the Eye, op. cit.*

2. GRIFFIN, Susan, *Woman and Nature. The Roaring Inside Her* [1978], The Women's Press Ltd, Londres, 1984.

3. LE BRETON, Marine, «Une pub de Cdiscount pour les soldes accusée de véhiculer un cliché sur les femmes et les sciences», HuffPost, 10 de enero de 2018.

4. SOLNIT, Rebecca, *Men Explain Things to Me*, Haymarket Books, Chicabo, 2014. (Hay edición en catalán: *Els homes m'expliquen coses*, Angle Editorial, Barcelona, 2016.)

5. «Les hommes et les femmes sont-ils égaux face aux mathématiques ?», FranceTVInfo.fr, 29 de noviembre de 2013.

6. DALY, Mary, *Gyn/Ecology, op. cit.*

7. STEINEM, Gloria, *Revolución desde dentro, op. cit.*

8. *Cf.* CHOLLET, Mona, «À l'assaut du réel», *La tyrannie de la réalité, op. cit.*

9. *Cf.* BERQUE, Augustin, *Écoumène. Introduction à l'étude des milieux humains* [2000], Belin, «Alpha», París, 2016.

10. BILLETER, Jean-François, *Chine trois fois muette*, Allia, París, 2000.

11. LÖWY, Michael y SAYRE, Robert, *Révolte et mélancolie. Le romanticisme à contre-courant de la modernité* [1992], Payot, París, 2005.

12. A este respecto, me remito a TANIZAKI, Jun'ichirō, *El elogio de la sombra,* Siruela, Madrid, 2016.

13. MERCHANT, Carolyn, *The Death of Nature. Women, Ecology, and the Scientific Revolution* [1980], HarperOne, San Francisco, 1990.

14. *Ibidem.*

15. *Ibidem.*

16. BORDO, Susan, *The Flight to Objectivity. Essays on Cartesianism and Culture,* State University of New York Press, Albany, 1987.

17. BECHTEL, Guy, *La sorcière et l'Occident, op. cit.*

18. BORDO, Susan, *The Flight to Objectivity, op. cit.*

19. FEDERICI, Silvia, *Calibán y la bruja, op. cit.*

20. Susan Bordo es también la autora de una obra de referencia sobre la relación con el cuerpo y la obsesión por la delgadez en la cultura occidental contemporánea, que he utilizado profusamente para *Beauté fatale.* BORDO, Susan, *Unbearable Weight. Feminism, Western Culture, and the Body* [1993], University of California Press, Berkeley, 2003.

21. MERCHANT, Carolyn, *The Death of Nature, op. cit.*

22. Citado por MERCHANT, Carolyn, *The Death of Nature, op. cit.*

23. MERCHANT, Carolyn, *The Death of Nature, op. cit.*

24. Citado por D'ERM, Pascale, *Soeurs en écologie. Des femmes, de la nature et du réenchantement du monde,* La Mer Salée, Nantes, 2017.

25. KANDRE, Mare, *Quinnan och Dr Dreuf, op. cit.*

26. Nombre del personaje del médico en *El enfermo imaginario* de Molière. *(N. de la T.)*

27. EHRENREICH, Barbara y ENGLISH, Deirdre, *Brujas, comadronas y enfermeras, op. cit.*

28. BRANCHER, Dominique, *Équivoques de la pudeur. Fabrique d'une passion à la Renaissance,* Droz, Ginebra, 2015.

29. EHRENREICH, Barbara y ENGLISH, Deirdre, *Brujas, comadronas y enfermeras, op. cit.*

30. «Harcèlement sexuel à l'hôpital: "Franchement, il y a des fois où on met des mains au cul"», Europe 1, 25 de octubre de 2017.

31. LORRIAUX, Aude, «Comment le sexisme s'est solidement ancré dans la médicine française», Slate.fr, 5 de febrero de 2015. *Cf.* también en el Tumblr *Paye ta blouse,* www.payetablouse.fr.

32. NEVÉ, Soazig Le, «Des internes du CHU de Toulouse obtiennent le retrait d'une fresque jugée sexiste», *Le Monde,* 19 de marzo de 2018.

33. Citado por Martin WINCKLER, *Les Brutes en blanc, op. cit.*

34. *Ibidem.*

35. «Un chirurgien jugé pour avoir gravé ses initiales... sur le foie de ses patients», L'Express.fr, 14 de diciembre de 2017.

36. MONTREYNAUD, Florence, *Appeler une chatte... Mots et plaisirs du sexe*, Calmann-Lévy, París, 2004.

37. WINCKLER, Martin, *Les Brutes en blanc, op. cit.*

38. DALY, Mary, *Gyn/Ecology, op. cit.*

39. LAHAYE, Marie-Hélène, *Accouchement: les femmes méritent mieux*, Michalon, París, 2018.

40. *Ibidem.*

41. DALY, Mary, *Gyn/Ecology, op. cit.*

42. EHRENREICH, Barbara y ENGLISH, Deirdre, *The Sexual Politics of Sickness, op. cit.*

43. ZEROUK, Lynda, «Durant 50 ans, 84 por ciento des lobotomies furen réalisées sur des femmes, en France, Belgique et Suisse», *Terriennes,* TV5 Monde, 5 de diciembre de 2017, http://information.tv5monde.com/terriennes.

44. *Cf.* DÉCHALOTTE, Mélanie, *Le livre noir de la gynécologie.* Éditions First, París 2017; «Un podcast à soi (n.º 6): le gynécologue et la sorcière», 7 de marzo de 2018, www.arteradio.com.

45. «Pilules contraceptives: "accident médical" reconnu pour la Bordelaise Marion Larat après un AVC», France Info, 13 de febrero de 2018.

46. LE BLEVENNEC, Nolwenn, «Prothèse vaginale: Cathy, 59 ans, transformée par la douleur», Rue89, 28 de octubre de 2017.

47. «Handicapé, un petit-fils "Distilbène" obtient réparation», Elle.fr, 9 de junio de 2011.

48. «Née sans bras ni jambes, elle obtient des millions de dollars», Elle.fr, 18 de julio de 2012.

49. CAMPISTRON, Marie, «"Les stéréotypes de genre jouent sur l'attitude des médecins comme des patients"», *L'Obs*, 13 de enero de 2018.

50. ZACHAROPOULOU, Chrysoula, «Endométriose: enfin, cette maladie gynécologique sort de l'ombre», Le Plus, 22 de marzo de 2016, http://leplus.nouvelobs.com.

51. WINCKLER, Martin, *Les Brutes en blanc, op. cit.*

52. EHRENREICH, Barbara y ENGLISH, Deirdre, *Complaints & Disorders, op. cit.*

53. GRIFFIN, Annaliese, «Women are flocking to wellness because modern medicine still doesn't take them seriously», Quartz, 15 de junio de 2017, https://qz.com.

54. BRODESSER-AKNER, Taffy, «We have found the cure! (Sort of...)», Outside, 11 de abril de 2017.

55. «No temas a la parca», *Anatomía de Grey,* temporada 14, episodio 11.

56. MAPLE, Taylor, «Miranda Bailey's heart attack storyline on *Grey's Anatomy* was inspired by a show writer's own experience», Bustle.com, 4 de febrero de 2018.

57. VAILLANT, Frantz, «États-Unis: pourquoi cette mortalité record pour les femmes noires dans les maternités?», *Terriennes,* TV5 Monde, 7 de febrero de 2018, http://information.tv5monde.com.

58. «Le calvaire de la petite Noélanie, mal prise en charge par le SAMU», MarieClaire.fr, 9 de mayo de 2018.

59. http://jenaipasconsenti.tumblr.com.

60. *Cf.* LAHAYE, Marie-Hélène, «L'été historique où les violences obstétricales se sont imposées dans les médias», Marie accouche là, 18 de agosto de 2017, http://marieaccouchela.blog.lemonde.fr.

61. LAHAYE, Marie-Hélène, *Accouchement: les femmes méritent mieux, op. cit.*

62. WINCKLER, Martin, *Les Brutes en blanc, op. cit.*

63. El movimiento feminista ha insistido en la necesidad de reducir esa dependencia tanto como sea posible. *Cf.* especialmente NISSIM, Rina, *Une sorcière des temps modernes. Le self-help et le mouvement femmes et santé,* Éditions Mamamélis, Ginebra, 2014, y la reedición en francés del libro colectivo *Notre corps, nous-mêmes,* en proceso en ediciones Hors d'atteinte (por publicar).

64. EHRENREICH, Barbara y ENGLISH, Deirdre, *Brujas, comadronas y enfermeras, op. cit.*

65. WINCKLER, Martin, *Les Brutes en blanc, op. cit.*

66. EHRENREICH, Barbara y ENGLISH, Deirdre, *Brujas, comadronas y enfermeras, op. cit.*

67. CONDÉ, Maryse, *Yo, Tituba, la bruja negra de Salem, op. cit.*

68. FEDERICI, Silvia, *Calibán y la bruja, op. cit.*

69. MICHELET, Jules, *La bruja, op. cit.*

70. WINCKLER, Martin, *Les Brutes en blanc, op. cit.*

71. MERCHANT, Carolyn, *The Death of Nature, op. cit.*

72. BARMAK, Sarah, *Closer. Notes from the Orgasmic Frontier of Female Sexuality,* Coach House Books, Toronto, 2016. *Cf.* también BELLEAUD, Thomas, «Le spéculum, inventé par un misogyne et testé sur des esclaves», Terrafemina.com, 30 de julio de 2015.

73. EHRENREICH, Barbara y ENGLISH, Deirdre, *Brujas, comadronas y enfermeras, op. cit.*

74. MERCHANT, Carolyn, *The Death of Nature, op. cit.*

75. RICH, Adrienne, *Nacemos de mujer, op. cit.*

76. *Ibidem.*

77. *Cf.* LECLAIR, Marion, «Une aurore du féminisme», *Le Monde diplomatique,* marzo de 2018.

78. RICH, Adrienne, *Nacemos de mujer, op. cit.*

79. Citado por RICH, Adrienne, *Nacemos de mujer, op. cit.*

80. LAHAYE, Marie-Hélène, *Accouchement: les femmes méritent mieux, op. cit.* Lo mismo para las citas siguientes, salvo que se indique lo contrario.

81. «Marie-Hélène Lahaye: "On impose aux femmes un accouchement 'fordiste', au détriment de l'accompagnement"», *L'Humanité*, 13 de febrero de 2018.

82. RICH, Adrienne, *Nacemos de mujer, op. cit.*

83. MICHELET, Jules, *La Bruja, op. cit.*

84. EHRENREICH, Barbara y ENGLISH, Deirdre, *Brujas, comadronas y enfermeras, op. cit.*

85. GAGE, Matilda Joslyn, *Woman, Church and State, op. cit.*

86. *Ibidem.*

87. Citado por KRAUSS, Celene, «Des bonnes femmes hystériques: mobilisations environnementales populaires féminines», en *Reclaim, op. cit.*

88. GRIFFIN, Susan, *Woman and Nature, op. cit.*

89. HULIN, Michel, *La mística salvaje: en las antípodas del espíritu*, Siruela, Madrid, 2007.

90. BORDO, Susan, *The Flight to Objectivity, op. cit.*

91. BECHTEL, Guy, *La sorcière et l'Occident, op. cit.*

92. EHRENREICH, Barbara y ENGLISH, Deirdre, *Brujas, comadronas y enfermeras, op. cit.*

93. GAGE, Matilda Joslyn, *Woman, Church and State, op. cit.*

94. CONDÉ, Maryse, *Yo, Tituba, la bruja negra de Salem, op. cit.*

95. PINKOLA ESTÉS, Clarissa, *Mujeres que corren con los lobos*, Ediciones B, Barcelona, 2016.

96. BIEHL, Janet, «Féminisme et écologie, un lien "naturel"?», *Le Monde diplomatique,* mayo de 2011.

97. LARRÈRE, Catherine, «L'ecoféminisme ou comment faire de la politique autrement», en *Reclaim, op. cit.*

98. HACHE, Émilie, «Reclaim ecofeminism!», en *Reclaim, op. cit.*

99. SANDILANDS, Catriona, «Womyn's Land: communautés séparatistes lesbiennes rurales en Oregon», en *Reclaim, op. cit.*

100. LARRÈRE, Catherine, «L'ecoféminisme ou comment faire de la politique autrement», en *Reclaim, op. cit.*

101. JOUSSET, Alexandra y RAWLINS-GASTON, Andrea, *Avortement, les croisés contre-attaquent,* Arte, 6 de marzo de 2018.

102. HACHE, Émilie, «Reclaim ecofeminism!», en *Reclaim, op. cit.*

103. DOWD, Maureen, «This is why Uma Thurman is angry», *The New York Times,* 3 de febrero de 2018.

104. CHRIST, Carol P., «Pourquoi les femmes ont besoin de la déesse: réflexions phénoménologiques, psychologiques et politiques», en *Reclaim, op. cit.*

105. GRIFFIN, Susan, *Woman and Nature, op. cit.*

106. MERCHANT, Carolyn, *The Death of Nature. Women, Ecology, and the Scientific Revolution* [1980], HarperOne, San Francisco, 1990.

AGRADECIMIENTOS

Gracias por los consejos de lectura, los enlaces y los recortes de prensa, las discusiones y los ánimos a Guillaume Barou, Akram Belkaïd, Otto Bruun, Irina Cotseli, Thomas Deltombe, Eleonora Faletti, Sébastien Fontenelle, Alain Gresh, Madmeg, Emmanuelle Maupetit, Daria Michel Scotti, Joyce A. Nashawati, Geneviève Sellier, Maïté Simoncini, Sylvie Tissot y Laélia Véron. Evidentemente, la responsabilidad del resultado es enteramente mía.

Gracias a Serge Halimi, que me concedió un tiempo sabático para trabajar en este libro.

Toda mi gratitud para Katia Berger, Dominique Brancher y Frédéric Le Van por sus valiosas relecturas y la precisión de sus comentarios.

Gracias a mi editor, Grégoire Chamayou.

Y un agradecimiento especial, una vez más, a Thomas Lemahieu.

ÍNDICE

LAS HEREDERAS. INTRODUCCIÓN   9
«Una víctima de los Modernos y no de los
    Antiguos»   12
Eliminar a las mujeres que destacan   16
Una historia negada o convertida en irreal   20
De *El mago de Oz* a Starhawk   24
La visitante del crepúsculo   29
Cómo esta historia ha conformado nuestro mundo .   33
Devorar el corazón del marinero de Hidra   38

1. UNA VIDA PROPIA.
   LA PLAGA DE LA INDEPENDENCIA
    FEMENINA   43
Gorronas, defraudadoras y electrones libres   45
La aventurera, modelo prohibido   50
Muerte a los contrarios   57
La sombra de las hogueras   62
¿Quién es el Diablo?   65
Mujeres siempre «fundidas»   70
El reflejo de servir   75
La «institución de la maternidad», cañonazo en el
    pie   81

2. EL DESEO DE LA ESTERILIDAD.
   SIN HIJOS, UNA POSIBILIDAD   85
   Un impulso hacia otras posibilidades   90
   La alquimia sutil del (no)deseo de tener hijos   94
   Una zona de no pensamiento   98
   El último bastión de la «naturaleza»   101
   En el claro   108
   Una palabra inadmisible   113
   El último secreto   119

3. LA EMBRIAGUEZ DE LAS CUMBRES.
   DESMONTAR LA IMAGEN DE LA
     «VIEJA ARPÍA»   129
   Siempre demasiado viejas   133
   Un engaño   137
   ¿Una imagen fija imperecedera?   144
   Cuando las mujeres empiezan a *responder*   149
   Las guardianas de la linde   154
   «La figura preferida de la abyección»   158
   El deseo demonizado   163
   «Inventar la otra ley»   167

4. PONER EL MUNDO PATAS ARRIBA.
   GUERRA A LA NATURALEZA,
     GUERRA A LAS MUJERES   175
   «¿Excelencia en qué?»   181
   La muerte de la naturaleza   187
   Dreuf, Popokoff y los otros   192
   Todas las fabuladoras   198
   Nacimiento de una solidaridad subliminal   203
   Tratar al paciente como a una persona   207
   Cuando la irracionalidad no está del lado que se
     cree   210
   El esbozo de otro mundo   213
   La rebelión de las «buenas mujeres histéricas»   216

Idear dos liberaciones a la vez   221
«Vuestro mundo no me interesa»   224

NOTAS   229

AGRADECIMIENTOS   255

Queremos compartir más momentos contigo.

Únete a la comunidad de Penguin Libros
y encuentra tu siguiente lectura.

Penguin
Random House
Grupo Editorial